18 *Avril* 1787. Dès le lendemain de leur rentrée les Comédiens Italiens ont donné une nouveauté, *Fellamar & Tom Jones*, suite de *Tom Jones à Londres*, comédie en cinq actes & en vers.

Cet ouvrage de M. *Desforges*, comme toutes les suites, ne vaut pas *Tom Jones*, qui lui-même est bien inférieur à *la Femme jalouse*. Cependant, à l'exception de la majeure partie du quatrieme acte, il a été fort applaudi, & nous en félicitons l'auteur, & non le bon goût.

18 *Avril* 1787. Beaucoup de monde s'étoit rendu dimanche au lieu où devoit s'élever le vaisseau volant: même suivant l'annonce, l'Académie des Sciences devoit y assister par Députation. Malheureusement l'auteur n'a jamais pu parvenir à faire enfler son aërostat: il a cru que quelque jaloux l'avoit percé de façon à faire enfuir le gaz: enfin il a été obligé de déclarer que l'Expérience ne pouvoit s'exécuter ce jour-là: que les Spectateurs payans étoient maîtres de reprendre leur argent, ou de recevoir seulement une contre-marque pour le lendemain, où il comptoit être plus heureux. Le lendemain & le sur-lendemain sont passé, & il y a apparence qu'il est hors d'état de tenir sa parole.

18 *Avril* 1787. Le Concert Spirituel durant la quinzaine de Pâques n'a rien produit

de bien remarquable, que le jeune *Guerin* dont on a parlé, & son frere cadet presque aussi étonnant sur le violoncelle, que le premier l'est sur le violon.

18 *Avril* 1787. On répand une feuille intitulée *Eclaircissemens sur les objets proposés à l'assemblée des Notables*. A la lecture, on juge aisément que le but de l'auteur est de renverser le Plan général proposé dans les Mémoires adoptés par M. de Calonne, & qu'on a répandu dans le public comme composant la premiere & la seconde Section; de soutenir, au contraire, un autre Plan, contenu dans un écrit intitulé *Charles V, Louis XII & Henri IV aux François*, in 8º. qu'on croit de l'abbé *Baudeau*, & par conséquent ces Eclaircissemens en seroient aussi.

On sait que M. de Calonne, connoissant cet Abbé pour un homme très-versé dans les matieres économiques, l'avoit fait inviter au commencement de l'assemblée des Notables pour venir l'aider de ses lumieres & travailler entre lui & M. le Noir. L'Abbé s'en défendit d'abord honnêtement; mais le Ministre insistant davantage, il lui répondit qu'il n'y avoit que le bourreau d'Amiens qui pût travailler entre lui & M. le Noir. On prétend que ce bourreau est celui envoyé autrefois en Bretagne pour couper le cou à M. *de la Chalotais*.

19 *Avril* 1787. Depuis la disgrace de M.

MÉMOIRES SECRETS

POUR SERVIR A L'HISTOIRE

DE LA

RÉPUBLIQUE DES LETTRES

EN FRANCE,

DEPUIS MDCCLXII JUSQU'À NOS JOURS;

OU

JOURNAL

D'UN OBSERVATEUR,

Contenant les *Analyses des Pieces de Théâtre qui ont paru durant cet intervalle*; *les Relations des Assemblées Littéraires*; *les Notices des Livres nouveaux, clandestins, prohibés*; *les Pieces fugitives, rares ou manuscrites, en prose ou en vers*; *les Vaudevilles sur la Cour*; *les Anecdotes & Bons Mots*; *les Eloges des Savans, des Artistes, des Hommes de Lettres morts*, &c. &c. &c.

TOME TRENTE-CINQUIEME.

.... *huc propius me,*
.... *vos ordine adite.*
Hor. L. II. Sat. 3. vs. 81 & 82

A LONDRES.

Chez JOHN ADAMSON.

MDCCLXXXIX.

MÉMOIRES SECRETS

Pour servir à l'Histoire de la République des Lettres en France, depuis MDCCLXII, jusqu'à nos jours.

ANNÉE MDCCLXXXVII.

Le 18 *Avril* 1787. Suivant un Etat imprimé de la plantation des baies de Girofliers qui a été faite en 1786 dans le jardin du Roi à l'isle de France, elle monte à 16,182.

La délivraison des mêmes baies à différens Particuliers, tant de l'isle de France que de celle de Bourbon, monte à 86,025.

En 1785 il avoit été délivré 10,416 Girofliers & 44 Muscadiers.

Enfin, suivant une Lettre de M. de Céré, Major d'Infanterie & Directeur du jardin du Roi, en date du 8 Juin 1786, s'il ne survenoit pas de dérangement dans l'heureux climat des isles de France & de Bourbon, le nombre des Baies de Girofliers pouvoit & devoit se monter au commencement de cette année 1787, à plus de 150 mille.

Au surplus, M. de Ceré forme quelques plaintes sur l'indifférence d'un grand nombre d'habitans à se livrer à une culture qui leur seroit si avantageuse.

de Calonne, les langues se délient sur son compte, & les anecdotes percent de toutes parts.

M. l'Evêque d'Autun raconte que, lorsque M. de Calonne eût fait part au Roi de son Mémoire contre le Clergé & qu'il eut été adopté dans le Comité entre S. M., M. le Garde des Sceaux, M. le Comte de Vergennes & le Contrôleur général, le Roi lui dit qu'il falloit le communiquer secrétement à M. *de Marbœuf*, pour avoir son avis & ses observations.

M. de Calonne, qui craignoit le choc, différa tant qu'il pût de remplir l'ordre du Roi ; enfin à l'approche de l'assemblée, au bout de trois semaines, il affecte de passer chez M. l'Evêque d'Autun, un soir à neuf heures, où il savoit que le Prélat avoit beaucoup de monde ; il lui remet le Mémoire & lui dit qu'il faut qu'il lui soit rendu le lendemain à neuf heures.

M. de Marbœuf est fort embarrassé, il est obligé de passer la nuit pour lire à la hâte ce Mémoire : en général il en est revolté. Il va lui-même chez M. de Calonne pour lui en témoigner son mécontentement, pour l'assurer que son Ordre n'adoptera point ce Plan, qu'il y opposera la plus forte résistance, & qu'il en résultera un très-mauvais effet pour sa besogne.

Le Ministre, fort entêté, n'a point eu

égard aux prédictions de M. de Marbœuf, qui se sont vérifiées, & celui-ci, jusques-là l'ami de M. de Calonne, s'est brouillé avec lui à ce sujet & a cessé de le voir.

19 *Avril* 1787. L'auteur des *Eclaircissemens* &c. distingue deux especes d'objets dans le plan général adopté par M. de Calonne.

1º. Les objets qui concernent directement le pauvre peuple.

2º. Les objets qui ne concernent pas si directement le pauvre peuple.

Dans la premiere classe il range *la Gabelle, les Aides, les Impôts sur la viande, l'Impôt sur les cuirs, le Monopole du tabac, les Droits sur l'huile & les suifs; les Impôts sur le poisson, les légumes, le beurre & le fromage, & sur la toile & les étoffes de laine*, qui augmentent sans cesse le prix de la nourriture & des vêtemens des plus pauvres.

M. de Calonne laisse subsister, en y faisant quelques légers changemens, ces Impôts si coûteux & si injustement perçus, qui emploient quarante mille Commis, coûtant trente-trois millions de gages & de frais connus.

Suivant le second Plan, qui est celui de l'auteur, ces Impôts sont tout-à-fait supprimés.

La seconde Classe embrasse les Vingtiemes, la Capitation des Nobles & les Décimes Ecclésiastiques. Dans le Plan de M. de

Calonne ils feroient entierement supprimés, pour y substituer l'Impôt territorial en nature. L'auteur du second Plan en démontre l'impossibilité & le danger; il prétend qu'il est très facile de corriger les défauts de la perception établie.

Tels sont les élémens simples du système que l'auteur voudroit faire adopter par les Notables, qui n'ont réellement pris encore sur rien aucun parti définitif.

19 *Avril* 1787. *Joseph II*, traduit de l'Allemand. Suivant une courte préface de l'auteur, cet ouvrage a été composé au pied d'une montagne, le 6 Mars 1786, par un inconnu. C'est un résumé très sec des différens faits principaux de la Maison d'Autriche, *ab ovo*, comme il le dit lui-même & de ceux de l'Empereur actuel. Rien de particulier, aucune anecdote; on trouve à la fin tous les Edits & autres Pieces Légales émanés de ce Souverain depuis qu'il gouverne, & compilés dans les Gazettes.

Un ton assez libre, & beaucoup de sarcasmes contre le Clergé, décelent l'auteur pour un écrivain Protestant.

20 *Avril* 1787. Tout le monde s'accorde à mal parler du moderne opéra, mais à louer le Machiniste, M. *Boullet*; il n'en est sans doute aucun où il y ait autant de coups de baguette, & ils sont tous exécutés avec la plus grande précision: les décorations,
quoi-

quoique fort multipliées, s'y succedent très rapidement.

20 *Avril* 1787. On raconte la maniere dont M. *de Fourqueux* a été chargé de l'adminiſtration des finances. Il étoit à Paris. M. *Dupont*, l'un des deux Secrétaires de l'aſſemblée des Notables, ſe rend le jour de Pâques au ſoir chez lui & demande à lui parler de la part du Roi, en le prévenant qu'il n'a rien que de très ſatisfaiſant à lui apprendre. Il lui déclare alors qu'il a ordre du Roi de l'emmener ſur le champ à Verſailles: même ſans lui laiſſer le tems de retourner dans l'aſſemblée, il l'invite à s'échapper par une porte d'eſcalier dérobé.

Madame de Fourqueux, fort inquiete de ce qui ſe paſſoit, entendant un caroſſe rouler & ne voyant point reparoître ſon mari, va voir dans le cabinet où il eſt paſſé; elle ne le trouve plus: elle apprend qu'il eſt parti avec M. Dupont; elle fait courir après, mais inutilement, enfin elle apprend le lendemain le choix du Roi.

On veut que M. de Fourqueux ayant apporté la plus grande réſiſtance aux volontés du Roi, n'y ait acquieſcé qu'à condition que cela ne ſeroit pas long. On dit qu'il a même demandé un Banquier pour l'aider dans les opérations de finance & de calcul, & l'on nomme M. *le Coulteux de la Noraye*, comme lui ayant été adjoint en cette partie.

Afin de mieux déterminer M. de Fourqueux, & pour flatter l'ambition de sa femme qui le gouverne, il est entré au Conseil dimanche 15 ; ce qui lui donne le caractere indélébile de Ministre.

20 *Avril* 1787. Les Bureaux assemblés lundi se sont déjà séparés suivant l'ordre du Roi, & ne se rassembleront que la semaine prochaine. On assure qu'ayant voulu donner suite aux Dénonciations contre M. de Calonne & en former de nouvelles, à l'occasion des Domaines aliénés, le Roi leur a envoyé une Instruction, suivant laquelle il leur est interdit de s'occuper des Domaines aliénés, mais seulement des Domaines à aliéner : à quoi ils ont répondu que les seuls Etats Généraux étoient compétens sur cet objet.

A l'égard de l'administration des forêts, ils ont trouvé que la nouvelle, aussi vicieuse que l'ancienne, ne faisoit que substituer d'autres abus aux premiers.

20 *Avril* 1787. On peut se rappeller un M. *Nadeau*, ce Gouverneur de la Guadeloupe, qui dans la guerre de 1756 accusé & convaincu dans un Conseil de Guerre d'avoir mal à propos rendu son isle, avoit été dégradé en conséquence, à qui l'on avoit arraché sa croix, rétabli depuis par faveur, avec l'indignation générale, à la sollicitation de ses jolies filles.

On a fait aujourd'hui à ce même M. Nadeau du Treil une espece d'oraison funebre dans la Gazette de France; on y dit qu'il est mort âgé de 83 ans huit mois & demi, à la grande terre de l'isle de la Guadeloupe, où il étoit né; & l'on ajoute: ,, il est pere d'une nombreuse postérité, di-,, stinguée par le lustre de ses alliances & ,, par les services militaires que ceux de ,, ce nom ont rendus dans les Colonies de-,, puis plus de 50 ans."

21 *Avril* 1787. La Réponse de M. Necker à M. de Calonne n'a pas passé sans contradiction. On voit déja *Eclaircissemens sur le Déficit de l'année* 1781, qu'on juge du même auteur des premiers *Eclaircissemens* &c. L'objet du pamphlet, qui ne consiste qu'en une feuille, est de convaincre l'Administrateur des finances de fausseté par ses propres paroles, & d'établir qu'à cette époque même il y avoit sur les Revenus ordinaires de 1782 un *déficit* de cent Millions. Mais on avoue que M. de Calonne s'y est mal pris, & que pour établir ce fait il n'a donné que de mauvaises preuves. Tel est le fond de ce petit écrit, d'autant plus fâcheux contre M. Necker, qu'il est aussi simple que modéré.

21 *Avril* 1787. Les suffrages bien recueillis, comptés & pesés, il faut avouer que M. l'abbé *le Sueur* n'a gueres trouvé dans

ses nombreux Critiques que des jaloux, des envieux, des détracteurs de la musique moderne, des vieillards ennemis des innovations.

Les véritables amateurs impartiaux conviennent que ce Maître de musique de l'église de Paris tire merveilleusement parti d'un orkestre immense, pour ménager & faire ressortir dans une vaste enceinte les effets d'une musique alternativement majestueuse, touchante, terrible, douce, toujours caractérisée, toujours pleine de sentiment & de vie. Ceux qui ont entendu les motets des Maîtres de la chapelle en Italie, assurent que M. l'abbé le Sueur ne leur laisse rien à regretter.

L'idée de ce compositeur, de conserver à chaque solemnité une musique particuliere faite sur des textes de l'Evangile, qu'il dispose avec intelligence & qui lui fournissent le moyen de suivre les événemens, objet de la fête du jour, rend ses compositions cent fois plus intéressantes que toutes celles de ses rivaux.

On blâme cet artiste d'avoir introduit dans l'église une musique presque dramatique; mais les *Oratorio* ne sont-ils pas depuis longtems admis dans les fêtes religieuses, d'où ils tirent leur nom ? D'ailleurs si la Musique est expressive, & si l'esprit de la composition est analogue aux sentimens que doivent éprouver les fideles à chaque solemnité, il a rempli le but & c'est ce qu'il fait effectivement. Parent de le Sueur, dont les tableaux ornent la Métropole, il peint aux oreilles ce que celui-ci peint aux yeux.

On a surtout admiré le *Regina Cœli* du Samedi Saint; l'Ouverture de la Messe du jour de Pâques; le *Gloria in Excelsis* &c.

21 *Avril* 1787. Par un Arrêt du Conseil, portant Réglement pour l'administration des grands chemins en Béarn du 7 Mars, on apprend que les Etats de cette Province ont adressé au Roi des représentations pour être admis à participer à l'administration des grandes routes, en conciliant le nouveau Régime établi par l'Arrêt du Conseil du 6 Novembre dernier, avec le Régime particulier du Pays pour la forme des Impositions; en conséquence la Noblesse, de son propre mouvement, a offert de contribuer pour un sixieme de l'Imposition, & cette offre a été acceptée avec empressement.

21 *Avril* 1787. Dès la seconde Représentation qui étoit hier, *Alcindor* a été beaucoup mieux accueilli; on en peut juger par ce Madrigal d'un Octogénaire, *Impromptu* envoyé à M. *Rochon de Chabannes*, au sortir de cette représentation:

Grands Dieux, quel spectacle étonnant!
Comme tu sais ennoblir la féerie!

Le fot en vain la nomme une folie;
Le Public enchanté par toi devient enfant.
Ah! grace à ton heureux génie,
L'on doute en contemplant tant de tableaux divers
Qui des deux a plus d'harmonie,
Ou de la mufique ou des vers.

21 *Avril* 1787. M. de Fourqueux eft décidemment revêtu du titre de *Contrôleur général des finances* & porte la canne à bec de corbin, attribut de la dignité, dont il a plus befoin qu'un autre. Il eft venu hier fe faire recevoir à la Chambre des Comptes, dont il avoit été dans fa jeuneffe Procureur général, ainfi que fon Pere & fon Grand-pere. On parle beaucoup du difcours que M. de Nicolay, le Premier Préfident, lui a adreffé; & l'on y remarque une fingularité d'expreffions & d'idées qui caractérifent ceux de ce Chef & prouvent qu'il les compofe lui-même. Ce ne font point des lieux communs, comme ceux de fon pere; mais ils font parfaitement adaptés aux perfonnes & aux circonftances.

22 *Avril* 1787. Le Roi eft dans une perplexité étonnante: S. M. eft fingulierement affligée de fe voir ainfi dupe de l'homme dans lequel Elle avoit placé toute fa confiance: l'on la furprend quelquefois en verfant des larmes. Le Roi étoit tellement fubjugué par M. de Calonne, qu'il paffe pour conftant que ce Miniftre avoit préparé

trente-trois Lettres de cachet à faire signer par S. M. pour se débarrasser de trente-trois Notables qui l'inquiétoient le plus dans l'Assemblée. Son projet étoit aussi de renouveller le Ministere : de faire avoir le Département de Paris à M. *le Noir*; la Guerre à M. le Comte *de Puysegur*, l'un des Notables attachés à son parti; la Marine au Comte *d'Estaing*; les Sceaux à M. *de Lamoignon* : de tout cela il ne s'est effectué que ce dernier changement.

On raconte que c'est son auguste Compagne qui a déterminé S. M., ainsi qu'on l'a rapporté; mais que la Reine a voulu avant connoître les griefs des Notables contre M. de Calonne; qu'elle en a interrogé séparément plusieurs, & que les ayant trouvés tous d'accord, elle a dit au Roi qu'il ne pouvoit garder son Contrôleur général.

L'anecdote du Garde des Sceaux venue à l'appui, le Monarque a nécessairement ouvert les yeux sur la déception où le maintenoit M. de Calonne.

La conduite envers ce Ministre depuis sa disgrace n'est pas moins extraordinaire, par toutes les variations qu'on y a remarquées : en huit à dix jours de tems il a reçu six Lettres de cachet.

Par la premiere, le Roi lui a demandé sa Démission; mais ce disgracié n'en est pas moins resté à Versailles; il ne lui étoit pas même précisément défendu de voir le Roi; il a fait bonne contenance; il a, comme on a dit, fêté même les nouveaux Ministres; ce qui avoit fait courir le bruit que c'étoit un jeu joué & qu'il n'étoit renvoyé que pour mieux faire valoir ses projets.

Enfin Lettre de Cachet sévere qui l'exiloit à Bernis, avec défense d'écrire, de voir personne, pas même sa famille.

Autre Lettre de cachet peu après, qui lui permit de venir à Paris pour l'arrangement de ses affaires.

Quatrieme Lettre de cachet qui l'exile en Lorraine: sur la demande de M. de Calonne d'aller en Flandre chez sa sœur, cinquieme Lettre de cachet qui lui permit d'y aller.

Enfin peu d'heures après, nouveau courier qui lui apporte l'ordre d'aller décidemment en Lorraine, & il est parti: des Lettres de Châlons ont annoncé qu'il avoit passé par cette Capitale de la Champagne, & qu'il y avoit soupé & couché à l'auberge.

22 *Avril* 1787. Il semble que M. le Duc d'Orléans soit fâché qu'on ne s'entretienne plus de lui & de son Palais Royal: au moment où l'on s'attendoit à jouir du jardin, il le fait bouleverser de nouveau; on parle de convertir en Cirque tout le milieu garni de deux magnifiques gazons. Ce Cirque pourra servir à différens jeux & exercices; on

assure que le Sr. *Astley* se propose déjà de le louer pour y transporter son spectacle de chevaux & y donner des leçons d'équitation aux amateurs. Il faut attendre que les projets de S. A. S. soient développés pour en raisonner plus pertinemment: l'essentiel est qu'il cherche toujours à gagner de l'argent.

22 *Avril* 1787. *Nec Deus intersit, nisi dignus vindice nodus* ; tel est le Précepte d'Horace, & c'est par où peche le nouvel opéra. Les cieux, la terre & les enfers y sont perpétuellement en mouvement: mais pourquoi? Pour donner une femme à un jeune Prince, qui pouvoit bien se marier sans tout ce fracas. Ainsi nul intérêt ; tant de coups de baguette ne forment qu'un spectacle de lanterne magique, sans objet & sans but. Cependant il a beaucoup mieux pris vendredi & aujourd'hui. La Musique qui n'avoit produit aucun effet, a été mieux sentie & il est à présumer que la dépense énorme que coûte la mise de cet opéra, ne sera point perdue.

M. *Paris*, membre de l'Académie Royale d'architecture, comme dessinateur de l'opéra, réclame sa part dans les éloges accordés aux Machines ; mais le fait est que le Sr. *Boullet* les mérite presque seul, parceque, outre l'exécution qui roule absolument sur lui, il décide de la possibilité & suggere les idées au Dessinateur. Aussi a-t-il la qualité d'Ingénieur du Roi.

23 *Avril* 1787. Peu à peu les différentes pieces propres à éclaircir les motifs & le secret des délibérations des Notables percent dans le public. C'est ainsi qu'on voit aujourd'hui un Arrêté du Bureau du Prince de Condé, qui développe avec toute l'étendue convenable les divers motifs qui ont déterminé le rejet ou l'admission des six objets de la premiere Section; il est d'une sagesse, d'une modération, d'une soumission rare, qui caractérisent le Prince Auguste Président. Le voici dans tout son contenu.

Bureau de M. le Prince de Condé.

26 *Février* 1787. ASSEMBLÉES PROVINCIALES.

L'avis du Bureau est que le Roi sera respectueusement & unanimement remercié, de ce qu'il veut bien substituer les Assemblées Provinciales au Régime actuel de l'Administration des Provinces, & que pénétré de confiance dans les bontés paternelles, la sagesse & les profondes vues du Roi, le Bureau trouveroit le plan admissible, si S. M., en voulant bien conserver aux deux premiers Ordres de son Etat, dans les Assemblées Provinciales, les sortes de prééminence dont ils ont toujours joui, vouloit en même tems que la Présidence ne pût être choisie que dans ces deux Ordres, & que la préféance fût assurée à ceux de leurs Membres, qui doivent être nécessairement appelés dans ces Assemblées.

6 *Mars* 1787. SUBVENTION TERRITORIALE.

Le Bureau est d'avis premiérement de ne pas adopter la subvention territoriale en nature de fruits.

1º. La subvention en nature de fruits perçus sur le produit brut peseroit sur le Peuple d'une maniere très onéreuse, & il seroit même à craindre que quelques cultivateurs, afin d'échapper à cette charge, ne dénaturassent leurs terres pour les laisser incultes.

2º. La perception de la subvention territoriale en nature de fruits coûteroit infiniment plus que celle de tout autre impôt, puisque, aux Taxations des Receveurs qui subsisteroient toujours, il faudroit ajouter encore les frais de construction des bâtimens nécessaires, les bénéfices des adjudicataires, ou fermiers, leurs dépenses, l'évaluation des risques, & celle des indemnités.

3º. Cette subvention territoriale en nature de fruits est nécessairement inégale; elle le seroit moins, sans doute, si l'on divisoit les terres en un plus grand nombre de classes ; mais quelque multipliées que fussent les divisions, on ne remédieroit point absolument à l'inégalité.

4°. Pour parvenir à la classification des terres, la subvention en nature de fruits rendroit nécessaires des arpentemens & des évaluations, c'est-à-dire toutes les opérations qui menent à un Cadastre. Le moyen proposé paroît donc impraticable pour l'époque indiquée, au mois de Juin prochain, & même pour un tems plus éloigné.

5°. Cette subvention nuiroit à la reproduction, en privant le Cultivateur d'une partie de ses fruits & de ses pailles, & en lui ôtant par-là le moyen de nourrir ses bestiaux & d'engraisser ses terres. Ce seroit une précaution insuffisante que d'assujetir le Percepteur de la subvention à vendre ses pailles dans les paroisses qui les auroient produites, parce qu'en forçant le prix, il rendroit cette précaution illusoire & que le cultivateur, si souvent indigent, auroit rarement les moyens de les racheter.

6°. Il est impossible de n'être pas allarmé des contestations sans nombre que cette perception pourroit faire naître entre les percepteurs & les contribuables.

7°. Les procès qui s'éleveroient entre les propriétaires & leurs fermiers, sont encore plus effrayans: les difficultés de trouver une moyenne proportionnelle pour base des imdemnités, ôte tout espoir de prévenir ces contestations & conduiroit à la triste nécessité de résilier la plus grande partie des Baux du Royaume.

8°. Enfin il seroit à craindre que la réunion des fruits d'une Province entiere entre les mêmes mains, ne donnât lieu à un monopole dangereux, ou que la multiplicité des percepteurs peu solvables ne rendît le Recouvrement trop incertain.

Secondement, le Bureau est d'avis de préférer l'impôt en argent, en suppliant S. M. de permettre que cette subvention territoriale conserve la dénomination des deux Vingtiemes, & les quatre sols pour livre du premier; mais répartie suivant les principes d'égalité adoptés par S. M. qui sont dans le cœur des membres du Bureau; le suppliant également de daigner concilier cette perception avec les formes propres à la constitution des différens corps & des divers pays d'Etat; & observer qu'il paroîtroit autant de sa justice que de sa bonté, de vouloir bien fixer l'époque la plus rapprochée qu'il seroit possible, pour remettre à ses peuples la partie de l'impôt représentatif du second Vingtieme.

Au surplus, le Bureau, à l'effet de fixer son opinion sur l'objet de l'impôt territorial, desireroit avoir en communication le Bordereau des Recettes & Dépenses, dont l'Etat a été porté le 2 Mars à la Conférence tenue chez *Monsieur*, & s'est réservé de délibérer, tant sur la remise accordée de la Capitation, que sur la qualité de l'impôt général.

8 *Mars* 1787. DETTES DU CLERGÉ.

Le Bureau est d'avis que la libération des dettes du Clergé est très désirable, mais que S. M. doit être suppliée de ne pas l'obliger à y pourvoir par la voie de l'aliénation de ses biens, & de vouloir bien observer :

1°. Que toutes les Propriétés Ecclésiastiques reposent sur la même base que les Propriétés Séculieres ; & que l'atteinte portée aux premieres pourroit facilement alarmer sur les autres.

2°. Que les Créanciers du Clergé n'ont point titre pour exiger leur remboursement, puisque le remboursement des rentes constituées n'est pas exigible ; que la masse des biens du Clergé est plus que suffisante pour assurer les Créanciers & que d'ailleurs l'empressement du Public à remplir ces Emprunts prouve le crédit dont il jouit.

3°. Que les vues de S. M. ne seroient point remplies par l'exécution du projet : en effet, les Bénéfices, les Hôpitaux, les Colleges, les Séminaires & autres Etablissemens propriétaires de rentes foncieres, qui en supporteroient l'extinction, auroient pour l'excédent de leur contribution à la dette commune du Clergé un recours nécessaire sur le reste du Corps ecclésiastique, qui par conséquent ne seroit pas entiérement libéré.

4°. Que l'aliénation des rentes foncieres en grains compromettroit le sort des Hôpitaux, Colleges, Séminaires & autres Etablissemens publics, parce qu'ils ne recevroient en échange que des redevances qui, perdant, comme toutes les rentes en argent, par la succession des tems finiroient par n'avoir aucune proportion avec les charges desdits Etablissemens.

5°. Que cette aliénation compromettroit également le sort des Fondations & contrediroit l'intention des fondateurs, qui vivent toujours dans la personne de leurs descendans.

6°. Qu'il paroîtroit que le Roi ne gagneroit rien à l'exécution du Plan dans le moment actuel, puisqu'il se chargeroit d'acquitter les intérêts de la dette du Clergé, & qu'il seroit même à craindre que S. M. ne perdît.

7°. Au surplus, comme S. M. a indiqué une assemblée du Clergé au mois de Juillet prochain, le Bureau s'en rapporte au zéle de ce corps pour entrer dans les vues du Roi,

& à la sagesse des Représentations dont il croira susceptible l'opération proposée.

8 Mars 1787. TAILLES.

L'avis du Bureau est de remercier respectueusement S. M. des vues de sagesse qu'elle daigne annoncer pour la réformation des abus du Régime actuel des Tailles, & des vues de bienfaisance qui l'animent pour le soulagement des classes les plus indigentes de ses Sujets: Le suppliant au surplus de vouloir bien ne se fixer ultérieurement à cet égard que d'après les observations qui pourront lui être présentées par les Pays d'Etats, ou les Administrations Provinciales, dans la vue d'établir la plus juste répartition de ses bienfaits.

8 Mars 1787. COMMERCE DES GRAINS.

Le Bureau est d'avis de remercier très respectueusement S. M. de la Loi qu'elle se propose de donner sur le commerce des Grains, Loi qui ne peut être considérée que comme un puissant encouragement & une faveur précieuse pour l'agriculture.

8 Mars 1787. CORVÉES.

Le Bureau est d'avis que S. M. soit respectueufement remerciée du projet plein de bonté qu'elle annonce de la converfion de la Corvée en nature, en une preftation en argent : ce nouveau bienfait ne pouvant être reçu qu'avec la plus vive reconnoiſſance, le Bureau s'en rapporte aux Réglemens locaux qui pourront être concertés avec les Pays d'Etat, ou avec les Affemblées Provinciales, & fupplie S. M. de vouloir bien concilier la furveillance réfervée aux Commiffaires départis avec l'activité néceffaire aux Affemblées Provinciales.

23 *Avril* 1787. On prend avec empreffement des copies du Difcours de M^r. *de Nicolay* à M. *de Fourqueux*, & l'on le rapproche de celui du même Magiftrat à M. de Calonne : ce Parallele eft très curieux : on a donné en 1783 celui-ci ; voici le difcours du moment actuel.

Monfieur,

Le Temple de la Juftice doit être pour vous l'Ecole du Miniftere : lorfque vous vîntes dans fon Sanctuaire *recommencer* un Pere qui vivra dans notre fouvenir, vous parûtes d'abord ce que vous deviez être un jour, en parcourant fa carriere : dès-lors votre ame paifible & pure gouvernoit votre efprit ; elle en régloit les mouvemens ; elle en dirigeoit les efforts : il vous avoit été donné d'éclairer fans éblouir, d'ajouter à la raison tout ce que l'obfervation & l'étude peuvent lui prêter de dignité & de charmes, & de perfuader par l'aménité, qui vous eft naturelle. L'antique probité, compagne affidue de votre vie, vous affuroit encore un pouvoir que notre fiecle a refpecté, la probité, vertu fainte, le bonheur de l'homme privé & le premier devoir de l'homme d'Etat. L'on n'avoit à redouter que votre modeftie. Heureufement elle a trompé notre attente & votre goût pour la retraite.

Au Confeil vous avez été montré tel que dans les fonctions du Miniftere Public, & partout vous vous êtes concilié la confiance & l'eftime. Sans ceffe arraché de votre champêtre afyle, où vous cultiviez dans le filence, l'amitié, la philofophie & les lettres, vous êtes rentré, pour obéir au devoir, dans l'agitation des affaires; perfuadé qu'un Citoyen ne peut appartenir qu'à la Patrie.

Les Graces du Souverain font venues vous chercher. Plus jaloux de les mériter que foigneux de les obtenir, vous avez regardé cet affujettiffant honneur comme un engagement à de nouveaux facrifices. Le Roi vient enfin d'ordonner de votre fort. L'Etat avoit befoin d'une vertu délicate & de talens modeftes. On vous a nommé Contrôleur général, comme dans l'ancienne Rome on choififfoit un Dictateur.

La fituation des finances n'eft plus un problème. On a déchiré le voile dont s'enveloppoit le myſtere de l'Adminiſtration; on vient de découvrir aux yeux de l'Europe les playes de la France: elles ſont profondes, elles ſont invétérées. Une main habile peut ſeule les guérir. Vous trouverez des reſſources dans le cœur du Souverain & dans l'énergie françoiſe.

Il eſt une circonſtance heureuſe dont vous ſaurez profiter. La honte menace les abus, & la Nation demande des réformes.

Vous ferez compter, car on ne peut eſpérer l'ordre ſans comptabilité: pour la rendre utile, il la faut réguliére, rapprochée, univerſelle, & pour-lors elle deviendra votre ſauve-garde & votre appui.

S'il ſurvient des dépenſes que des raiſons d'Etat exigent de tenir ſecretes, alors il faudra encore des acquits du comptant; vous obtiendrez du moins d'en diminuer le nombre, & ce ſera un bienfait national que d'avoir préſervé le cœur du Roi des occaſions de la ſurpriſe & des illuſions de la bienfaiſance.

Les Penſions toujours méritées ne craindront plus la lumiere; elles pourront même s'honorer de l'eſtime du Monarque, & devenir une recommandation dans l'opinion publique.

En vain, dans ſes alarmes, l'avidité tentera tout pour empêcher les réformes. La voix impoſante de la Patrie étouffera ſes murmures; les intentions du Roi ſeront bénies; l'ordre renaîtra, & notre Souverain sera heureux du bonheur d'une nation qu'on distingue par sa fidélité & son amour pour ses maîtres.

23 *Avril* 1787. Le nouveau Contrôleur général, jaloux de ramener la confiance autant qu'il est possible, non seulement a fait suivre les tirages de remboursemens indiqués par son prédécesseur; mais vient de faire afficher pour le premier, celui des Billets de la Loterie Royale, créée par Arrêt du Conseil du 25 Octobre 1780, qui doivent participer aux primes du tirage de Septembre prochain.

23 *Avril* 1787. M. *Desprez de Boissy* est mort subitement le 29 Mars dernier. Il étoit connu dans la Littérature par un ouvrage contre les Spectacles, qui, quoiqu'une pure compilation & très-médiocre pour le fond & le style, avoit eu le plus grand succès parmi les dévots & jusques à sept éditions, dont la derniere de 1780. Tout étoit rédigé à la mort de l'auteur pour en donner une huitieme.

Ce qui rendoit M. *de Boissy* vraiment recommandable & précieux, c'étoit de s'être placé avec son digne frere à la tête d'une espece d'Administration perpétuelle de charité pour les infortunés; ce qui l'avoit fait admettre dans la Société Philantropique: il étoit aussi membre de plusieurs Académies.

24 *Avril* 1787. L'Assemblée des Nom-

bles a repris hier ses séances, non sans difficulté; il s'est tenu un Comité chez le Roi à l'occasion de la Quatrieme Section à leur communiquer. Comme les objets en sont fort délicats, le nouveau Garde des Sceaux & le nouveau Contrôleur général étoient d'avis de dissoudre l'assemblée, & de s'en tenir à de simples enregistremens en Lit de Justice. Mrs. *de Montmorin* & *de Breteuil* ont représenté au contraire, combien il seroit indécent, après avoir rassemblé les Notables pour avoir leurs avis, de les congédier ainsi brusquement, avant que l'objet de leur mission fût parfaitement rempli.

Le Comité n'étoit composé que de ces quatre Membres, ce qui faisoit partage de voix; le Roi en penchant d'un ou d'autre côté emportoit la balance; mais ne voulant point prendre la décision sur lui, il fit appeller un des deux Ministres absens, qui se trouva être M. *de Segur*; celui-ci s'étant rangé de l'avis de Mrs. de Montmorin & de Breteuil, il fut convenu qu'on prépareroit la Quatrieme Section, & que le Roi ouvriroit l'assemblée par un nouveau Discours.

Il est à remarquer à cette occasion, que lorsque M. de Calonne a été disgracié, la Quatrieme Section n'étoit point prête; que ce Ministre ne travailloit qu'au jour le jour, ce qui met plus évidemment à découvert son impudence d'avoir osé dire la premiere fois que tous fes projets avoient été placés fous les yeux du Roi, vus, examinés, discutés en détail par Sa Majefté.

Du refte, la Séance s'eft en effet ouverte hier par un difcours du Roi, plus long que le premier, & où S. M. femble acquiefcer à tous les réfultats des avis des Notables; elle déclare avoir enfin fait remettre aux Préfidens des Bureaux des copies de ces 63. Etats de Dépenfes, inutilement follicités jufques à préfent.

On y fait promettre à S. M. de l'économie : mais rien de pofitif, des apperçus vagues & aucun engagement ; quelques flagorneries pour les François, afin de les empêcher de trop s'appéfantir fur cet objet.

Du refte, l'effroyable Impôt du timbre annoncé indirectement dans le difcours de M. de Calonne, eft ici bien caractérifé ; un paragraphe entortillé fur les Engagemens à époque, dont le vrai fens eft qu'en annonçant qu'on les regarde comme facrés, on fera forcé d'y déroger, du moins pour le moment fixe.

Ce Difcours, qui eft une palinodie de ce que M. de Calonne faifoit dire au Roi dans les diverfes Réponfes aux Repréfentations des Notables & envoyées aux Bureaux fous le titre d'*Inftructions*, non-feulement ne peut infpirer aucune confiance, mais annonce un génie de Gouvernement verfatil, incertain, foible & qui femble n'avoir de plan arrêté ;

que de tirer de l'argent, d'augmenter la recette par les voyes de douceur, de conciliation, de flatterie même envers la Nation, sans se lier en rien les mains sur la dépense.

On parle avec peu de considération du discours du nouveau Garde des Sceaux, qui a fini par annoncer que le Roi ne vouloit point d'observations dans ce moment-ci, & l'on ajoute que l'Archevêque de Narbonne ayant voulu ouvrir la bouche, il lui avoit imposé silence de la part du Roi.

24 *Avril* 1787. La pièce de *Théodore a Venise*, depuis trois mois l'entretien des amateurs du spectacle, surtout de l'opéra & de la musique Italienne, continue à se jouer à Versailles, sans aucun espoir qu'on l'exécute à Paris. Voici le sujet de cet opéra *Bouffe*, dont le *Candide* de Voltaire semble avoir donné l'idée.

Théodore, Roi de Corse, chassé de cette isle par les Génois, se refugie à Venise sous le nom du Comte *Albert*; il y devient amoureux de la fille de son hôte, que la vanité rend quelque tems infidelle à ses premieres amours: sur le point de l'épouser, il en est détourné par la rencontre de sa sœur, devenue maîtresse du Sultan *Achmet*, chassé aussi du Trône de l'empire Ottoman par *Mahomet*, son neveu. La piece se termine par la générosité du Sultan détrôné, qui paye les dettes de son confrere & beau-frere, &

celui-ci de son côté rend la fille de l'hôte à son premier amant.

Tout cela seroit peu plaisant, si l'aubergiste, vrai Pantalon Italien, n'égayoit la scene par ses folies, par la bonhommie avec laquelle, fier d'avoir un Roi pour gendre, il donne dans tous les pieges qu'on lui tend, pour lui escroquer de l'argent.

C'est sur un canevas aussi léger & aussi peu intéressant que l'on convient généralement que le Signor *Pasiello* a adapté la musique la plus délicieuse, qui ait peut-être paru encore dans ce genre-là.

On n'est pas également d'accord sur l'exécution, soit des acteurs, soit de l'orkestre &, ce qui contredit un peu les louanges qu'on leur a données, c'est que la Reine qui goûte singulierement la musique de *Théodore*, qui l'est allée souvent entendre à la comédie de Versailles, n'en étant pas sans doute entiérement satisfaite, a pris le parti de faire jouer chez elle cet opéra comique par des musiciens choisis, tels que Mrs. *Richer, Garat, Azevedo*. Cependant une justice qu'on doit rendre aux acteurs de la comédie de Versailles, c'est que les modeles de ce genre de spectacle, ayant quitté la France en 1779, ils ont été obligés de créer en quelque sorte leurs rôles & de trouver à force de tâter le genre de jeu qui plairoit davantage.

24 *Avril* 1787. On parle beaucoup d'une

Lettre du Comte *de Buffon* à Mme. la Marquise *de Sillery*, sans doute à l'occasion du nouvel ouvrage qu'elle vient de publier sous le titre de *la Religion considérée comme l'unique base du bonheur & de la véritable philosophie*. Il paroît que cette Lettre imprimée à l'imprimerie Polytype a couru, & a fâché Made. de Sillery, qui s'en est plainte & a adressé de vifs reproches au S^r. *Hoffman*, Directeur de cette imprimerie. On ne peut éclaircir l'anecdote qu'après avoir lu la Lettre, qui cause tant de tracasseries & de rumeurs.

25 *Avril* 1787. C'est le 18 de ce mois que M. *de Calonne* est arrivé à Châlons. Il en est reparti le 19. Il a affecté, en s'en allant, de traverser la ville lentement, comme pour se faire voir ; mais le peuple l'a reconduit avec des huées, qui devoient, au contraire, lui faire accélérer le pas.

25 *Avril* 1787. M. *Simon*, maître de clavessin de la famille Royale, voyant le succès étonnant de *Théodore*, avoit imaginé de faire connoître la musique d'un autre auteur, non moins estimé que le Signor *Paesiello*; il Signor *Cimmarosa*. Il avoit engagé le Chevalier *de Cubieres* à traduire & arranger *les Rivales*, dont cet étranger a composé la musique. Le Poëte François s'y étoit prêté, il avoit même mis en vers ce méchant poëme. De son côté, M. *Simon* avoit augmenté le récitatif & ajouté à l'opéra une ouverture de sa façon. Leur projet

étoit de faire exécuter l'ouvrage par l'Académie Royale de musique ; mais ennuyés des longueurs des chefs de ce spectacle, ils s'étoient adressés aux comédiens de Versailles. Ceux-ci ont joué *les Rivales* le 8 Février. Le poëte convient de bonne foi que son poëme ne vaut rien, ni comme traduction, ni comme original ; du reste il prétend que la musique est excellente. Suivant lui, cet opéra-comique, en deux actes fort longs, renferme dix-huit morceaux de musique, en comptant les deux finales ; il n'y a pas un des morceaux qui n'ait été applaudi avec transport.

Les amateurs de cette capitale sont de plus en plus furieux qu'une fausse délicatesse de l'Académie Royale de Musique l'empêche de les faire jouir de tant de chef-d'œuvres.

25 *Avril* 1787. Tous les jours on recueille de nouveaux détails concernant les Bureaux, qui obligent de revenir sur ses pas.

Dans l'espace de tems du 5 au 8 Mars, les Bureaux ont discuté les Mémoires sur la Taille : dans la séance subséquente du 8 Mars, tous se sont accordés à remercier le Roi de la diminution qu'il se propose sur cet objet, en allégement des habitans de la campagne.

Le 13 Mars, M. l'Evêque de Nevers, du Bureau de *Monsieur*, ayant proposé d'y lire un Mémoire contenant des Observations additionnelles sur les Tailles; dans la séance subséquente du 28 Mars, où il fut lu par ce Prélat, on le trouva si savant, si approfondi, si équitable, si instructif, si lumineux, qu'il fut adopté en entier par les Bureaux & par un vœu général joint au Procès-Verbal dudit jour.

Le Bureau de M. le Comte *d'Artois* ayant demandé par sa Délibération du 6 Mars une explication sur la Taille, dès le 7 il fut lu un Mémoire de M. le Contrôleur général, remis en réponse: Commissaires nommés sur le champ pour l'examiner & Observations en conséquence arrêtées le même jour 7 Mars.

Le 8 Mars, le Bureau du Prince *de Conty* arrêta de supplier S. M. de tourner en diminution pour les pauvres Contribuables les six millions, montant de la Capitation du Clergé, de la Noblesse & de la Magistrature, dont on parle de les décharger.

La Libre Exportation des Grains, tant au dedans qu'au dehors, n'ayant souffert aucune difficulté, on est passé tout de suite à la Corvée, qui n'a éprouvé que de légeres modifications, & un vœu général pour que cette partie soit soumise aux Administrations Provinciales.

Le 28 Mars, le Bureau de *Monsieur* s'occupa de la question déjà agitée dans la séance du 13: ,, s'il ne seroit pas utile de

„ former une Commission composée de
„ Députés de chaque Bureau, pour faire
„ un résumé général des Avis des différens
„ Bureaux, & le constater aux yeux de
„ toute la Nation?" Cet Avis, qui avoit
pris faveur, contrarioit trop les partisans de
la Cour & on en éluda l'exécution sous des
prétextes plus spécieux que solides.

„ Les Notables Bretons assemblés en
„ Comité chez S. A. S. Monseigneur le
„ Duc de Penthievre, se croient dans l'o-
„ bligation de déclarer que leurs opinions
„ dans les différens Bureaux dont ils sont
„ membres, ne peuvent être considérées que
„ comme les opinions de simples Particu-
„ liers, que S. M. daigne consulter; mais
„ qu'elles ne peuvent en aucun cas influer
„ sur le Régime actuel de la Bretagne, dont
„ ils ne sont ni les mandataires, ni les
„ représentans, & que c'est aux Etats de
„ la Province assemblés & aux Cours Sou-
„ veraines qui y sont établies, de délibérer
„ sur l'adoption ou le refus de toutes
„ innovations dans le Système des Imposi-
„ tions : en conséquence lesdits Notables
„ supplient les différens Bureaux d'agréer
„ la présente Déclaration qu'ils font, de
„ réserver dans leurs Avis, les Droits,
„ Franchises & Libertés de la Province de
„ Bretagne."

Ce dire a été consigné dans le Procès-verbal de la séance du 21 Mars du Bureau de M. le Duc *de Penthievre*.

Les Mémoires présentés par les Notables de l'Alsace, de la Lorraine & des Trois Evêchés, ayant été remis aux différens Bureaux, celui du Duc de Penthievre, dans son Procès-verbal de la même séance, ordonna qu'ils y seroient consignés.

Ce n'est que le 13 Mars qu'on a entamé dans les Bureaux la seconde Division; & le premier Mémoire, celui sur les Traites, a occupé jusques au 24 inclusivement.

Le premier Bureau a prétendu qu'il ne pourroit délibérer sur ce Mémoire, avant d'avoir connoissance des sept autres annoncés par M. le Contrôleur-général. M. l'Evêque de Nevers a pourtant été prié de rédiger des Observations additionnelles sur cet objet.

Le second Bureau a désiré que les Notables des Provinces dont le nouvel arrangement intéressoit spécialement les Droits, Franchises & Privileges, s'assemblassent en Comité à l'effet d'examiner le Mémoire concernant les Traites &c.

Des Observations arrêtées à cet effet par les Commissaires, que le Prince Président avoit nommés, adoptées par le Bureau le 23 Mars, ont dû être remises au Roi.

Le Premier Président au Parlement de Guienne ayant fait connoître au Bureau un Droit excessivement onéreux qui se perçoit à Bordeaux sur toutes les Marchandises d'importation; il en a été fait mention dans les Observations.

M. *de Villedeuil*, Intendant de Normandie, a aussi rendu compte au Bureau de quelque Lésion, qu'il trouvoit pour les Créanciers de la Chambre du commerce de Rouen, par la suppression de certain Droit d'octroi au profit de cette Chambre : le Bureau a cru devoir en faire aussi mention.

Le cinquieme Bureau a joint à ses Considérations du 21 Mars: 1°. des *Observations* sommaires, lues par M. *Hocquart*, Premier Président du Parlement de Metz : 2°. des Observations lues par M. le Baron *de Spon*, Premier Président du Conseil Souverain de Colmar, sur les intérêts de la Province d'Alsace relativement au Mémoire concernant le reculement des Barrieres & l'établissement d'un Tarif uniforme aux frontieres du Royaume.

26 Avril 1787. Un Détail de ce qui s'est passé dans quelques Bureaux depuis le lundi 19 Mars jusques au samedi 24, est trop particulier, trop propre à donner une idée de quelques membres, bons à connoître, pour ne pas s'y arrêter & n'en pas faire le détail.

Le Mémoire sur les *Traites* a été généralement accueilli; les Bureaux ont reçu avec reconnoissance le Plan que S. M. veut établir.

Cependant on a fait quelques Observations

sur les inconvéniens qui peuvent résulter du nouveau Régime, & sur les dommages qu'éprouveroient l'Alsace & la Lorraine. M. le Baron *de Flachslanden* a lu à ce sujet un Mémoire, qui a été trouvé très bien fait.

Le nouveau Plan sur les *Gabelles* a été absolument rejeté ; on a peint avec infiniment d'énergie la dureté de cet impôt, la rigueur avec laquelle il est perçu, & la nécessité d'établir un nouveau régime ; mais en même tems on a représenté que le moyen de réformer les abus n'étoit pas d'en introduire de nouveaux : que pour adoucir le sort du Peuple, il ne falloit pas proposer un Plan qui, s'il étoit exécuté, l'aggraveroit encore davantage : on a trouvé surtout que rien n'étoit plus dur & plus odieux que d'établir les membres des différentes Communautés, les individus des différentes Paroisses, solidaires les uns pour les autres.

M. l'Archevêque de Narbonne a observé avec raison que la charge devoit être commune.

Enfin il a été arrêté que le nouveau Plan étoit vicieux & ne pouvoit pas être adopté ; mais qu'un nouveau Régime étant absolument nécessaire, le Roi seroit supplié de surseoir à toute innovation dans les Gabelles, jusqu'à ce que les Administrations Provinciales aient présenté à S. M. des Mémoires relatifs à cet objet.

Tel est le Résumé des Délibérations de

tous les Bureaux en général ; mais il y a quelques membres qui ont été d'un avis contraire.

Par exemple, au Bureau de M. le Duc *d'Orléans*, M. le Comte *de Rochechouard*; M. le Marquis *d'Eſtournel*, Député de la Nobleſſe des Etats d'Artois; le Maire d'Orléans, & celui d'Amiens ont dit *que, ayant été ſouvent témoins de tous les maux qu'entraîne l'impôt de la Gabelle, tel qu'il eſt aujourd'hui; jugeant que le nouveau Plan doit les prévenir, & ne pouvant adopter l'avis du Bureau qui le contrarie, ils proteſtoient contre toutes les Délibérations tendantes à le rejeter, & demandoient que leur Proteſtation fût inſcrite ſur les Regiſtres des Délibérations du Bureau.*

On n'a pas jugé qu'on dût avoir égard à cette motion.

Au Bureau de M. le Prince *de Condé*, M. l'Abbé *de la Fare*, Député du Clergé des Etats de Bourgogne, a débattu avec la plus grande ſagacité le Plan de M. le Contrôleur général & en a fait ſentir tous les inconvéniens; & les raiſons ſolides qu'il a données pour motiver ſon avis, ont été les baſes ſur leſquelles on a rédigé l'Arrêté du Bureau.

M. l'Archevêque d'Arles, du même Bureau, après avoir fait la peinture la plus touchante de la miſere du Peuple ; après avoir expoſé avec énergie la dureté exceſſive de cet Impôt, dont toute la charge retombe sur la partie la plus infortunée des Sujets de S. M., a dit : *qu'il étoit fâcheux que le Plan proposé fût si vicieux ; qu'il étoit absolument impossible de l'admettre, même avec des modifications ; qu'il seroit à désirer que l'état des finances permît au Roi de supprimer tout-à-fait un Impôt aussi onéreux ; qu'il seroit peut-être de la bonté & de la justice de S. M. de soulager son Peuple ; que sûrement le Clergé & la Noblesse de son Royaume se prêteroient de bon cœur au moyen de remplacer le produit de cet Impôt ; qu'il étoit juste que les individus les plus riches contribuassent aux charges de l'Etat & qu'ils le supporteroient avec plaisir, quand ils verroient diminuer la masse des Impositions dont le Peuple est accablé.*

Je demande, a dit M. le Comte d'Estaing, *qu'on prenne acte de ce que M. l'Archevêque d'Arles vient de dire.*

,, Il est étonnant, M. le Comte", (a dit M. l'Evêque de Blois) ,, que vous ayez
,, attendu jusqu'à ce moment à demander
,, acte de ce que nous avons toujours dit
,, depuis le commencement de l'assemblée.

,, A ce que M. l'Archevêque d'Arles
,, vient de répéter : nous pensons tous que
,, le Clergé & la Noblesse doivent contribuer
,, aux charges de l'Etat ; mais nous demandons que le Peuple soit soulagé. Nous
,, désirons que les sacrifices que nous ferons,
,, soient proportionnés aux besoins qui les
,, nécessitent : si nous avons combattu le

„ Plan qui nous a été proposé ; c'est que
„ nous en avons senti la défectuosité ; mais
„ nous nous sommes tous réunis pour dire
„ qu'une réforme est nécessaire, & qu'il
„ faut réparer le désordre des finances.
„ Telle a été, Monsieur, l'opinion de tous
„ les Membres qui composent cette assem-
„ blée ; elle est consignée dans les Regi-
„ stres des Délibérations des Bureaux. La
„ Nation & la Postérité en seront instruites;
„ mais elles ne demanderont pas acte,
„ Monsieur le Comte, de vos singulieres
„ assertions."

La sortie de M. l'Evêque de Blois a tant atterré M. le Comte d'Estaing, qu'il n'a plus rien dit.

Voici d'autres détails recueillis depuis, dont quelques-uns postérieurs au 24 Mars.

Les Mémoires concernant les Marchandises Coloniales, le Tabac, la Marque des fers, la Subvention par doublement, la Fabrication des huiles, les Droits d'ancrage &c. n'ont occupé que le tems de leur lecture & ont passé sans difficulté : seulement au cinquieme Bureau, M. le Baron *de Spon*, Premier Président du Conseil Souverain de Colmar, a lu des *Observations* sur le Mémoire du Tabac, concernant l'avantage de cette Culture en Alsace & elles ont été adoptées par le Bureau & annexées à la Délibération du 21 Mars.

Dans ce même Bureau, M. *Huvino de*

Bourghelles, Mayeur de Lille, a lu un Mémoire sur l'avantage de la culture du Tabac dans la *Flandre Wallonne* ; adopté aussi & annexé à la Délibération dudit jour.

Le dernier Mémoire de la seconde Division étoit sur les Gabelles; il a occupé jusques au 29 Mars inclus, & a été rejeté unanimement comme insuffisant, ainsi que le Mémoire explicatif.

Dans le premier Bureau, M. le Duc *du Châtelet* a lu un Mémoire sur les inconvéniens du Plan de M. le Contrôleur-général.

Monsieur a ensuite lu une Note contenant son Avis *motivé*, & l'on s'est accordé à le regarder comme le meilleur; on a surtout été ému de la premiere phrase. ,, Le Ta-
,, bleau de la Gabelle & de ses effets, pré-
,, senté page premiere du Mémoire, est si
,, effrayant, qu'il n'y a pas de bon Citoyen
,, qui ne voulût contribuer, fût-ce d'une
,, partie de son propre sang, à l'abolition
,, d'un pareil régime."

Cet Avis a donc été adopté unanimement par le Bureau, & consigné dans la Délibération du 23 Mars.

Il a été fait à cet Avis une Addition, d'après l'exposé de M. le Baron *de Flachslanden*, & M. le Comte *de Brienne* ayant lu quelque chose de sa façon, les idées se sont accrues & l'on a désiré une Délibération plus étendue: en conséquence une Commission a été chargée de ce travail, & *Monsieur* a nommé

M. l'Evêque de Nevers, M. le Duc du Châtelet, M. le Comte de Brienne & M. de Sauvigny

Dans le second Bureau, M. le Comte *d'Artois* ayant donné aux membres communication de l'Avis motivé de *Monsieur*, adopté par le premier, on a désiré également le prendre pour base, & il a été arrêté d'en faire Regiſtre.

M. *de Caſtillon*, Procureur-général du Parlement d'Aix, n'a point voulu opiner sur la matiere en queſtion; il a lu un Mémoire concernant les motifs de sa réserve, pour ne point bleſſer les Droits, Privileges & Franchiſes de la Provence: ce Mémoire a été conſigné dans la Délibération du 24 Mars.

M. le Marquis *de la Fayette* a propoſé de ſupplier S. M. qu'elle veuille bien, par la même Loi qui abrogera la Gabelle, ordonner que tous les Malheureux qu'elle a précipités dans les fers, ou conduits aux galeres, ſoient auſſitôt rendus à la liberté & à leurs familles. Cet Avis a été accueilli avec tranſport.

26 *Avril* 1787. M. *de la Borde*, l'ancien premier Valet de chambre, fort entiché du Comte *de Caglioſtro*, arrive de Londres, où il étoit allé voir cet étranger, avec M. *de Vismes*, son beau-frere. On aſſure qu'ils en sont revenus tous deux parfaitement desabuſés sur le compte de l'impoſteur. Ils confirment que le prétendu Comte de Ca-

gliostro a quitté Londres, ou plutôt s'en est enfui d'une maniere honteuse ; qu'il a emporté les diamans & bijoux de sa femme, & l'a laissée dans la misere : qu'elle a avoué à ces Messieurs, que son mari n'étoit autre chose que le *Balsamo* tant bafoué dans le Courier de l'Europe.

M. de la Borde à son retour d'Angleterre n'a eu rien de plus pressé que de raconter au Marquis *de Launay* tout ce qu'il avoit appris, de lui avouer que jusques à ce moment il avoit été trompé par ce charlatan; qu'heureusement il en étoit pour peu d'argent ; son beau-frere de Vismes pour davantage: mais M. *d'Epresmenil* pour beaucoup. On ajoute que ce Magistrat a aussi ouvert les yeux, & est tout penaud de sa crédulité. Il faut attendre la confirmation de cette étrange anecdote.

27 *Avril* 1787. Voici des détails qu'on a recueillis à la Chambre des Comptes sur un des échanges reprochés à M. *de Calonne*; ils sont peu amusans, mais intéressans, par l'énormité de la léfion qu'ils développent.

Notes & Précis de l'Echange du Comté de Sancerre en Berry, par M. le Comte d'Espagnac, en contr'échange de différentes Parties du Domaine du Roi dans le Blaisois, le Pays d'Hainaut & le Pays Messin, le Languedoc, le Vicomté de Rouen, la Normandie, le Dauphiné & la Lorraine.

30 *Mars* 1785. Contrat d'échange à ce sujet.

Juillet Id. Lettres patentes en conséquence.

Mars 1786... Lettres Patentes en supplément d'échange:

Août Id. Autres Lettres patentes pareilles. A cette derniere date en échange du Comté de Sancerre, il est abandonné à M. le Comte d'Espagnac en contr'échange.

BLAISOIS. 1°. Deux parties considérables de la forêt de *Russe* dans le Blaisois, & tous les Domaines & Droits de Seigneuries sur cinq Villages ou Paroisses au Comté de Blois.

HAINAUT. 2°. 919 arpens de Bois, composant la Forêt Royale de Hainaut, sous le Ressort de la Maîtrise de Valenciennes.

PAYS MESSIN. 3°. Les Domaines & Seigneuries sur dix Paroisses de la Prévôté de Thionville, avec les Bois Royaux y enclavés.

LANGUEDOC. 4°. Trois Terres & Seigneuries en Languedoc.

VICOMTÉ DE ROUEN. 5°. Cinq autres Terres dans le Vicomté de Rouen.

NORMANDIE. 6°. Six autres Terres en Normandie & Dauphiné.

LORRAINE. 7°. Les Domaines & tous autres Revenus Royaux & Seigneuriaux sur vingt-huit Paroisses, formant tant le Marquisat d'Hatton-Châtel, qu'autres parties y réunies par les différentes Lettres patentes, ainsi que des Tiers-deniers tant sur les Quarts de réserves, Ventes de futayes & toutes autres, que sur 29,280 arpens de bois desdites Communautés ou Paroisses.

8°. 1822 arpens de bois des Forêts Royales d'Hatton-Châtel & autres Bois du Roi adjacens.

9°. Les Fonds, Superficies & Seigneuries de 8137 arpens de bois de la Forêt Royale de Somme-Dieu.

10°. Les futayes sur 1200 arpens accensés à la Communauté de Rouvres.

11°. Les Domaines de Rainville, de St. Paoul de Phaling, & des Etangs de Buissoncourt.

Malgré les apparences que toutes ces parties cédées par le Roi en contr'échange soient d'une valeur bien différente & d'une supériorité incomparable au Comté de Sancerre, puisque la seule partie de Lorraine excede 700,000 livres, il est stipulé par le Contrat d'échange que le Roi payera encore à M. *d'Espagnac* un Million de mieux value.

L'évaluation de ces Echanges est renvoyée à la Chambre des Comptes de Paris, qui a nommé un Commissaire à ce sujet, & par son Arrêt a réservé que M. *d'Espagnac* jouiroit par provision seulement des bois cédés à lui jusqu'au jugement des évaluations & l'obtention des Lettres Patentes de confirmation.

27 *Avril* 1787. Voici une troisieme Leçon de la fameuse Fable.

Le Fermier.

Dom Jerome Ruſtaut, glouton de forte eſpece,
Avoit tant ſatisfait ſes divers appétits,
Que ſa famille & lui plongés dans la triſteſſe
A manger ſobrement étoient preſque réduits.
Ils avoient démembré la volaille menue,
  Digne ornement du Poulailler.
  De ſa triſte déconvenue
  N'ayant plus qu'à ſe déſoler;
Car Meſſieurs les Dindons, vû leur noble origine,
Des reſtes de Jerome empâtés à foiſon,
  Avec tout le gros peuple Oiſon
Chez les petits poulets envoyoient la famine,
  En portant la deſtruction.
Cependant le Fermier dit ,, *il faut que je mange*,
,, Mais avant je voudrois conſulter Paillardin,
  ,, Mon fidele Batteur en grange."
Il dit, ou ne dit pas, mais il fait & ſoudain
Le Batteur & Jerome aviſent au moyen
  De ſatisfaire à la dépenſe.
,, Ma foi, dit Paillardin, plus j'y rêve & j'y penſe,
  ,, Plus je vois que tout ira bien:
,, Oui, croyez-moi, Jerome, il faut dès le jour même
,, Pour ſatisfaire enfin votre appétit extrême,
,, Uſer du Droit que Dieu vous donne avec le jour,
,, Celui de dégraiſſer un peu la Baſſe-cour:
,, Pourquoi donc conſerver tout un Peuple inutile?
,, A qui ſait bien vouloir, le pouvoir eſt facile:
,, Montrez-vous une fois en maître ſouverain,
  ,, Et je réponds que dès demain
  ,, Sur votre Plan chacun s'arrange."
  Ainſi dit le Batteur en grange,

Et

Et Jérôme aussitôt répétant son discours,
Se hâte d'assembler de ses diverses cours
  Tous les habitans imbéciles,
   Qui se montrant dociles,
Entendirent d'abord sans un mot riposter
Le Discours que Jérôme eut peine à réciter:
Mais dès qu'ils ont ouï *il faut que je vous mange*,
Chacun d'eux s'agit a d'une maniere étrange;
Le Mouton doucement bêloit un long soupir;
Des Dindons on voyoit la crête purpurine,
Au milieu des glousglous se dresser & pâlir;
Le Cochon en grognant froncé deux fois la mine;
Tous crioient à la fois: ,, faut-il le tolérer ?
,, Quoi! nous fûmes nourris aux dépens de tant
  d'autres,
,, Et leurs jours consacrés pour conserver les nôtres
,, N'écartent pas l'honneur de nous voir dévorer.
,, Non, ne le souffrons pas. Oh, oh! le grand tapage!"
,, Tenez ferme, Jérôme, il nous faut du courage,
   Disoit le Batteur Pillardin:
  ,, Les affaires sont en bon train,
  ,, S'arrêter-là seroit peu sage;
  ,, On combat, pensez que le gain
,, Doit fermer l'oreille à tout ce clabaudage.
,, Messieurs, leur dit Jérôme: ,, écoutez ma raison,
,, J'ai faim, mon estomac ne s'emplit pas de vuide,
  ,, Ainsi vite qu'on se décide;
,, Je ne demande point ni discours ni leçon,
  ,, Si je dois vous manger, ou non;
  ,, Je ne veux de vous autre chose
,, Sinon que vous disiez du moins à quelle sauce
  ,, Messieurs, chacun de vous est bon."

27 *Avril* 1787. C'est avec beaucoup de

peine qu'on juge par les Coopérateurs que s'est donné le nouveau Contrôleur-général qu'il n'y a rien à espérer de lui. Ce sont quatre personnages, ou systématiques, ou ineptes, ou tarés; savoir: l'ami *Dupont*, grand Economiste & ne jurant que par sa Secte; M. *Gerbier*, grand phraseur & incapable des vues élevées & profondes de l'homme d'Etat; un nommé *Frenoye*, ci-devant Intendant du Cardinal de Rohan, & l'on peut juger du valet par le maître: enfin M. *Cadet de Senneville*, une vraie buse, attaché à feu M. de Trudaine, plus comme Proxenete, que comme un personnage utile dont il pût tirer des lumieres.

28 *Avril* 1787. Le Bureau de M. le Prince *de Conty*, dont on se rappelle que les membres sont appellés *les Grenadiers des Notables*, dès le lendemain du Discours du Roi du 23, a fait un Arrêté, où se prévalant des promesses du Monarque, il lui en demande très-respectueusement des preuves authentiques & cherche à le lier par ses propres paroles: voici cet Arrêté très-important, en date du 24.

„ Le Bureau pénétré de reconnoissance des nouvelles preuves de bonté & de confiance que S. M. a daigné donner à l'assemblée dans le discours qu'elle a prononcé dans la séance du jour d'hier, s'empresse de mettre à ses pieds l'hommage de son amour, de son respect, de sa sensibilité.

,, Le Bureau est d'autant plus flatté des témoignages que le Roi veut bien donner à ses membres de sa satisfaction, qu'il y trouve non-seulement la récompense la plus glorieuse de son zele & de ses travaux, & de nouveaux motifs pour lui présenter la vérité avec loyauté & courage ; mais encore la preuve la plus authentique, que les nuages que l'on avoit cherché à élever sur la conduite & les intentions des Notables n'ont fait aucune impression sur l'esprit de S. M. & qu'elle veut bien en reconnoître la droiture & la pureté.

,, Le Roi annonce qu'il est fermement résolu à prendre les mesures les plus efficaces pour faire disparoître le *deficit* actuel, & empêcher qu'il ne se reproduise dans un autre cas.

,, Mais S. M. reconnoît elle-même que l'excès des impositions que supportent les Peuples, ne permet de leur en demander de nouvelles, & d'user de ce moyen qui répugne à son cœur & à sa bonté paternelle, qu'à la derniere extrémité & après que toutes autres voies de libération auroient été épuisées.

,, Le Bureau qui n'a d'autre désir que de concourir aux vues de justice & de bienfaisance de S. M. la supplie de se mettre en état d'apprécier les ressources étrangeres à un Impôt dont on peut faire usage, en lui faisant remettre le Tableau des retranchemens & des économies qu'elle se propose d'ordonner, & les Etats circonstanciés de la Dépense & de la Recette qui peuvent faire connoître au Bureau:

1°. Si un accroissement d'Impôt est absolument nécessaire?

2°. A quelle somme il doit être porté?

3°. Jusqu'à quel point on peut en fixer la durée?

28 *Avril* 1787. *Le Mode françois, ou Discours sur les principaux usages de la Nation françoise.* Tel est le titre d'un gros volume in 8°. de 448 pages. Il ne contient rien de nouveau, mais résume d'une maniere précise & méthodique tout ce qu'on trouve là-dessus épars dans une multitude de volumes.

Après avoir dit les motifs qu'il a eu d'écrire & posé pour premier principe social, l'amour de la Patrie, l'auteur commence par donner une idée du Territoire de la France; il remonte à l'origine de notre Nation, à la naissance de notre Monarchie, & suit ses progrès jusqu'à nos jours. Il considere ensuite l'état des Peuples du monde, soit par rapport à eux-mêmes, soit par rapport à nous. Il examine notre Constitution, repasse nos Loix fondamentales, & développe l'esprit d'ordre & de liberté, de même que l'unanimité qui les consacre: de là il traite de la Monarchie en général & de notre Monarchie en particulier; il examine le titre de Roi, passe de la Royauté aux Magistratures, & les partage en cinq especes; L'Administration, le Sacerdoce, la Judicature, le Commandement de l'Armée & la Discipline Militaire, & la Finance.

L'écrivain en vient au Commerce, & distingue ses effets utiles, l'industrie, le goût du travail, l'abondance, d'avec ses abus funestes, le monopole & l'usure. Digression sur l'Agriculture, occupation naturelle de l'homme & par conséquent soumise chez nous à une police fort légere. Les Beaux-arts, qu'il appelle la parure des Peuples, sont aussi l'objet de son attention.

Venant enfin aux Mœurs, il nous apprend la cause de notre politesse & reconnoît sur quels fondemens porte cette civilité dont on nous renomme. Il disserte de la Noblesse d'origine, de la Noblesse personnelle, des avantages de la Richesse.

Afin de ne rien laisser à désirer sur nos Usages, il parle même de nos manieres de nous vêtir; il jete un coup d'œil sur la distribution de nos repas, & il termine son récit en expliquant l'ordre que nous observons dans la mesure de nos jours, de nos mois & de nos années: un parallele du gouvernement féodal avec celui sous lequel nous vivons, complette cet intéressant ouvrage, mais qui n'est pas sans défauts.

Le premier est un égoïsme excessif, qui fait mettre par l'auteur la Nation Françoise au-dessus de tout; une adulation basse, qui lui fait réprouver les Administrations Provinciales, dont il étoit question dès le tems où il écrivoit, & lui fait desirer que les Pays d'États soient réduits au régime des autres.

On juge encore que l'écrivain est un Anti-Neckriste, par la maniere amere & satyrique, qu'il substitue à son ton louangeur & admiratif sur tout le reste, lorsqu'il parle de la Banque & des Banquiers, ainsi que de l'influence qu'ils ont eue & ont sur le Gouvernement.

Du reste, ce livre est écrit en termes propres & avec une sorte de nerf : partout on y reconnoît un homme très instruit, un homme qui a parfaitement digéré son plan & ses idées ; on desireroit seulement que les divisions de son ouvrage s'étendissent à son discours, sans aucun repos, & qu'il semble avoir composé pour être lu tout d'une haleine.

29 Avril 1787. C'est décidemment le premier Mai que M. le Dauphin doit passer entre les mains des hommes avec les formalités ordinaires. On sait surtout qu'on met l'enfant nud, & qu'on dresse Procès-verbal de l'état de son physique.

En conséquence le dimanche 22, M. le Duc d'Harcourt, Gouverneur de Monseigneur le Dauphin, a, en cette qualité, présenté à Leurs Majestés, le Chevalier d'Assonville, Maréchal des Camps & Armées du Roi, & le Chevalier du Puget, Mestre de Camp de Cavalerie, Sous-Gouverneurs du

Prince; l'Abbé de Moncrou, Grand-vicaire de Langres, & l'Abbé Corbin, ses Instituteurs; & l'Abbé Buisson, son Lecteur.

29 Avril 1787. Voici un Arrêté d'un des sept Bureaux relativement à l'administration des Forêts, suivant le nouveau projet, essentiel à conserver pour connoître les motifs des Notables qui les ont déterminés à le rejeter.

„ Le Bureau, après avoir examiné le Mé-
„ moire sur les forêts & la Note imprimée
„ relative audit Mémoire a pensé:"

„ 1°. Que les Principes qui consacrent l'aliénation du Domaine & que le Bureau a invoqués dans son Arrêté d'hier, s'appliquent également aux forêts, boqueteaux & buissons de quelque contenance qu'ils soient; que l'aliénation est expressément & textuellement prohibée par l'art. 1er. du tit. 27 de l'Ordonnance de 1669, qui rappelle elle-même la célèbre Ordonnance de Moulins 1566; & qu'en s'écartant de l'exécution rigoureuse de cette disposition, on donneroit ouverture à des demandes abusives, qui par des morcelemens partiels produiroient enfin l'aliénation entière des forêts.

„ 2°. Que le nouveau Plan d'administration présente des suppressions d'office nécessitant des remboursemens, qui ne pouvant d'après les principes établis s'effectuer sur le produit de la vente des Domaines, retomberoient sur le Trésor-Royal, dans une circonfiance où il ne paroît plus possible d'augmenter ses charges; & que d'un autre côté il ne sembleroit pas juste de supprimer l'état d'un grand nombre de Titulaires, sans procurer en même tems le Remboursement de leurs offices.

„ 3°. Que l'établissement proposé, & des Inspecteurs tant généraux que particuliers & des Greffiers & des Garde-marteaux, qui seroient créés dans chaque Bailliage, loin d'offrir des vues d'économie, ne présente, au contraire, qu'un surcroît considérable de dépenses.

„ 4°. Qu'un projet qui ne fait que substituer des hommes à des hommes; qui met douze Inspecteurs Généraux en place de dix-neuf Grands-Maîtres, & 24 Inspecteurs particuliers à la place de 180 Maîtrises environ, composées chacune de plusieurs officiers destinés par la Loi à se surveiller mutuellement; qui remplace des Offices par des Commissions, qui laisse par conséquent au crédit tous ses avantages; qui abandonne à un Inspecteur isolé l'administration la plus libre dans son département, ne peut offrir ni la confiance dans les individus, ni les avantages dans le régime des forêts.

„ 5°. Qu'il seroit à craindre que les formes proposées pour l'administration de la Justice contentieuse en cette partie, ne substituassent à des actes de police des actes de rigueur judiciaire, & n'entraînassent pour les délits

délits les plus simples des frais beaucoup plus considérables.

„ 6°. Qu'il existe, il est vrai, dans l'administration des Bois confiés aux Maîtrises, une foule d'abus qu'on ne remarque pas dans les bois des Particuliers; mais que rien dans le nouveau Plan ne semble y remédier; qu'il seroit digne des vues de S. M. de s'en faire rendre un compte exact, de peser dans sa sagesse, si les abus ne tiennent pas plus à l'inexécution des loix qu'à leur insuffisance; & d'examiner si l'observation rigoureuse de la plupart des dispositions de la sage Ordonnance de 1669, & la revision de quelques autres, ne seroit pas le remede le plus efficace contre les abus & le moyen le plus propre à conserver cette noble & précieuse partie du Domaine de la Couronne, sans mettre au hazard une Administration aussi importante.

29 *Avril* 1787. *Il n'y a point d'Esclave en France.* Tel est l'axiome constant de nos Jurisconsultes; cependant il s'élève aujourd'hui à la Grand' Chambre une Question d'Etat & de Droit Public, qui semble en supposer la fausseté.

Julien, arrivé libre en ce Royaume en 1783, a-t-il pu devenir Esclave en 1787? La Dame *Rufte*, sa prétendue maîtresse, l'a-t-elle pu faire enlever comme un Criminel, le charger de fers, le traîner de prisons en prisons, partout le tenir au secret, lorsque n'étant point prévenu d'aucun délit, Julien étoit muni d'une Sentence de Liberté, lorsqu'un Arrêt contradictoire l'avoit mis sous la protection immédiate du Parlement & des Loix ? Telles sont les Questions agitées dans un premier Mémoire, qui n'est encore signé que de M^e. *Laval*, Procureur.

Ce *Mémoire* est pour *Julien, fils du Sr. Baudelle, natif de la Martinique, intimé, contre le Sr. Ruste, habitant de la Martinique & Demoiselle Reine Baudelle son épouse, demeurante à Paris, appellans.*

En présence de M. le Procureur - général, plaignant & accusateur contre la Dame Ruste & le Sr. Ozenne, accusés.

Ce Mémoire n'est point mal fait, comme judiciaire; il rend assez bien compte des faits, mais avec une grande simplicité: peu propre à faire sensation dans le public, il est bien à souhaiter qu'une plume éloquente se charge de défendre cette cause & de lui donner auprès des lecteurs tout le degré d'intérêt qu'elle mérite & dont elle est susceptible.

30 *Avril* 1787. La Dénonciation de M. le Marquis *de la Fayette*, dont on parle depuis longtems, & qui a enfin acquis une certaine publicité, jete un grand jour sur le Précis des Echanges du Comté de Sancerre. Cependant on reproche avec raison au Dénonciateur de parler trop vaguement, de s'appuyer sur des environs, des à-peu-près, des on dit, des rumeurs publiques : en pa-

reille matiere il faut être exact, précis ; il faut tout voir, tout vérifier, tout examiner par soi-même. Quoiqu'il en soit, voici cette piece, telle qu'elle court dans le monde.

Dénonciation des abus de l'Administration, faite au Bureau de M. le Comte d'Artois par M. le Marquis de la Fayette.

Le 21 *Avril* 1787.

MONSEIGNEUR, le Roi nous invite à n'indiquer des abus particuliers qu'en signant nos Avis. Celui que j'ai ouvert samedi dernier, nous vaut cette permission. J'en profiterai, Monseigneur, avec le zele, l'impartialité & la liberté qui sont dans mon cœur.

J'ai dit qu'il faut attaquer le monstre de l'Agiotage, au lieu de le nourrir. On croit généralement que le Gouvernement vient de donner plusieurs millions en faveur des agioteurs. S. M. daigne nous assurer qu'elle ne soutient pas l'agiotage : je n'avois été que l'interprete de l'alarme publique.

J'ai proposé & je propose au Bureau, que S. M. soit suppliée d'ordonner un examen sérieux par personnes non suspectes, de tous les *Bons* du Roi pour les Domaines, ainsi que des Titres de dons, ventes, échanges, ou achats qui sont ou devroient être à la Chambre des comptes ; de maniere que S. M. puisse connoître la valeur des dons qu'elle a faits, revenir sur les marchés onéreux, qui n'ont pas été liquidés, & rompre ceux où, depuis son avénement à la couronne, elle avoit été lésée d'outre moitié.

Et pour appuyer mes craintes de quelques exemples, j'ai cité le marché de Lorient, parce que le public a été scandalisé d'apprendre, que pour la Seigneurie de Lorient & la terre du Châtel, ne valant pas cent quatre-vingts mille livres de rente, M. le Prince de Guemené ait eu la Principauté de Dombes, estimée quarante mille livres de rente, sans compter, dit-on, huit cens mille livres payées à M. de Laubespine, qui en avoit obtenu la concession, & la somme immense de douze millions & demi, payable en vingt-cinq ans.

J'ai cité l'échange du Comté de Sancerre, parce que je crains qu'il n'ait été payé avec huit mille arpens de bois; dont trois mille, trois ou quatre cens dans le Comté de Blesois, valent à eux seuls, dit-on, le Comté de Sancerre, & que le public ajoute à ces 8000 arpens un grand nombre de terres dans différentes Provinces & une grosse somme donnée à M. le Baron d'Espagnac.

J'ai la douleur de craindre que le Roi n'ait acquis depuis son avénement au Trône pour environ sept cens mille livres de revenus en terres & en forêts, qu'il a payées avec environ sept cens vingt mille livres de rentes, dont cinquante à peu près en rentes viageres, & qu'il ait accordé à cette occasion, soit comptant, soit à terme, plus de 45 millions.

Il est possible que je me trompe, mais un grand desordre suppose une grande déprédation.

Je demande pourquoi les Ministres des finances proposent au Roi des achats ou des échanges qui, n'étant aucunement à sa convenance, ne peuvent servir que la convenance des Particuliers?

Je pourrois peut-être demander pourquoi l'on fait acheter des Domaines au Roi, quand on pense qu'il faut vendre ceux qu'il a?

Je ne suis ni le Conseil du Roi, ni la Chambre des Comptes, ni l'Administration des Domaines; je ne puis donc vérifier ce que j'indique : mais mon Patriotisme est alarmé, & je sollicite un examen rigoureux; & puisque l'avis ouvert & signé par moi doit être remis à S. M., je répete avec une double confiance la réflexion que j'ai soumise à Monseigneur : c'est que les millions qu'on dissipe, sont levés par l'impôt, & que l'impôt ne peut être justifié que par le besoin de l'Etat : c'est que tant de millions abandonnés à la déprédation & à la cupidité, sont le fruit des sueurs, des larmes & peut-être du sang des Peuples; & que le calcul des malheureux qu'on a faits pour composer ces sommes si légèrement prodiguées, est un calcul bien effrayant pour la justice & la bonté que nous favons être les fentimens de Sa Majefté.

(*Signé*) LA FAYETTE.

30 *Avril* 1787. Depuis que le nouveau Garde des Sceaux eft en fonction, il a déja expédié deux couriers à Me. *de la Cretelle*; le premier, pour lui offrir la place de Secrétaire du Sceau, place que cet Avocat a refufée, en difant qu'il vouloit refter libre ; le fecond, pour l'engager au moins à aider de fes recherches, de fon travail & de fes lumieres le Chef de la Magiftrature dans fon projet de réformer notre Législation, & furtout le Code Criminel : emploi qu'a accepté Me. *de la Cretelle*; toujours à la condition qu'il ne feroit afservi ni gêné en rien.

Du refte, Me. *Tronçon du Coudray* a prié Me. *Target* de lui fervir de médiateur pour le raccommoder avec Me. *de la Cretelle*; ceci eft relatif à la maniere injurieufe dont ces deux adverfaires fe font traités durant le procès du Comte de Sanois; Me. *Target* a bien voulu faire une démarche auprès de Me. *de la Cretelle*; mais celui-ci a rejeté avec hauteur une réconciliation trop difficile avec un confrere aufsi fourbe & aufsi bas, pour lequel il ne pouvoit avoir d'autre fentiment que celui du mépris.

30 *Avril* 1787. On ne peut qu'applaudir à la févérité du Lieutenant général de

Police, qui inſtruit de l'indécence avec laquelle Mlle. *Rozalie*, de la Comédie Italienne, s'étoit conduite à Longchamp, l'avoit fait mettre à l'hôtel de la force. Cette actrice, ſuivant l'uſage, a tourné ce châtiment en triomphe : tous les jeunes Seigneurs de la Cour ſe ſont empreſſés de l'y aller voir, & comme elle n'eſt qu'eſpiegle & inſolente & n'a pas le cœur mauvais, elle a fait bourſiller cette foule d'agréables & en a tiré une ſomme de 1625 livres, qui ont ſervi à l'élargiſſement de pluſieurs priſonniers. Cette bonne action, célébrée dans le Journal de Paris, où cependant l'on n'a oſé nommer tout-à-fait l'actrice, qu'on déſigne par la Lettre initiale Mlle. R... & ſa qualité vague de Penſionnaire du Roi, lui a valu promptement ſa liberté.

1er. *Mai* 1787. Depuis la diſgrace de M. de Calonne, l'abbé Beaudeau reprend vigueur, & ce ſont tous les jours de nouveaux pamphlets, de ſa part. Il publie aujourd'hui, *Idées d'un Citoyen ſur l'état actuel du Royaume de France, en deux parties*. Il a mis en tête une épitre dédicatoire *aux François, mes compatriotes*, qu'il a ſignée & qui ſent l'enthouſiaſte, l'illuminé. Il y déclare qu'en 1760 ayant rédigé trois Mémoires pour M. *Bertin*, alors Miniſtre des finances, Mémoires qui, accueillis avec bonté par ce Contrôleur général, furent traités de vaines ſpéculations par des Commis reconnus dans la suite pour ignorans, cupides & mal intentionnés ; il ne voulut pas perdre son travail, il le fit imprimer sous le titre d'*Idées d'un Citoyen*, en 1763 ; quelques vérités utiles s'y trouvoient mêlées avec de grandes fautes. Il apprit pour la premiere fois en 1766, à l'école du respectable Docteur *Quesnay*, à distinguer les bons Principes d'avec les Paradoxes qui l'avoient séduit : il a travaillé dix ans sous ses yeux, & deux lustres encore après sa mort à détromper les autres. C'est donc la Doctrine de ce Chef des Economistes qu'il reproduit aujourd'hui sous le même titre des *Idées d'un Citoyen*. Anathême à ceux qui n'y auroient pas foi !

On reviendra sur cet ouvrage original, à la fin duquel l'auteur a fait réimprimer les deux petites feuilles dont on a parlé précédemment & qu'on soupçonnoit d'avance sortir de sa plume.

On assure, au surplus, que l'abbé Beaudeau est autorisé sourdement par M. le Baron de Breteuil à faire imprimer & répandre ces écrits, qui avoient précédemment fait fermer l'imprimerie Polytipe & interdire deux Libraires.

1er. *Mai* 1787. M. le Comte de Kersalaun est fils d'un Conseiller au Parlement de Bretagne, impliqué dans l'affaire de M. de la Chalotais, & qui pensa, comme ce Procureur général, être victime de son patriotisme : c'eſt un Breton non moins ardent que ſon pere pour les intérêts de la patrie & de la France : d'ailleurs il a des lumieres ; enflammé de zèle, il avoit fait une critique du diſcours de M. de Calonne à l'ouverture de l'aſſemblée des Notables du 22 Février, & il ſe propoſoit de préſenter ſon Mémoire au Roi, & d'en répandre enſuite des copies parmi les Notables. Il étoit allé à Verſailles à cet effet durant la ſemaine ſainte. Cependant un des copiſtes avoit jaſé & M. de Calonne, inſtruit du fait, avoit obtenu un ordre du Roi pour aller chez ce Gentilhomme fouiller dans ſes papiers, & y enlever tout ce qui ſe trouveroit relatif aux affaires d'Adminiſtration ; c'eſt ce qui fut exécuté la nuit du jeudi au vendredi Saint par le Commiſſaire *Chesnon* & un Exempt de Police. M. de Kerſalaun abſent n'en fut inſtruit que le lendemain, & malgré la diſgrace du Contrôleur général ſurvenue depuis, il n'a pu encore avoir raiſon de cet attentat contre la liberté & la propriété des citoyens.

2 Mai 1787. Alcindor continuant, ſinon à jouir d'un ſuccès mérité, du moins à être très ſuivi, il eſt bon d'entrer dans quelques détails au ſujet de cet opéra-féerie, dont le but moral eſt fort galant, puiſque dans la crainte que l'inſenſibilité aux attraits des femmes, ne nuiſe au bonheur des ſujets d'un jeune Prince uniquement paſſionné pour la gloire & les armes ; & ne lui ferme le cœur aux douces impressions, il s'agit de le rendre amoureux. Le poëme est en trois Actes.

Au premier, d'abord le Théâtre représente une sombre caverne, soutenue par des masses informes de rochers. Au lever de la toile, on voit plusieurs Gnomes assis & dans différentes attitudes; ils se levent les uns après les autres, sur un bruit qu'ils entendent dans le lointain, & cherchent à effrayer par leurs chants le mortel audacieux qui pénètre jusques à leur azyle; c'est *Alcindor* qui, bien loin d'être épouvanté, les disperse. Ils s'enfuient de tous côtés. *Alcindor*, maître de ces lieux, cherche un tréfor que lui a promis *Almévars*, le Génie bienfaisant qui préside à la Destinée; il ne trouve rien; cependant une douce symphonie l'endort. Pendant son sommeil, les Songes, les Plaisirs, les Amours dansans & chantans sortent des piliers informes de la caverne; les cavités où ils étoient recelés, reçoivent par des transparens peints en guirlandes de fleurs, des demi-teintes de jour. On danse, on entoure Alcindor endormi sur un banc de pierre; on lui chante de se livrer à la tendresse; on voit descendre un Portrait soutenu par deux Amours; tout cela disparoît. Alcindor se réveille; il se trouve avec son Premier Ministre *Osman*, & *Zerbin* son Confident. Il leur raconte ce qu'il vient d'éprouver; il convient que son cœur n'est plus si rebelle, il craint que l'amour ne s'y glisse, & que ce sentiment ne déplaise à Almovars. Osman le rassure & l'exhorte, au contraire, à choisir une épouse digne de lui.

Ici le Théâtre change; la caverne disparoît, un Palais magnifique s'éleve : ce Palais est tout couvert d'armes; des drapeaux sont suspendus aux voûtes, & l'on entend des instrumens guerriers. Ce spectacle enflamme Alcindor & lui rend tout son génie belliqueux. Les drapeaux sont disposés de maniere à pouvoir se mouvoir; ils s'agitent à ses yeux : de nouveaux prodiges succedent.

Cinq Statues s'élevent sur leurs piedestaux au son de la plus douce Symphonie : un sixieme Piédestal s'éleve aussi, mais il est sans statue.

Ces cinq Statues sont la Paix, l'Humanité, le Génie des Arts, la Justice & la Sagesse, sans noms, & leurs devises sont en transparent sur chaque Piedestal.

La Paix est couchée sur des ancres, des drapeaux, des trophées; &c. on lit sur son transparent :

L'état du Conquérant éblouit les mortels,

Le Pacificateur en obtient des autels.

La Sagesse tient une lance à la main, dont elle terrasse la Folie; avec cette inscription :

O vous que l'univers avec respect contemple,

Pour le maintien des mœurs offrez lui votre exemple.

Le Génie des Arts, en Apollon, une lyre à la main ; sur son Piedestal sont tous les attributs des Arts avec ce distique :

Rois, protégez les arts, & vos noms glorieux
Sur l'abyme des tems planeront avec eux.

La Justice, une balance à la main, & le bandeau sur les yeux, semble dire :

A la faveur hardie arrachez l'innocence,
Et pesez vos Sujets dans la même balance.

L'Humanité est couronnée d'épis, avec des Gerbes autour d'elle ; elle tient un Disque d'une main, & de l'autre une baguette, avec laquelle elle affranchit un Esclave à ses pieds :

Que cet homme affranchi ne soit plus opprimé
Et qu'il moissonne en paix le champ qu'il a semé.

Un Chœur souterrain exhorte Alcindor à préférer les vertus douces qui font aimer les Souverains aux qualités guerrieres. Alcindor montre le Palais couvert d'armes, d'étendards, & observe que l'Amour n'y paroît point.

Cependant Alcindor connoît le prix des vertus qu'on lui offre, il veut les prendre aussi avec les vertus guerrieres pour compagnes de son trône : comme il parcourt les statues, il s'approche du Piedestal sans statue, & apperçoit une lettre qui s'en éleve : elle est posée sur un coussin de drap d'or ; c'est un écrit tracé de la main de son pere, qui lui annonce qu'entre les Déités frappant ses regards, il en manque encore une essentielle à son bonheur, qu'il doit obtenir des bontés d'Almovars.

Ici la toile du fond s'abaisse à sa demi-hauteur, & forme en s'abaissant un escalier. On voit alors dans le fond une Rotonde supportée par de riches Colonnes, & Almovars, suivi d'un nombreux cortege, descend sur la scene. Il annonce à Alcindor que les Destins veulent que lui Almovars se marie, & il le charge de lui choisir une mortelle qui ne peut se rencontrer que dans les Etats du Prince; il détaille les qualités rares qu'elle doit avoir, &, pour qu'il puisse n'être pas trompé par une beauté fausse, il lui désigne un endroit de son Palais, un magique souterrain, où tout trahit le sexe qui voudroit déguiser ses fautes secrettes.

Le second Acte se passe dans ce *Cabinet*, appellé des *Epreuves*. Il est orné de Statues, Dieux Termes, Pagodes &c. On y voit aussi un Carillon: ces Statues, ces Dieux Termes, ces Pagodes, sont des acteurs réunis en grouppe, & grouppés sous différentes attitudes, ils occupent les côtés & le fond de la Scene: un petit Autel est en avant.

Une partie des Gnomes amene mystérieusement les filles, & leur montre le *Cabinet des Epreuves*; leurs voiles tombés sur leurs épaules, laissent voir leurs traits: l'autre partie des Gnomes amene *Alcindor* & *Zerbin*.

Les jeunes filles chantent & se félicitent

du concours auquel on les admet, & quoiqu'elles soient prévenues du danger qu'elles courent dans ces lieux mystérieux, elles font bonne contenance & déclarent qu'elles ne redoutent rien. La Pantomime de leurs danses exprime cette confiance : on les engage à s'approcher de l'autel ; mais la frayeur commence à s'en emparer, elles n'osent avancer, & s'invitent respectivement à passer devant. Le Chœur des Pagodes leur crie : *prenez garde, retirez-vous!* Leur effroi redouble; cependant quatre jeunes filles, plus hardies que les autres, font un pas en avant, & le même Chœur chante : c'est un *Muphti*, c'est un *Cadi*, c'est un *Aga*, c'est un *Bacha*. ... Elles s'enfuient précipitamment.

Vient une jeune fille Circassienne, couverte d'un voile, qu'elle laisse d'abord tomber : c'est une jeune personne bien décidée, gaie & agaçante. Pendant qu'elle fait ses folies, deux vases garnis de fleurs sortent de dessous terre : comme *Aglaë* (c'est le nom de la Circassienne,) cueille une fleur; le vase disparoît, & fait place à l'Amour, qui danse autour d'elle & l'enlace de fleurs. Le but de l'Amour est d'enflammer Aglaë, qui jusques ici n'a eu que des desirs vagues, & de faire aussi connoître à Alcindor qu'on ne lui résiste pas. Danse Pantomime de la Circassienne avec le petit Dieu : il présente une seconde fleur à Aglaë : le second vase disparoît; il est remplacé par un jeune homme dont l'action est aussi pantomime : elle reconnoît Ali, son petit voisin. Ali est pressant, il se jette aux pieds d'Aglaë & lui baise la main ; ce que l'Amour ne manque pas de faire observer à Alcindor. La petite Aglaë est honteuse & détourne la vue : dans ce moment l'Amour fait signe à Ali de se retirer. Aglaë en se retournant est étonnée de ne plus voir son petit voisin ; mais l'Amour par un souris & un geste malin lui fait entendre qu'il n'est pas tems encore, & l'éconduit, en passant avec intention devant Alcindor, auquel il fait comprendre que son triomphe sur lui ne lui coûtera pas davantage ; puis il disparoît, en entraînant Aglaë, qu'il emmene par espieglerie du côté opposé. Enfin arrive *Azelie* voilée, celle destinée à Alcindor.

Ici le Théâtre change. Le Cabinet des Epreuves disparoît, & fait place à des bosquets délicieux : on entend un petit prélude qui étonne *Azelie* ; mais, d'un geste, Alcindor la rassure, & ils écoutent : un Chœur qu'on ne voit pas, chante que c'est la modeste Azelie qu'Alcindor doit choisir ; bientôt s'ensuit un aveu de cette beauté éprise du jeune Prince, qui sent des mouvemens de tendresse & de crainte d'être amoureux sans avoir encore vu Azelie. Les femmes du serrail viennent pendant ce tems-là rendre hommage à Azelie & l'emmenent. Regrets de ces deux amans de se quitter.

Arrive Osman, auquel Alcindor annonce le destin de sa fille.

On entend le Prélude d'une marche: entrée de la cérémonie & d'Azélie: elle est sous un grand palanquin entouré de rideaux de gaze & surmonté de panaches.

Quelques Muficiens & Saltinbanques ouvrent la marche: le Chef de la Loi vient après, suivi de son cortege: tous les premiers Ordres de l'Etat le suivent, & le palanquin paroît porté par huit Eunuques noirs, avec de grands bonnets surmontés de plumes. Ce palanquin est environné de douze Esclaves, dont six portent de gros arbres chargés de toutes sortes de fruits colorés, & six autres portent des especes de lustres au bout d'un bâton doré: des troupes ferment la marche.

On fait le tour du théâtre, & l'on arrête le palanquin sur la gauche de la scene: on entend un Prélude de symphonie. Almovars descend dans une Gloire, avec quelques Génies de sa suite. Alors Alcindor tire les rideaux du palanquin, & l'on juge de son étonnement en voyant Azelie sans voile, & la reconnoissant pour l'objet dont il est frappé, pour l'original du portrait qu'il a vu dans sa caverne; il ne peut s'empêcher de laisser éclater sa passion.

Ici action générale, mouvement universel. Almovars & sa suite ne respirent que vengeance. Osman & la suite d'Alcindor tâchent

d'adoucir

d'adoucir le Génie. Azelie fupplie, Alcindor brave, & Almovars ordonne qu'on fépare les amans. Azelie & Ofman font entraînés dans le char d'Almovars, qui s'enleve avec eux; tandis qu'Alcindor, malgré tout fon courage, eft repouffé hors de la fcene par la fuite du Génie. Azelie en s'éloignant tend en vain les bras à fon amant.

La premiere décoration du troifieme Acte eft une campagne riante, coupée de bois & de ruiffeaux: des guirlandes, des chiffres de fleurs font fufpendus aux arbres. Sylphes & Sylphides dansans & chantans, fur un air de danfe que commence l'orkeftre. Azelie & Ofman defcendent dans un nuage fupporté par des Génies, & la Danfe entre en même tems fuivie des Chœurs Chantans.

Les Danfeurs & Chanteurs viennent pour les recevoir & les fêter. Azelie fe montre dans le plus grand accablement, & Ofman eft occupé à la confoler.

Ces fêtes défolent Azelie qui, tendant les bras à fon pere, s'écrie: *un défert! Alcindor! & l'auteur de ma vie!*

Alors un grand bruit d'orkeftre: la foudre & les éclairs diffipent les Sylphes & les Sylphides.

Changement de fcene, défert affreux hériffé de rochers; un antre fombre au milieu de la fcene. Alcindor paroît. Les deux amans enchantés de fe revoir regardent cette rencontre comme un effet du pouvoir de l'amour plus puiſſant que leur perſécuteur. Ils ſupplient Oſman de les unir. Tout à coup on lit tracés en caracteres de feu ſur le devant de l'antre ces deux vers, que chante un Chœur ſouterrain à Azelie:

Pour ton époux il n'eſt plus de couronne,
Et le ciel lui rend tout, ſi ton cœur l'abandonne.

Azelie encouragée par ſon pere, préfere d'obéir à l'oracle: ils s'enfoncent tous deux dans l'antre ſacré, ſuivant l'ordre d'une voix qui le leur preſcrit; en vain Alcindor veut les ſuivre, Azelie & Oſman diſparoiſſent: l'antre eſt tout en feu.

Enfin l'antre diſparoît; il eſt remplacé par un palais magnifique, où Almovars eſt aſſis ſur un trône: une ſtatue d'or s'éleve au milieu de la ſcene: quelques Suivans du Génie entourent le trône d'Almovars, qui frappe de ſa baguette la ſtatue: elle s'enfonce & laiſſe voir derriere elle Azelie. Le Génie la rend à Alcindor, lui déclare qu'il la lui deſtinoit de tout tems, & qu'il a voulu, en faiſant naître l'amour dans ſon cœur, adoucir l'âpreté de ſon caractere.

Un autel s'éleve: le chef de la Loi & tout le monde repete en baiſſant la tête & croiſant les bras:

Alcindor, Alcindor,
Reçois le fidele hommage
De tes Sujets de l'iſle d'or.

3 *Mai* 1787. Il passe pour constant qu'un nouvel ordre de choses va naître encore relativement aux finances. M. l'Archevêque de Toulouse, qui visoit depuis longtems au Ministere, y est enfin parvenu; il est entré aujourd'hui dans le Conseil; il a été fait en même tems Chef du Conseil des finances.

On ajoute que M. de Fourqueux a donné sa démission.

3 *Mai*. On a été surpris que l'abbé Brizaud, l'auteur des deux premieres Lettres sur les Notables, n'ait pas tenu sa parole en leur donnant une suite qu'il avoit promise; il déclare ne point manquer de matériaux, mais avoir reçu injonction de garder le silence.

3 *Mai* 1787. Il paroît une Romance de l'abbé le Mounier, intitulée *la Rosiere de Passais*, dont l'anecdote est intéressante.

Jeanne Closier, maintenant âgée de 28 ans, secouroit depuis l'âge de quatorze ans une mere infirme & grabataire: en vain on offrit à la fille une petite dot & un mari; elle refusa ces offres généreuses en disant: *non, Monsieur, un mari mépriseroit ma mere:* elle préféra de rester auprès d'elle, manquant souvent de pain, afin d'en conserver à sa mere qui avoit un appétit dévorant; la couvrant de ses hardes pendant l'hiver, tandis qu'elle se couvroit de genêts. Tant de vertu méritoit d'être connu.

Un certificat des habitans de la paroiſſe de la Conception, patrie de Jeanne Cloſier, a été envoyé à ceux de Salency. Ils ont délibéré & déclaré, *que Jeanne Cloſier avoit toutes les qualités requiſes pour être couronnée Roſiere, & que, ſi elle étoit née à Salency, ils ſe feroient un devoir de lui déférer cet honneur.*

Le 6 Août dernier la paroiſſe de la Conception a délibéré de nouveau, & arrêté que Jeanne Cloſier ſeroit couronnée Roſiere. Le Duc de Chartres, le Duc de Montpenſier, Mlle. d'Orléans ont fait doter en leur nom, & marier cette villageoiſe, aujourd'hui Mlle. *Sallé*. Le Duc d'Orléans a fait remettre à la mariée une ſomme de 600 livres pour être par elle diſtribuée aux Pauvres.

L'abbé le Mounier, inſtruit de la conduite de Jeanne Cloſier, vient de la chanter dans la Romance en queſtion, à l'uſage des campagnes, & dans la forme, le langage & la tournure propres à l'y perpétuer.

4 *Mai* 1787. Extrait d'une Lettre de Senlis du 30 Avril 1787. Votre Société Philantropique de Paris a donné naiſſance à une établie ici l'année derniere. Elle a déjà produit les plus heureux effets.

Dès le mois de Novembre dernier la mendicité a été interdite; on a claſſé par paroiſſe toutes les familles pauvres, valides, ou non valides; elles se sont trouvées au nombre de 277, & elles ont été secourues abondamment en nature & en argent, durant tout le cours de cet hiver.

On a ouvert un attelier de travaux publics pour occuper les hommes & les garçons: la filature de coton établie en 1784, pour la classe indigente, a vû augmenter le nombre de ses ouvrieres; on a distribué du chanvre à filer aux femmes sédentaires par nécessité.

Il seroit à souhaiter que l'exemple de notre ville fût suivi par toutes celles du Royaume; ce moyen d'extirper la mendicité & l'oisiveté seroit plus efficace que tous les dépôts, que toutes les vexations, que tous les archers de l'écuelle....

5 *Mai* 1787. Mlle. *Contat*, de la Comédie Françoise, étant allée visiter les enfans nés-aveugles; l'un deux, le S^r. *Huard*, lui a adressé l'impromptu suivant:

Digne soutien de l'aimable Thalie,
 Sur notre sort pourquoi vous attendrir?
S'il est quelques mortels qui maudissent la vie,
Ce sont ceux que vos yeux ont réduits à souffrir.

5 *Mai*. Le nommé *Fay*, venu au monde paralysé des deux bras, a imaginé de suppléer à l'impuissance absolue dans laquelle il est de se servir de ses mains pour écrire, en tenant la plume dans sa bouche. Sans maître, il est parvenu à écrire très cou-

ramment & très lisiblement. Le mercredi 25 Avril son pere l'a conduit à l'Académie des Sciences, & c'est un spectacle qui occupe aujourd'hui les Curieux.

5 *Mai* 1787. M. *de Mirabeau* dans la dénonciation de l'agiotage, fait mention de Me. *de la Cretelle* avec éloge; celui-ci a cru devoir l'en remercier par une Lettre, où il reproche en même tems à cet écrivain d'avoir si mal parlé de M. *Necker*, dont la personne, les ouvrages & l'administration sont recommandables à beaucoup d'égards.

Le Comte de Mirabeau n'a pas manqué de répondre à Me. de la Cretelle par une Lettre imprimée du 19 Mars, où il persiste à décrier M. Necker, auquel il reproche d'avoir renversé M. Turgot par ses intrigues; d'avoir laissé périr Geneve sa patrie, quand il pouvoit la sauver; enfin d'avoir déchaîné les ordres arbitraires contre les critiques de ses opérations, en même tems qu'il vouloit paroître soumettre son Administration au tribunal de l'opinion publique.

Du reste, M. de Mirabeau se justifie sur la violence de sa diatribe, par une proposition qu'il met en problème, mais vraisemblablement résolu pour lui : ,, peut-on régenerer, ,, peut-on même réformer ce pays-ci, ,, sans attaquer aussi véhémentement les ,, personnes, que les choses ? "

5 *Mai* 1787. Extrait d'une Lettre de

Rome du 7 Avril... Voici l'historique de l'écrit intitulé *Qu'est-ce que le Pape?* Il parut en 1782; il étoit originairement composé en allemand & fut attribué au célèbre *Eybel*. Il fit grand bruit, alors que le S¹. Pere étoit sur le point de faire son voyage de Vienne; il fut traduit en latin & en françois; il fut réimprimé à Paris, où l'on assure qu'il ne produisit que très peu de sensation. Depuis il étoit oublié.

On ne s'est réveillé sur le compte de ce livre qu'à l'occasion de la condamnation qui en a été faite dans cette capitale, où il étoit depuis longtems à l'*Index*: le Décret est du 28 Novembre 1787.

Les rédacteurs du Bref alleguent pour motifs d'une condamnation si tardive, les Editions qu'ils prétendent avoir été faites nouvellement de cet écrit en plusieurs langues & même en Grec vulgaire: le motif véritable a été de tenter un nouvel effort pour relever l'Ultramontanisme attaqué de toutes parts aujourd'hui, mais surtout par des Evêques Allemands.

M. *Zondandari*, Nonce du Pape à la Cour de Bruxelles, a reçu le premier ce Bref, & l'a fait aussitôt réimprimer dans cette ville, sous le nom de *Rome*, & en a envoyé un grand nombre d'exemplaires au Cardinal Archevêque de Malines. Cette Eminence l'a fait distribuer par des Ecclésiastiques de confiance, & l'a fait réimprimer à Malines, à Louvain; &c. en sorte que les Pays-Bas en ont été inondés.

Le Grand Conseil de Malines & celui de Brabant ont supprimé ce Décret Romain, comme „ introduit, imprimé & répandu „ tant contre les Loix du Pays, que con- „ tre l'autorité de S. M. & contre l'autorité „ Divine des Evêques." En même tems l'on a fait saisir les Exemplaires qui pouvoient rester chez les Libraires, & l'on a ordonné des informations; d'où l'on a découvert ce que dessus.... Tout cela donne beaucoup d'inquiétude à la Cour de Rome, & tend visiblement à la décréditer & à l'anéantir.

6 *Mai* 1787. Le 20 Janvier 1787 il parut à Londres un pamphlet intitulé *Coup d'œil sur l'état politique de la Grande Bretagne au commencement de 1787*; & le 1 Février on en étoit à la sixieme édition: c'est sur cette sixieme édition que la traduction françoise a été entreprise; c'est ce qu'on apprend dans un *Postscriptum* du traducteur, daté de Londres le 23 Février: il ajoute qu'on a déja fait plusieurs critiques de cet ouvrage, mais qui ne valent pas la peine d'être lues, sauf une publiée tout récemment sous le titre de *New System of Libelling*, &c. *Nouvelle méthode de faire des Libelles*.

L'Auteur examine d'abord pourquoi *George III*, après les humiliations sans exemple qu'il a essuyées & les calamités de son
Regne

Regne, a obtenu & obtient en ce moment des preuves aussi marquées de l'attachement personnel, du respect & du dévouement de ses sujets: il en assigne les causes, il assigne aussi celles qui privent l'héritier du trône de l'affection de ce même Peuple.

L'exaltation du jeune *Pitt* à la premiere place de l'Administration depuis trois ans, s'y maintenant paisiblement, est le second objet des recherches du Politique, & il pose la stabilité de ce Ministre sur deux fortes bases, la faveur du Prince & le suffrage du Peuple. De-là une digression sur les principaux Chefs de l'Opposition, sur M. *Fox*, sur le Lord *North*, &c. Il les trouve tous inférieurs à son héros dont, au reste, il ne dissimule point les défauts & les foiblesses: il parle par occasion de deux ouvrages de ce parti, la *Rolliade* & les *Odes de Concours*, Satyres admirables, comme productions littéraires; mais il blâme la hardiesse & la licence de leurs auteurs, pour avoir rompu toute barriere & porté leurs mains sacrileges sur le trône.

Le Traité de Commerce nouvellement conclu avec la France, est un problême pour l'auteur qu'il n'ose résoudre. L'activité avec laquelle on travaille au Port de Cherbourg, à cet ouvrage immense qui doit coûter plus de trois cens cinquante millions, lui semble du plus funeste augure: il reproche au Ministere de ne point arrêter cette entreprife, & avoue en même tems ignorer quel remede on pourroit apporter au malheur qui menace fa patrie.

Grand éloge du feu Roi de Pruffe, & du Roi actuel.

Les procès fufcités à l'Amiral *Rodney* & à M. *Haftings*, la retraite du Lord *Mansfield*, l'expédition de *Botany-Bey* font les derniers événemens de l'année qui fixent l'attention de l'obfervateur, & partout on remarque le coup d'œil d'un homme de génie, d'un Patriote vigoureux, qui rend les idées avec beaucoup de nobleffe, de jufteffe, de précifion & d'impartialité. Cet ouvrage mérite la vogue qu'il a & eft bien capable d'exciter l'enthoufiafme des Nationaux.

On trouve dans le courant du texte quelques notes du traducteur, & dans une il nous apprend que ce pamphlet eft attribué à M. *Halhed*, ci-devant Secrétaire de M. *Haftings*.

6 *Mai* 1787. Au lieu de ne remettre qu'une expédition des 63 Etats à l'Affemblée des Notables, qui les auroit fait examiner & difcuter en grand Comité par des Députés généraux; on en a envoyé une Expédition à chaque Bureau, qui a particulierement choifi quelques membres pour cet objet: par exemple, celui de M. le Duc *de Bourbon*, qui eft le 5eme., a nommé fept membres, & ceux-ci n'ayant pu tirer de M.

de Fourqueux des renseignemens qu'il n'avoit pas lui-même, ont autorisé deux membres d'entr'eux pour venir au Contrôle général faire les recherches & les vérifications dont ils avoient besoin : ces deux Députés étoient M. l'Evêque d'Alais, & M. Hocquart, Procureur général de la Cour des Aides.

6 *Mai* 1787. Les Comédiens Italiens ont donné jeudi dernier la premiere représentation d'une piece à ariettes, qui dans son genre a réussi aussi parfaitement que le Drame dont on a parlé depuis peu. Elle a pour titre *Azemia*, ou *les Sauvages* : elle est en trois actes : les paroles sont de M. *de la Chabauffierre* & la musique de M. le Chevalier *d'Alleyrac* ; ces deux auteurs sont fort estimés, chacun dans leur genre.

7 *Mai* 1787. On voit déja un Arrêté du second Bureau en date du 2 Mai, qui est très-important pour avoir une idée de la situation des finances de la France cette année ; il est court & conçu ainsi :

,, Le Bureau, par l'examen qu'il a fait des
,, Recettes & des Dépenses de l'année
,, 1787, a reconnu que le *Déficit* du restant
,, de cette année étoit, déduction faite des
,, moyens déja employés, d'environ 84
,, millions. Empressé de répondre à la con-
,, fiance de S. M. & animé du zéle le plus
,, ardent pour le rétablissement prompt &
,, inébranlable de l'équilibre entre les Recet-
,, tes & les Dépenses annuelles de l'Etat,

,, & du Crédit que les ressources immenses
,, de la France doivent lui procurer, le
,, Bureau a considéré que les diminutions
,, des Dépenses & les Bonifications des Re-
,, cettes que S. M. a déjà assurées, celles
,, qu'on a fait espérer depuis, celles que les
,, Bureaux pourront encore lui proposer,
,, & même les Impositions qui seront jugées
,, nécessaires, ne peuvent subvenir aux
,, besoins de cette année; en conséquence
,, le Bureau a estimé qu'il est indispensable
,, de couvrir le *Déficit*, par un ou plusieurs
,, Emprunts, jusques à concurrence de 84
,, millions, dont le service, soit en intérêts,
,, soit en capitaux, sera assuré sur le mon-
,, tant des différens fonds de ressource dont
,, le Bureau a commencé l'examen & qu'il
,, espere présenter incessamment à Sa
,, Majesté."

7 *Mai* 1787. On s'imaginoit que le rôle qu'a joué M^e. *Gerbier* auprès de M. *de Calonne*, joint à celui qu'il a joué depuis sous M. *de Fourqueux* & aux autres Griefs de l'Ordre contre lui, l'empêcheroit d'être élu Bâtonnier cette année; mais la Cabale l'a emporté. On ne sait si, content de cet honneur, il voudra s'astreindre aux fonctions de sa place, & abandonner la carriere de la fortune où il étoit entré.

7 *Mai* 1787. *Nicolas Maret*, connu sous le nom de *Frere Jean*, habitoit, depuis plus de vingt ans, l'hermitage St. Michel près

d'Aignay le Duc, petite ville de Bourgogne, à cinq lieues de Châtillon sur Seine. La nuit du 5 au 6 Décembre 1780, cinq coquins enfoncent la porte de son hermitage, le volent & le laissent garotté sur son lit.

Jean Baptiste le Gentil, dont la famille étoit liée avec l'hermite, vient le chercher pour assister sa mere à la mort; il le trouve dans l'état dépeint ci-dessus, le délie, lui donne les secours nécessaires, & ce même Libérateur est accusé depuis d'avoir participé à l'assassinat & au vol de *Frere Jean*, avec *Claude le Gentil* son frere, & trois autres habitans.

L'un des cinq, par Arrêt du 8 Mars 1782, rendu au Parlement de Dijon, est condamné à être pendu, & c'est *Claude le Gentil*; un autre, par Arrêt du 19 du même mois, est condamné aux Galeres, où il est mort; deux à un plus amplement informé indéfini, & le dernier, *Jean Baptiste Gentil*, a été mis hors de Cour.

Depuis des particuliers allant de ville en ville, montrant la figure en cire de différens voleurs exécutés à Montargis, vendoient en même tems le dispositif de leurs jugemens de condamnation. Ils s'arrêterent à Dijon; une niece de Jean Baptiste le Gentil va voir ce spectacle, toujours frappant pour le peuple; elle remarque une conformité de faits qu'elle entend, avec ceux pour lesquels son malheureux Oncle & les autres co-accusés avoient été condamnés; elle en instruit Jean Baptiste le Gentil. Celui-ci se rend à Montargis, rapporte deux Jugemens relatifs au vol fait à l'hermite; il confie son heureuse découverte à M. *Perard*, Procureur-général au Parlement de Dijon. Ce Magistrat l'exhorte à la suivre, à choisir un Conseil. Me. *d'Aubenton*, l'un des Jurisconsultes les plus éclairés de la ville, se charge de l'affaire; le Rapporteur lui-même est frappé de l'identité du crime; il avoue qu'il peut s'être trompé.

Me. *d'Aubenton*, le 28 Juillet 1785, écrit à M. le Garde des Sceaux pour avoir de plus amples éclairciffemens, des pieces plus juridiques: bien plus, les Juges de Montargis, ayant appris ce qui se difoit & ce qui se paffoit en Bourgogne, avoient interrogé le 22 Janvier précédent un des accufés qui reftoit encore dans leurs prifons, & tous ces interrogatoires envoyés par le Chef de la juftice à Dijon ne préfentent pas un fimple aveu du vol fait au Frere Jean, mais ils préfentent toutes les circonftances de ce vol, telles que le Frere Jean lui-même les avoit racontées, dans fa Dépofition, & l'on y trouve la plus grande conformité jufques dans les plus petits détails.

D'après ces faits, Jean Baptifte le Gentil & fes co-accufés n'ont pas eu de peine à faire accueillir au Confeil leur Requête en revifion, admife d'une voix unanime & le

18 Septembre 1786 il a été ordonné que cette Revision seroit faite par le même Tribunal, d'où les Arrêts que l'on attaquoit étoient émanés: l'affaire est donc pendante de nouveau au Parlement de Dijon.

Les Avocats de Paris ont, quoique le Procès fût porté dans une autre Cour, jugé à propos de composer un Mémoire, sans doute pour lui donner plus de publicité, & accélérer par de nouvelles clameurs la réforme du Code Criminel. On y trouve à peu près la même doctrine, les mêmes principes, les mêmes raisonnemens que dans les *Factums* de M. *Dupaty* pour les trois Roués; mais beaucoup de modération, des éloges même envers les Juges: du reste, l'on présage que ce sera le nouveau Garde des Sceaux qui terminera ce grand ouvrage, qui fera un Code capable d'éclairer bientôt les Nations Etrangeres, comme les Codes recens de la Prusse & de la Toscane éclairent maintenant la nôtre.

Ce Mémoire, clair, méthodique & noblement écrit, est d'un jeune Avocat, Me. *Godard*, qui s'est étayé d'une Consultation très-ample en date du 22 Avril, signée en tête de Me. *Target* & souscrite de douze Avocats des plus célebres.

Le Factum, de 144 pages, a pour titre *Réhabilitation de la mémoire des deux accusés & Justification des trois autres.*

8 Mai 1787. Si l'on en croit des Lettres

de Verdun, lorsque M. *de Calonne* y est passé en allant à sa terre d'Annonville, la Populace a entouré sa voiture, & vouloit le conduire sur la place publique pour le rendre témoin d'une exécution qu'on faisoit en ce moment, sous prétexte qu'il étoit expédient qu'il apprît comme on étoit pendu : le Ministre disgracié n'a pas trouvé la plaisanterie bonne ; il a craint que cette canaille furieuse, s'il se prêtoit à ses désirs, ne poussât les choses plus loin & n'eût envie de voir quelle figure il feroit lui-même à la potence : en conséquence il a demandé main-forte pour se dégager de ces mutins : on l'a escorté jusques chez lui, où la Maréchaussée l'a gardé, & le garde encore. On ajoute que le Brigadier lui a conseillé de ne pas sortir durant cette premiere fermentation.

8 *Mai* 1787. Extrait d'une Lettre de Pau du 25 Avril... Depuis longtems il est question de fixer les limites entre la France & l'Espagne, pour éviter des risques continuels & des coups de fusil fréquens ; ce qui fait périr beaucoup de citoyens. Cette année, M. le Comte *d'Ornano*, chargé de la commission, s'étoit fait donner les pouvoirs les plus amples, afin de s'opposer au Subdélégué de Navarre qui mettoit sans cesse des obstacles à la confection de ce grand ouvrage, & en effet l'ayant trouvé dans le même esprit de tracasserie, il le destitua. Celui ci piqué, échauffa un Con-

feiller au Parlement de Pau, prétendit que M. *d'Ornano* tranchoit despotiquement, & d'ailleurs par ses concessions tendoit à diminuer de beaucoup le Ressort de la Cour.

Ce Membre en a rendu compte aux Chambres assemblées, & quoique cette affaire semble ne regarder en rien le Parlement, il a fait là-dessus des Remontrances folles, qui heureusement ne sont point imprimées: il en a été donné communication à M. *d'Ornano*, qui a mis en marge ses apostilles, moins en Commissaire du Roi, qu'en Militaire, & il paroît jusqu'à présent que ce ton décidé n'a pas produit un mauvais effet & a contenu cette Cour, qui n'a pas repliqué....

8 Mai 1787. On rit beaucoup de M. *de Fourqueux*, qui avoit annoncé une audience & n'a pas eu le tems de la donner; qui avoit fait une dépense considérable pour se meubler & se monter au Contrôle général, où il n'a couché qu'une nuit, & qui a été obligé de renvoyer tout le monde nouveau qu'il avoit pris à son service. Au reste, tout ce ridicule ne doit tomber que sur sa femme, dont l'ambition avoit porté son mari à se prêter au désir de la Cour.

L'excuse qu'on donne à l'Ex-Contrôleur général doit le flatter: c'est qu'on avoit besoin en ce moment de mettre un honnête homme dans cette place, pour ne pas aliéner tout-à-fait la confiance publique: lorsque le Roi lui a redemandé sa démission, il l'a fait avec beaucoup de ménagement, & lui a confirmé son caractere de Ministre, en lui marquant qu'il le verroit toujours avec plaisir au Conseil.

C'est M. *Laurent de Villedeuil*, qui décidemment est Contrôleur général : cet Intendant de Rouen, tout jeune pour le Ministere, puisqu'il n'a gueres que 40 à 41 ans, a longtems balancé s'il accepteroit, dans la crainte de dégrader sa nouvelle place, s'il se soumettoit à travailler en second & sous l'Archevêque de Toulouse. Il paroît que cela s'est arrangé à sa satisfaction, car on voit par la gazette de France d'aujourd'hui que l'Archevêque de Toulouse n'a réellement que le titre de *Chef du Conseil des Finances* & que M. de Villedeuil a été nommé, le 6, *Contrôleur général* sans aucune restriction ; on dit seulement qu'il a travaillé le Dimanche 6 avec le Roi, en présence de l'Archevêque de Toulouse.

On croit que la sortie que M. de Villedeuil a faite contre les Intendans dans l'assemblée des Notables, n'a pas peu contribué à le faire distinguer & élever au Ministere.

9 Mai 1787. On semble épuiser contre M. de Calonne tous les genres de facéties ; c'est aujourd'hui un *Logogriphe* qui court sur son nom ; il est très méchant suivant le genre & n'est point mal fait ; le voici :

Je suis un prodige d'audace,
D'adresse, & de duplicité,
Riant de l'imbécillité
De ceux qui m'avoient mis en place;
Mais il faut que chacun ait son tour;
Aujourd'hui je fais la grimace,
Comme un plaideur mis hors de cour,
Mais j'ai bien garni ma besace.
Dans les sept pieds qui composent mon nom
Se rencontre un meuble à la mode, (1)
Aux vieillards surtout très commode,
Qui vingt fois m'auroit dû faire changer de ton.
On trouve aussi cette horrible machine,
Vomissant la flamme & la mort ; (2)
Si c'étoit contre moi, on béniroit le sort ;
Tout bon François me la destine ;
Par-là l'on me devroit deviner sans effort.
Cherchez & vous verrez paroître,
Deux villes, (3) un Ambassadeur, (4)
De Jeanne d'Arc le robuste vainqueur, (5)
En amour un excellent maître :
Ce qu'à Cherbourg on éleve à grands frais ; (6)
Celui qui de la vigne eut les premiers bienfaits; (7)
Le cinquieme d'un lustre, (8) un seizieme de livre. (9)
J'en dirois davantage, on est las de me suivre,
Et pour finir j'offre aux yeux du lecteur,
La portion de moi (10) si digne de la corde :
Charlot ! fais-moi miséricorde,
Que j'en sois quitte pour la peur.

9 *Mai* 1787. On parle beaucoup d'un Arrêté du premier Bureau, par lequel il

(1) Canne. (2) Canon. (3) Caen, Laon. (4) Le Nonce.
(5) Ane. (6) Cône. (7) Noé. (8) An. (9) Once. (10) Col.

demande à S. M. qu'il y ait un Conseil permanent des finances.

10 *Mai* 1787. Les repétitions de *Tarare* font en train, & le S^r. de Beaumarchais les fuit avec le plus grand foin; il veut que fon opéra foit donné vers la mi-Juin au plus tard. Quoique le S^r. *Saliery* l'accompagne toujours, le muficien n'eft-là que comme fon fous-ordre; il ne dit pas un mot: c'eft le S^r. *de Beaumarchais* qui fait toutes les obfervations, même fur la mufique; il prétend que celle-ci ne doit que fervir à faire mieux valoir & reffortir les beautés du Poëme de toute efpece; il crie fouvent à l'orkeftre : ,, *pianiffimo* ; je veux, Meffieurs, ,, que ce foient les paroles qui dominent, ,, qu'on n'en perde rien."

Ce Poëme fera de la longueur à peu près du *Mariage de Figaro*, en cinq actes, avec un prologue, force décorations Afiatiques & originales comme l'ouvrage. On prétend que l'Académie Royale de Mufique s'eft déja conftituée en 30,000 livres d'avances pour les décorations ; que le Baron de Breteuil a donné ordre, d'après la demande de l'auteur, qu'on n'épargnât rien pour leur magnificence, & que la dépenfe des habits ira bien à vingt mille francs; ce qui fera une mife dehors de 50,000 livres.

Du refte, les acteurs font déjà fous le charme; ils n'ont encore rien entendu de fi beau : c'eft un Roi qui veut violer la femme d'un Général, auquel il a les plus grandes obligations. L'auteur se pavane d'avance, on ne l'a pas encore vu si impudent. Il annonce que M. le Comte d'Artois lui a promis de tout quitter pour assister à son opéra, que rien n'arrêtera Son Altesse Royale lors de la premiere Représentation, & qu'au cas où il y auroit encore Assemblée des Notables, il fera vaquer le Bureau ce jour-là. Ce qu'il y a de plus extraordinaire, c'est la basse jalousie que le Sieur de Beaumarchais a contre l'opéra féerie de M. *Rocbon de Chabannes*, qui, tout médiocre qu'il soit, l'offusque par son grand spectacle : celui ci se plaint que son rival ait mis en œuvre toutes sortes de petits moyens pour en empêcher le succès.

10 *Mai* 1787. D'après l'arrêté du second Bureau, il a été en effet porté au Parlement un Edit d'Emprunt en rentes viageres, devant procurer un Capital d'environ 60 millions.

Dans le Préambule, le Roi fait des complimens aux Notables, dont il regarde en quelque sorte le vœu comme celui de la Nation entiere ; il reconnoît leur fidélité, leur zele, leurs lumieres ; il s'annonce disposé à faire incessamment usage des utiles & importantes observations qu'ils lui ont adressées.

S. M. ajoute, que d'après l'examen du travail des différens Bureaux, relativement aux retranchemens & bonifications, Elle se propose de les élever au moins à 40 millions & de concilier ses réductions avec la sûreté & la dignité de sa Couronne. Mais cet énoncé vague est peu satisfaisant, & l'on conçoit que si ces réductions ne sont pas constatées authentiquement & loyalement, elles pourront se réduire à rien, ou à peu de chose, ainsi qu'il est arrivé jusqu'à présent.

Quoi qu'il en soit, le Parlement touché de ces belles phrases & d'autres, les chambres assemblées le 7, a enregistré l'Emprunt sans difficulté & même avec unanimité; on y remarque: *vu au Conseil, l'Archevêque de Toulouse.*

10 *Mai* 1787. La nouvelle répandue depuis quelque tems que M. *de la Borde*, l'Ex-banquier de la cour, avoit perdu ses deux fils, qui sont sur l'escadre de M. *de la Peyrouse*, se confirme. Il paroît qu'embarqués tous deux sur un canot pour aller sonder une passe, ils se sont approchés de trop près & le canot a chaviré: un autre canot étant allé pour secourir le premier, a péri aussi; on évalue cette perte à 6 officiers & 15 matelots ou soldats.

On avoit cru d'abord que ce malheur étoit arrivé à la Californie; on veut aujourd'hui que non ; on prétend que M. de la Peyrouse n'a point voulu que dans les lettres particulieres on fît mention du lieu de la latitude où il étoit; on sait seulement que l'accident eſt du mois de Juillet, & les lettres ſont datées de la fin de Septembre.

M. de la Borde avoit eu peine à obtenir que ſes deux fils fiſſent cette campagne; ce qui avoit occaſionné beaucoup de murmures dans la marine : de ſon côté, prévoyant quelque malheur, il avoit eu la précaution de les faire ſéparer ſur chacun des deux bâtimens ; ſoins inutiles ! Il lui reſte, au ſurplus, deux fils & deux filles.

10 *Mai* 1787. La nouvelle brochure de M. l'Abbé *Beaudeau* roule ſur un axiome, un principe fondamental bien ſimple que perſonne ne conteſtera, que le Roi reçoive le plus & que ſon Peuple paye en même tems le moins qu'il ſe peut : en conſéquence il veut qu'on préfere les Impôts directs, les moins frayeux ; qu'on ſupprime les indirects, comme les plus onéreux.

Il conſerve les Droits domaniaux, moins mauvais que les indirects, mais plus vicieux que les directs, & propoſe ſeulement de les corriger.

Un autre principe fondamental tout auſſi clair, c'eſt qu'on ne ſauroit mettre une trop exacte proportion dans la levée des Revenus du Souverain ; or l'impôt direct admet cette proportion, laquelle eſt tout-à-fait & eſſentiellement contraire à l'impôt indirect.

Tel eſt le réſultat du premier Chapitre intitulé *Recette*. Celui du ſecond Chapitre, *sur les Gabelles*, c'est qu'il faut les supprimer absolument ; tous adoucissemens en ce genre sont à rejeter, par le danger de conserver le germe des abus qui renaîtroient bientôt.

Dans le troisieme Chapitre, où l'auteur examine le Projet de *la Dixme Royale, du Maréchal de Vauban*, c'est-à-dire la perception de l'impôt en nature, projet qu'il avoit adopté en 1760 ; il en démontre l'impossibilité dans l'exécution.

Dans le quatrieme, il proscrit absolument la Ferme & la Régie ; il veut qu'on détruise ces deux machines ruineuses jusques dans leurs fondemens.

Dans le cinquieme, *sur les pieges que les ennemis du bonheur public tendent aux citoyens bien intentionnés*, l'Abbé Beaudeau leur reproche de dissimuler des vérités utiles, qu'ils s'efforcent de faire oublier & perdre de vue ; de proposer d'autres procédés qu'ils conseillent avant la réformation des mauvais impôts, quoique le bon sens & la justice disent, qu'ils ne doivent être qu'après : enfin il refute les objections fausses & frauduleuses contre cette restauration salutaire, ses circonstances & ses effets.

Le sixieme & dernier Chapitre roule *sur les facilités que le Roi trouveroit à la réformation des mauvais Impôts*. A la suite se lit une *Digression sur le Crédit & ses effets*, d'après le dernier Mémoire de M. *Necker*. Ce paragraphe est curieux par quelques anecdotes.

En

En 1776 M. le Comte *de Vergennes*, excité par d'autres Ministres & par des particuliers à vues peu désintéressées, préparoit la Guerre contre l'Angleterre. Le Comte *de Maurepas* y repugnoit, & les gens sages annonçoient d'avance qu'il en coûteroit plus de deux cens mille hommes, plus de douze cens millions de dépenses extraordinaires & plus de soixante millions de nouvelles rentes à payer pour des succès douteux, probablement très médiocres.

Suivant l'abbé Baudeau, ce fut M. Necker, alors simple particulier, qui, par ses Mémoires, détermina M. de Maurepas, en lui donnant les moyens de développer le Crédit de la France: ainsi c'est à M. Necker qu'on est redevable de la derniere Guerre, premier bienfait. Puis il a développé en effet ce Crédit en empruntant depuis le mois d'Octobre 1776 jusques au mois de Mai 1781, cinq cens trente millions, chargeant l'Etat d'environ 45 millions de rentes. Son successeur en deux ans a emprunté plus de 300 millions, & M. de Calonne toujours usant de ce même crédit si bien monté par M. Necker, plus de 800 millions: ainsi par l'effet merveilleux de cette ressource, en dix ans l'Etat a consommé 1,645,000,000 livres, qui font payer à l'Etat au moins cent trente millions de nouvelles rentes annuelles.

En un mot, sans parler du surplus, la Guerre qu'on n'évaluoit qu'à douze cens millions, en a coûté seize cens, sans nul profit, que pour les Entrepreneurs, Fournisseurs, Vivriers & Part-prenans.

En 1777 on avoit augmenté sourdement les Impôts de plusieurs manieres, & l'on avoit supprimé pour plus de sept millions d'actes de justice, annoncés, promis, effectués jusques-là par le Roi.

Au contraire, si l'on fut resté en paix, en 1780 les Revenus du Roi eussent reçu un accroissement de plus de 80 millions; S. M. auroit pu commencer ce qu'elle désire si fort, le remboursement des Dettes. Le fâcheux pour M. Necker, c'est que tous ces faits & raisonnemens sont tirés & se déduisent de ses propres aveux dans le Mémoire qu'il vient de publier en réponse à M. de Calonne. Ce qui rend l'agression de l'Abbé Baudeau infiniment plus terrible, que celle du Comte de Mirabeau, portant uniquement sur des anecdotes non prouvées & sur des opinions particulieres.

11 *Mai* 1787. Me. *Godard*, Auteur du Mémoire concernant l'assassinat de l'hermite en Bourgogne, a trouvé la cause de *Julien* digne de lui, & il fait paroître un Mémoire pour cet infortuné, sous le titre de *Réclamation de Liberté*. Il semble qu'il étoit peu nécessaire d'en faire un, après celui du Procureur, pour n'être ni plus éloquent, ni plus clair, ni plus méthodique, ni plus dialecticien: on n'apprend rien de nouveau

dans ce Mémoire, & il ne mérite pas qu'on entre dans plus de détail; il est seulement étayé d'une Consultation de plusieurs Jurisconsultes connus, en date du 7 Mai: ils estiment que, sous tous les points de vue, la liberté de *Julien* est démontrée, & que non seulement la Dame *Ruste* n'a aucun droit de propriété sur lui, mais que le Roi lui-même ne peut pas le confisquer à son profit.

Ils en concluent que la Dame *Ruste* s'est rendue coupable du délit le plus grand & que, si elle mérite une punition sévere, pour avoir interrompu le cours de la Justice, & avoir empêché l'exécution des Arrêts de la Cour, elle doit aussi d'amples dédommagemens à Julien pour tous les maux qu'elle lui a fait souffrir.

11 *Mai* 1787. On voit un *Prospectus* dessiné des changemens que doit subir encore le jardin du Palais Royal. Voici ce qu'il dit:
,, le grand quarré de gazon sera converti en
,, une salle immense creusée à quinze pieds
,, en terre, & élevée de neuf pieds au dessus
,, du sol. Des colonnes & des vitrages entou-
,, reront cette salle: elle sera couverte en
,, plomb, & au dessus feront placés des
,, orangers qui formeront des allées, entou-
,, rées de balustrades & de banquettes: un
,, canal formera le pourtour de ce massif.
,, Pendant l'hiver cette salle servira de pro-
,, menade chaude & commode pour le

,, public, & dans la saison convenable le
,, Sr. *Astley* y fera ses exercices.

On prétend aujourd'hui que le Sieur Astley a défenses de songer à cet établissement, attendu qu'il doit être soumis à l'inspection de la Police, & que M. le Duc *d'Orléans* ne voudroit pas la laisser pénétrer dans l'intérieur de son Palais.

Du reste, on appelle ces changemens *Décoration nouvelle*; expression très impropre, au jugement des gens de goût, qui voient avec peine qu'on s'efforce d'étouffer & d'enterrer une promenade dont c'étoit déja le défaut principal.

Enfin l'on ne peut que blâmer dans le premier Prince du Sang une cupidité sordide, qui semble avoir été l'amorce par où l'ont pris les Architectes. On lui a fait envisager plus de 60 boutiques à construire & à louer dans ce nouveau local, & l'on sait que S. A. S. a un foible inexprimable pour les boutiques.

11 *Mai* 1787. On s'accorde à convenir que le Roi n'a nommé l'Archevêque de Toulouse à la place qu'il occupe, que malgré lui.

Les Ministres se sont rendus d'office chez S. M. & lui ont représenté que la crise devenoit des plus pressantes, que le Crédit s'affoiblissoit sensiblement, & que si cela duroit, on ne pourroit point en sortir : que dans la nécessité de faire bientôt un Emprunt suivi de plusieurs autres, il falloit nécessairement mettre à la tête des finances un homme qui eût la confiance de la Nation, & qu'ils ne voyoient que M. Necker après lequel elle foupiroit, & que les Notables follicitoient conformément à fon vœu.

Le Roi, qui a des préventions ineffaçables contre M. Necker, a rejeté bien loin la propofition: c'eft alors que la Reine eft venue à l'appui, & a propofé l'Archevêque de Touloufe, en confirmant à fon augufte Epoux la néceffité de remettre les affaires entre les mains d'un perfonnage capable d'en tenir le timon.

Cette nomination même déplaifoit fi fort au Monarque, qu'il en a montré de l'humeur tout le jour, où elle a été faite, & que ceux obligés de paroître devant S. M. en reffentoient les effets, du moins s'en appercevoient facilement.

Au furplus, M. l'Archevêque de Touloufe pourra vaincre cette premiere repugnance du Maître, qui difoit ne point vouloir de prêtraille dans le Miniftere: & à l'égard de la Nation, le Prélat affecte de la captiver en annonçant fon goût pour M. Necker, vers lequel il n'eft point de jour qu'il ne dépêche un courier, qui en rapporte fur le champ la réponfe.

A l'égard des Maréchaux *de Segur* & *de Caftries*, qui refufoient de travailler avec M. l'Archevêque de Touloufe, il eft conftant aujourd'hui que le Roi a eu égard à leur délicateffe & a modifié le titre du Prélat, qui d'abord avoit été plus étendu & plus impératif. De son côté, M. de Villedeuil, qui s'étoit déclaré disposé à faire tout ce que le service du Roi exigeroit de lui, mais ne pouvoir laisser dégrader en sa personne la place de Contrôleur général, si l'on la lui conféroit, a également obtenu cette grace, & cependant s'est soumis à travailler avec le Roi en la présence de l'Archevêque de Toulouse, & avec lui toutes les fois que le bien de l'État l'exigeroit, pourvu que ce fût volontairement, sans aucune servitude.

12 *Mai* 1787. Extrait d'une Lettre de Bordeaux du 8 Mai... Il faut être juste ; les craintes du Commerce à l'occasion du fameux Arrêt du 30 Août 1784 ne se sont pas réalisées. Le Maréchal de Castries, trop entêté pour reculer, s'est fait un point d'honneur de maintenir la parole qu'il avoit donnée d'empêcher la contrebande, que pourroient faire les étrangers admis dans nos Colonies ; il a fait punir sévérement quelques officiers de l'Amirauté, prévaricateurs dans leurs fonctions, & il a résulté de cette gêne que l'interlope s'est trouvé moins fort que du tems des Loix prohibitives; que les Armateurs étrangers, contenus dans les bornes prescrites par l'Arrêt, & frustrés des bénéfices illicites qu'ils se promettoient, à la faveur du commerce licite s'en dégoûtent journellement & y affluent moins que du tems de la défense; en sorte qu'ils sont

très peu de tort aux Commerçans des Ports de France.

Ce qui eſt à craindre, c'eſt qu'on ſe relâche, ſurtout ſous un autre Miniſtre & alors le mal ſe développeroit avec la plus grande étendue: mais jouiſſons & ne perçons point dans l'avenir.

12 *Mai* 1787. Suivant ce qu'on écrit de Provence, il vient d'y éclater une vengeance qui fait autant d'honneur à celui qui l'a exercée, qu'elle imprime d'infamie à celui qui a mérité d'en être l'objet.

M. de Fabry, Lieutenant de vaiſſeau & en pied de la frégate *la Fleche*, commandée par M. Truguet, Capitaine; mécontent d'un Matelot décide qu'on lui donne ſur le champ cent coups de garcettes, & impatient de voir exécuter ſon ordre, veut que ce ſoit le Maître d'équipage même qui le rempliſſe: celui-ci s'excuſe d'exercer une fonction réſervée au Prévôt: l'Officier inſiſtant, il refuſe abſolument. M. de Fabry furieux fait amarrer ſur un canon ce Maître d'équipage & lui fait infliger le châtiment ordonné pour le Matelot: la punition s'exécute.

Le Maître d'équipage ſenſible à cet affront, un jour que M. de Fabry étoit allé ſur le paſſavant ſatisfaire un petit beſoin, remplit ſes poches de boulets & ſaiſiſſant le Lieutenant en pied à braſſe corps: *J... F...,*
„ lui dit-il, *tu m'as deshonoré; tu me forces*
„ *de chercher la mort: mais je ferai un exem-*

,, *ple éclatant fur toi.*" En même tems il se précipite avec lui dans la mer, & les deux corps, au moyen du poids énorme dont s'étoit chargé cet Officier marinier, s'enfoncent bientôt dans la mer. En vain on met en panne, on arme le canot & la chaloupe, on ne voit aucun vestige des cadavres ; & tout le monde sur la frégate reste à la fois frappé d'horreur & d'admiration de la résolution terrible & généreuse du Maître d'Equipage, regretté généralement.

12 *Mai* 1787. On voit une Lettre écrite par le Roi à *Monsieur*, en date du 7 Mai, pour être communiquée à tous les Bureaux ; cette Lettre, d'un style différent de celui que M. *de Calonne* faisoit tenir à S. M., étoit conçue dans les termes suivans : ,, J'ai
,, examiné avec attention les Mémoires qui
,, m'ont été remis par les différens Bureaux
,, fur les projets de retranchemens & les
,, bonifications dont la Recette & la Dépense
,, publiques leur ont paru susceptibles.

,, L'attention que chaque objet mérite en
,, particulier & que je donnerai à tous
,, successivement, ne me permettra pas de
,, répondre en détail, & d'assurer en ce mo-
,, ment l'assemblée, que tel ou tel retran-
,, chement, que telle ou telle bonification
,, seront possibles, ni de connoître moi-même
,, à quel taux la totalité pourra monter :
,, mais par l'examen que j'ai déjà fait, je
,, puis assurer l'Assemblée que ces retranche-
,, mens

„ mens & bonifications iront au moins à
„ quarante millions. Je l'ai annoncé dans
„ l'Edit portant Emprunt, que j'ai envoyé
„ au Parlement, & je répéterai à l'assem-
„ blée ce que je dis dans cet Edit, que
„ parmi ces retranchemens, ceux qui me
„ sont personnels & à ma famille, sont aussi
„ ceux qui coûteront le moins à mon cœur
„ & qui seront plus promptement exécutés.
„ J'aurois voulu porter plus loin ces re-
„ tranchemens & bonifications, mais j'aurois
„ craint de me faire illusion & à la Nation,
„ en adoptant des calculs qui ne seroient
„ pas assez vérifiés. On doit d'ailleurs sentir
„ que plusieurs retranchemens sont éven-
„ tuels, qu'ils ne peuvent pas se faire tous
„ à la fois, que quelques-uns ne peuvent
„ s'opérer que graduellement, & je ne vou-
„ drois pas donner à l'Assemblée des espé-
„ rances que je ne serois pas certain de
„ remplir, & qui, si elles n'étoient pas
„ réalisées, remettroient l'Etat dans la crise
„ dont il est question de se tirer.
„ Au surplus, j'ai donné ordre au *Chef*
„ *du Conseil des Finances* de voir avec tous
„ les Ordonnateurs des dépenses toutes les
„ améliorations qu'il sera possible d'effectuer;
„ &, si elles passent quarante millions, mon
„ intention est que l'imposition en soit d'au-
„ tant diminuée, & surtout la partie de
„ cette imposition qui sera la plus onéreuse
„ à mes sujets.

„ C'est donc d'après ces quarante millions
„ de retranchemens & de bonifications,
„ qu'il faut calculer pour mesurer le dernier
„ moyen de combler le *Déficit* que l'Assem-
„ blée a constaté & qu'elle sent, comme
„ moi, la nécessité de remplir.

„ Ce n'est qu'avec un extrême regret que
„ j'ai recours à l'impôt; mais éloigné comme
„ je dois l'être, de tous les Systêmes ima-
„ ginaires, qui éblouissent & finissent par
„ amener des Impôts plus considérables pour
„ subvenir aux vuides qu'ils ont créé, je
„ suis contraint, malgré ma répugnance,
„ d'employer cette derniere ressource, &
„ l'assemblée jugera, comme moi, que plutôt
„ elle sera mise en usage, plutôt il sera
„ possible de l'adoucir, d'en abréger la durée.

„ Le *Déficit* augmenteroit avec tous les
„ desordres, s'il n'étoit entièrement rempli,
„ & tôt ou tard il faudroit aggraver le mal
„ qu'on auroit voulu éviter. Ils ont cons-
„ taté eux-mêmes ce à quoi il peut mon-
„ ter; & les recherches épineuses auxquelles
„ ils se sont livrés pour y parvenir, me sont
„ une preuve de leur attachement à mon
„ service & au bien de l'Etat.

„ Je leur ai déjà fait communiquer des
„ premieres vues sur un impôt territorial,
„ sur lesquelles ils m'ont fait d'utiles réflexi-
„ ons, auxquelles j'aurai égard, comme je
„ le ferai connoître à la conférence que je
„ vais indiquer.

„ Je leur ai aussi fait envoyer un Mémoire

„ sur le Timbre, & il est important qu'ils
„ l'examinent & y fassent leurs observations:
„ mais pour leur faire connoître plus claire-
„ ment mes intentions & profiter aussi plus
„ utilement de leurs lumieres, j'ai pensé
„ qu'il conviendroit que deux Députés de
„ chaque Bureau, indépendamment des
„ Princes Présidens, & des Conseillers
„ d'Etat Rapporteurs, se réunissent mer-
„ credi (9 Mai) chez *Monsieur*, pour con-
„ férer sur tout ce qui peut concerner l'im-
„ pôt, avec le Chef du Conseil de mes
„ finances & le Contrôleur général, que
„ j'ai chargé de leur communiquer mes
„ intentions, & qui discuteront les avanta-
„ ges & les inconvéniens des différens arran-
„ gemens qui pourront être pris.

„ Autant que je regrette de recourir à
„ l'impôt, autant je désire d'en adoucir le
„ fardeau & la durée; & c'est, à ce que j'es-
„ père, ce qui résultera de cette discussion.
„ Les Députés qui y auront assisté, en ren-
„ dront compte à leur Bureau respectif, &
„ je ne doute point de l'empressement des
„ Notables à consommer leur ouvrage & à
„ montrer aux yeux de l'univers, comme
„ je leur ai dit dans la derniere séance, l'a-
„ vantage que j'ai de commander à une
„ Nation puissante & fidelle, dont les res-
„ sources, comme l'amour pour ses Rois,
„ sont inépuisables."

Pour copie conforme à l'original.
(*Signé*) LOUIS STANISLAS XAVIER.

13 Mai 1787. On peut se rappeller que M. *Fretteau* avoit été renvoyé aux Mercuriales de Pâques, à l'occasion de sa folle dénonciation contre le Réquisitoire de M. Séguier: comme le Procureur Général étoit à l'Assemblée des Notables, il n'y a point eu de Mercuriale & l'affaire est restée-là, quant à présent.

Au surplus, l'affaire se civilise pour M. *le Grand de Laleu*, l'Avocat qui y étoit impliqué: quoiqu'il soit encore dans les liens d'un Décret d'ajournement personnel, M. Seguier a déclaré qu'il ne s'opposeroit point à ce qu'il fût rétabli sur le tableau; que, lorsqu'on le lui présenteroit, il demanderoit pourquoi cet Avocat n'y seroit pas & même solliciteroit son rétablissement.

13 *Mai* 1787. Plusieurs Notables, malgré les défenses, ayant tiré des Copies ou plutôt des Extraits des Etats de Recettes & de Dépenses qui leur ont été communiqués, elles ont transpiré dans le Public: voici le résultat de ces pieces curieuses, longtems enveloppées d'un mystere impénétrable.

Année MDCCLXXXVI.
Premiere Cote.

La situation est constatée par deux États.

Le premier est celui de la Recette ; elle est divisée en deux parties.

L'une des Revenus ordinaires, 388,084,000 ⎫
L'autre des Recettes extraordi- ⎬ 410,024,000
naires, ... 21,940,000 ⎭

Le second est de la Dépense & monte à . 592,912,000

RÉSULTAT.

Dépense 592,912,000
Recette 410,024,000
Déficit 182,888,000

Le *Déficit* a été couvert :

1°. Par l'Emprunt de Décembre 1785, réalisé en 1786, ... 80,000,000
2°. Par la Finance des Agens de Change, 6,000,000
3°. Par 22 Millions sur 30 de l'Emprunt de la Ville de Paris, ... 22,000,000
4°. Par une Augmentation des anticipations, 53,000,000
5°. Par l'extension des Emprunts viagers de 1781 & Janvier 1782, environ . . . 22,000,000

183,000,000

Développement du Résultat.

ANNÉE MDCCLXXXVI. RECETTES.

Article I. Fonds restans au Trésor Royal au 1 Janvier :
Comptant . . . 6,000,000 ⎫
Effets payables en ⎬ 17,000,000
1786, ... 11,000,000 ⎭

17,000,000

	De l'autre part	17,000,000
Article 2.	Fermes générales : Prix du Bail, déduction faite des Charges, . .	108,600,000
3.	Domaine d'Occident, ...	3,500,000
4.	Sols pour livre en régie pour le compte du Roi, par la Ferme générale, environ	13,000,000
5.	Recette générale des finances, déduction faite des charges, . .	126,500,000
6.	Régie des Postes & Messageries, idem	8,500,000
7.	Régie générale, compris les sols pour livre, idem	40,000,000
8.	Régie des Domaines & Bois, idem	40,000,000
9.	Impositions de Paris, ...	7,000,000
10.	Revenus casuels, ...	2,500,000
11.	Fermes de Sceaux & de Poissy, .	354,000
12.	Régie des Poudres & Salpêtres, .	600,000
13.	Pays d'Etats, toutes Charges & Emprunts déduits, ...	9,000,000
14.	Loterie royale de France, . .	6,000,000
15.	Dixieme & trois deniers pour livre à retenir par le Trésor Royal, dixieme d'Amortissement, &c. .	1,000,000
16.	Vingtiemes abonnés des Princes, & autres, ...	280,000
17.	Affinage de Paris & Lyon, & autres petites recettes particulieres,	120,000
18.	Abonnement des intéressés à la manufacture royale des Glaces, pour le droit de dix sols par quintal, ...	130,000
		384,084,000

De l'autre part	384,084,000
Article 19. Fonds des villes du royaume pour la dépense des fortifications,	700,000
20. Bénéfice annuel sur la fabrication des monnoyes, ...	500,000
21. Fonds à recevoir des Etats Unis d'Amérique pour intérêts des avances qui leur ont été faites par le gouvernement, .	1,600,000
22. Débets des Comptables & autres recouvremens particuliers, . .	1,200,000
	388,084,000

Recettes Extraordinaires.

1°. Reste de l'Emprunt fait à Genes pour le Duc des Deux-Ponts, ...	4,500,000
2°. Reste du Prix des terrains des Quinze-vingts, ...	1,840,000
3°. Reste du don gratuit offert en 1782, par la Chambre du Commerce de Bordeaux pour les dépenses de la Marine,	600,000
4°. Droit de Seigneuriage sur la nouvelle fabrication des monnoyes d'or, environ	10,000,000
5°. Recette à faire du département de la guerre sur les fonds fournis en 1785, pour les dispositions de guerre, . . .	2,000,000
6°. Recette sur l'Emprunt viager de 1782, par Décision du Roi, ...	3,000,000
	410,024,000

Année MDCCLXXXVI. Dépenses.
Guerre.

Dépenses de 1785 rejetées en 1786,	5,700,000	
A compte des dépenses ordinaires de 1786,	102,600,000	109,700,000
Dépenses extraordinaires,	1,400,000	

Marine: Fonds à fournir aux Trésoriers.

Resté de 54 millions fixé pour le service ordinaire de 1785, ci	6,000,000	
A compte de 34 millions, pour 1786,	28,000,000	
A compte des dettes,	53,000,000	91,800,000
Idem, en Assignations payables en 1787 — 8,684,000 ci, pour	Mémoire.	

Idem.

Resté d'un Supplément de 8,000,000 sur 1784, dont il a été payé 3,200,000, en 1785,	4,800,000	

Fonds payables par le Trésor Royal directement.

Papier monnoyé des Isles de France & de Bourbon, ci	2,000,000	9,200,000
Travaux de la Rade de Cherbourg,	7,200,000	

Affaires Etrangeres.

Service ordinaire,	10,600,000	
Ligues Suisses,	830,000	
Objets secrets connus du Roi,	1,200,000	21,630,000
Dépenses extraordinaires relatives à la Hollande	9,000,000	

232,330,000

De l'autre part	232,330,000
Dépenses de la Maison du Roi, de celle de la Reine, & de la Famille Royale, .	37,200,000
Pensions, ...	27,000,000
Ponts & Chaussées, ...	9,000,000
	305,530,000
Compagnie des Indes, anciennes Liquidations, frais de bureaux, &c.	500,000
Intérêts & frais d'anticipations, . . .	12,000,000
Destruction des vagabonds & mendicité, .	1,000,000
Intérêts annuels à M. le Duc *d'Orléans*, & au Prince *de Condé*, ...	322,000
Exploitation des Forges de la Chauffade en Berry, . . . 900,000	
A compte sur le payement du prix desdites Forges, . . . 440,000	1,340,000
Gages du Conseil, payés directement au Trésor Royal, ...	1,600,000
Appointemens & Traitemens par Ordonnances particulieres, ...	1,500,000
Idem, & frais de Bureaux des Trésoriers généraux & frais de régie, &c.	850,000
Indemnités annuelles, ...	800,000
Caisse civile de Corse, ...	300,000
Secours aux familles Acadiennes établies en Bretagne, ...	100,000
Supplément pour les gages de la Magistrature dans les Pays d'Etats, ...	1,100,000
Ecoles vétérinaires, ...	150,000
Département des Mines, ...	100,000
Académies & Gens de lettres, ...	200,000
Bibliothéque du Roi, ...	83,000
	327,475,000

(114)

De l'autre part	327,475,000
Jardin du Roi & Cabinet d'Histoire Naturelle,	107,000
Monnoye des Medailles, ...	40,000
Imprimerie Royale, ...	90,000
Dépenses de Paris, Police, Guet, Carrieres & Maréchaussée de l'Isle de France, .	2,700,000
Prisonniers, ...	68,000
Hôpitaux & Enfans-trouvés, ...	300,000
Secours à des Communautés religieuses, Jésuites, &c.	400,000
Voyages & vacations, ...	70,000
Frais de Compte du Trésor Royal, . . .	160,000
Rentes de l'hôtel de ville, ...	150,000,000
Intérêts d'Emprunts, ...	18,386,000
Remboursemens, ...	43,476,000
Liquidations des dettes des bâtimens, & autres, ...	4,840,000
Desséchement des Marais de Rochefort, .	600,000
Supplément des fonds pour les Haras de Soubise, ...	150,000
Solde & parfait payement des journées dûes aux anciens fermiers des Messageries, .	480,000
Acquisition des terrains & bâtimens appartenans aux fermiers des Messageries : à compte, . 100,000	300,000
Indemnité à cause de la cherté des fourrages à eux, . . . 200,000	
Petites voitures de Paris, dont le Bail a été résilié, ...	100,000
Reste du prix de l'hôtel de l'Intendance de Paris, ...	200,000
	549,942,000

De l'autre part	549,942,000
M. le Duc *de Grammont*, indemnité des Droits qu'il perd par la franchise du Port de Bayonne, ...	120,000
M. *de Barville*, résiliation de l'échange de Pont-Audemer, ...	390,000
Le Comte *d'Espagnac*, échange du Comté de Sancerre, ...	150,000
M. *de Liancourt*, acquisition des forêts de Camor & Floranges en Bretagne: Capital & intérêts, ...	160,000
Acquisition de l'Orient, reste de 10,710,000 payables en 25 années sans intérêts, en 1786, ...	428,000
Second à compte sur le prix de l'acquisition de Viviers & Lorrasse de M. le Prince *de Soubise*, ...	170,000
Plan topographique de Paris, en exécution de la Déclaration du Roi du 10 Avril 1783, sur 600,000, ...	300,000
Aux Entrepreneurs de la Manufacture des Cristaux de la Reine, secours . . .	150,000
Augmentation aux bâtimens des Gardes du Corps à Fontainebleau, ...	80,000
Nouveau chemin de St. Clou, ...	84,000
Entretien annuel du château, parc & jardin de St. Clou, ...	200,000
M. l'Abbé *de Bourbon*, voyage en Italie, reste de 72,000, ...	54,000
Indemnité aux Négocians de St. Eustache: reste de deux Millions, ...	1,000,000
	553,228,000

De l'autre part	553,228,000
Aux Etats de Liege, second à compte sur le payement des fournitures d'argent par eux faites aux armées françoises de 1757 à 1763 — 500,000, en contrats à quatre pour cent dont la rente ci, . .	20,000
Supplément de fonds pour l'arriéré de la Maison de *Madame*, ...	144,000
Frais de 2,400,000 anciennement remis au Trésor Royal, par M. *Necker*, Capital & intérêts, ...	2,520,000
Remboursement des avances faites par la Ferme générale durant la durée de son bail,	25,000,000
Dépenses extraordinaires, frais d'opérations nouvelles & autres objets imprévus, par apperçu, ...	12,000,000
	592,912,000

NOTA. L'on voit que le résultat de la Recette & de la Dépense en détail se trouve parfaitement semblable aux sommes énoncées en tête; ce qui prouve la justesse des calculs.

Année MDCCLXXXVII.

Deuxieme Cote.

Etats qui établiſſent la ſituation de l'année commune des finances de S. M., à commencer de Janvier 1787. Le premier Etat préſente l'enſemble des Revenus ordinaires, (les articles 8, 9, 10, 12, 17 & 22, ſont ſuſceptibles de varier en plus ou en moins:) il monte à . . 474,389,000

Le ſecond: celui de la Dépenſe ordinaire & annuelle. On y a joint 4 Millions pour les dépenſes extraordinaires & imprévues qui pourroient ſurvenir. Avec cette addition, il monte à 583,018,000

RÉSULTAT.

Dépenſe	583,018,000
Recette	474,389,000
Déficit	108,629,000

On doit y joindre huit millions pour intérêt de l'Emprunt néceſſaire en 1787, ci . . 8,000,000
                                   116,629,000

RECETTE ORDINAIRE POUR 1787.

Article 1. Fermes générales, y compris l'abonnement de la Manufacture des Glaces, ... 150,000,000

2. Recettes générales, déduction faite du 3e. vingtieme, ... 147,000,000
                                   297,000,000

(118)

De l'autre part	297,000,000

Article 3.	Régie générale, ...	47,000,000
	Id. fols pour livre de 1781, .	4,000,000
	Abonnement de la Flandre maritime, qui fe paye directement au Tréfor Royal, .	800,000
4.	Régie des Domaines, avec le fols pour livre de 1781, ...	50,000,000
5.	Régie des Poftes, ...	10,800,000
6.	Ferme des Meffageries, . . .	900,000
7.	Ferme de Sceaux & de Poiffy, .	600,000
8.	Impofitions de Paris, déduction faite du 3e. vingtieme, . . .	7,997,000
9.	Marc d'or, ...	1,912,000
10.	Revenus cafuels, compris les Maîtrifes	4,000,000
11.	Régie des poudres & falpêtres,	600,000
12.	Pays d'Etats, 3e. vingtieme déduit	24,500,000
13.	Loterie Royale, ...	9,600,000
14.	Dixieme d'amortiffement & Retenues faites par les Tréforiers, .	1,000,000
15.	Abonnement de l'Ordre de Malthe pour vingtiemes & capitation, .	324,000
16.	Affinage de Paris & de Lyon : Privilege des fiacres, ...	129,000
17.	Bénéfice des Monnoyes, . . .	535,000
18.	Fonds des Villes pour les fortifications, ...	749,000
19.	Fonds à recevoir de la Marine pour la fourniture des forges de la Chauffade, ...	900,000
		463,346,000

De l'autre part 463,346,000

Article 20. Cinquieme du Don gratuit du Clergé d'environ 17 millions, par an   3,400,000
21. Intérêts dûs par l'Amérique, . .   1,600,000
22. Débets des comptables, parties non réclamées des rentes de l'hôtel de ville, & autres recouvremens particuliers : environ . . .   6,000,000

474,346,000

NOTA. Le résultat de la Recette en détail differe de celui en gros de 43,000 ; ce qui est un petit objet sur le total, mais annonce toujours quelque inexactitude dans les Etats.

DÉPENSE. — MDCCLXXXVII.

Article 1. Guerre, ... 114,000,000
2. Marine, ... 34,180,000
3. Affaires Etrangeres, ... 9,030,000
4. Maisons du Roi, de la Reine & de la Famille Royale, . . . 35,976,000
5. Pensions, ... 27,000,000
6. Ponts & Chaussées, ... 6,520,000
7. Rentes sur l'hôtel de ville, . . 151,400,000
8. Autres rentes & indemnités annuelles, ... 8,074,000
9. Intérêts d'Emprunts, compris les Pays d'Etats, ... 26,826,000
10. Intérêts divers, ... 1,986,000
11. Intérêts, gages, taxations, offices de finance & frais de régie, . . 38,671,000

453,663,000

De l'autre part	453,663,000
Article 12. Remboursemens à faire tant par la Caisse d'amortissement, que par le Trésor Royal & autres Caisses, non compris 7,900,000, formant les lots du nouvel Emprunt de la ville,	53,741,000
13. Gages du Conseil, Bureaux d'Administration & Intendans des Provinces,	6,626,000
14. Gages de la Magistrature, frais de Justice, gages, épices & frais de comptes,	11,853,000
15. Travaux de Charité,	1,800,000
16. Mendicité,	1,100,000
17. Décharges & modérations d'impositions, non-valeurs, secours aux Provinces, Passeports	9,287,000
18. Franc salé & vins des Privilégiés,	1,470,000
19. Hôpitaux & Enfans trouvés,	617,000
20. Fiefs & aumônes, Communautés religieuses, Curés royaux des frontieres,	2,143,000
21. Entretien des Prisons, des bâtimens du Domaine, Construction du Palais de Paris & de celui d'Aix,	1,284,000
22. Dépenses & charges relatives à l'Administration des Eaux & Forêts,	3,411,000
23. Haras,	884,000
24. Colleges & Universités,	425,000
25. Caisse Civile de Corse,	300,000
	548,604,000

Article

De l'autre part	548,604,000
Article 26. Acadiens, ...	100,000
27. Ecoles vétérinaires, ...	170,000
28. Département des Mines, . . .	200,000
29. Académies, gens de lettres, travaux littéraires, ...	380,000
30. Bibliotheque du Roi & monnoye des Medailles, ...	230,000
31. Imprimerie royale, ...	90,000
32. Dépense de Paris, Police, Carrieres, Guet, Maréchaussée de l'Isle de France, ...	2,984,000
33. Prisonniers, ...	191,000
34. Voyages & vacations, ...	60,000
35. Forges de la Chauffade, . . .	1,000,000
36. Liquidation de l'ancienne Compagnie des Indes, ...	500,000
37. Acquisition de l'Orient & du Chatel, ...	1,303,000
38. Intérêts & frais d'anticipations,	15,660,000
39. Dépenses diverses, ...	7,546,000
40. Dépenses imprévues, ...	4,000,000
41. Intérêt de l'Emprunt à faire pour cette année, ...	8,000,000
	591,018,000

NOTA. L'Erreur dans les Dépenses particulieres est encore plus forte que dans la Recette; elles different du résultat en gros de huit millions; mais elle disparoît & le total devient parfaitement conforme, si l'on supprime ces huit millions comme l'augmentation projetée, il restera de 583,018,000 livres.

Tel est le résumé des 63 Etats communiqués aux Notables, dont 22 de Recettes & 41 de Dépenses.

Tome XXXV.   F

13 *Mai* 1787. Par la troifieme lifte des perfonnes qui ont foufcrit pour l'établiffement des quatre nouveaux hôpitaux, depuis & compris le 22 Mars 1787 jufques & compris le 21 Avril fuivant, on voit que le zele & la charité fe refroidiffent infenfiblement, ainfi qu'il arrive toujours aux François, dont la fenfibilité facile à remuer d'abord, s'affoiblit & fe perd tout-à-fait en très peu de tems.

Cette Lifte ne fe monte qu'à 105896:12.

13 *Mai.* L'infatigable Abbé Beaudeau publie encore, *Idées d'un Citoyen: Supplément à la feconde Partie.* Son objet dans un N°. 7, fuite des précédens, intitulé, *Analyfe des Etats de Recettes & de Dépenfes communiqués aux Notables*, eft de prouver que les vraies *Dépenfes ordinaires du* Roi font *infiniment* au *deffous de fes Recettes ordinaires.*

Du refte, dans une *Explication fur la Dette criarde ou non fondée,* qui confifte en plus de fix cens millions en papiers agiotables, illégaux & ufuraires, dont les trois quarts au moins ont été créés depuis 1776, c'eft-à-dire depuis que M. Necker eft venu en place; il veut que toutes ces dettes foient conftituées en contrats portant l'intérêt ordinaire; en un mot: juftice des impôts defaftreux, juftice des traités clandeftins & illégaux, juftice des agioteurs & de leurs procédés ufuraires; voilà tout ce qu'il faut pour la reftauration de l'Etat.

Au contraire, si le Roi ne prend pas ce parti, il y aura pour 1788 un Déficit immense.

14 *Mai* 1787. On raconte que M. le Baron *de Breteuil* ayant demandé au Roi la permission pour une Dame de la Cour, une des maîtresses connues de M. *de Calonne*, d'aller voir ce Ministre dans son exil, qui a défense de recevoir personne; le Roi de mauvaise humeur s'est écrié: ,, qu'elle aille ,, se faire.....'' A quoi le Ministre a répondu: ,, mais, Sire, c'est pour cela même...'' & S. M. de rire & d'accorder la permission.

14 *Mai*. Chaque jour voit éclorre de nouveaux écrits propres à éclairer l'Assemblée des Notables: aujourd'hui on répand *Extrait du Mémoire de M.* Davenant, qui étoit un Protestant & composa son ouvrage en 1688; & *Extrait du Compte rendu en* 1714 *par M. Desmarets*.

L'Editeur prétend qu'il est avantageux de reproduire ces deux pieces en ce moment, comme très appropriées aux circonstances & comme réunissant les principes les plus purs à la pratique la plus heureuse. Tout le monde connoît la derniere piece, qui présente en effet de bons exemples à suivre. Quant à la premiere, plus rare, c'est un Code de Morale & de Politique, en effet rempli de vues sages, profondes & très bonnes à suivre.

14 *Mai*. Il paroît que la conférence du

mercredi n'a pas eu l'heureuse issue que le Roi s'en promettoit : que l'Archevêque de Toulouse s'y est furieusement barbouillé avec les Notables, & même avec son Ordre ; que l'Evêque de Nevers surtout lui a tenu un discours vigoureux, où il lui reproche d'avoir promptement changé de conduite & de principes ; de se trouver déjà en contradiction avec ses propres avis consignés dans les Regiſtres des Notables & principalement dans ceux de son Bureau. On assure que ce discours est si violent, que le Prélat a la sagesse de n'en donner copie à personne, & qu'il l'a refusé même à M. l'Evêque d'Autun, son ami intime. De là de nouveaux-Arrêtés des Bureaux, qui déplaisent singuliérement au Roi.

Quant à l'Archevêque de Toulouse, il est plus détesté déja, pour ainsi dire, que M. de Calonne, parce que, outre les partisans de celui-ci intéressés à le décrier, il a pour ennemis aussi même les Notables, & les Patriotes indignés de le voir prêcher une pareille doctrine que son prédécesseur : *Impôt & Soumission.*

15 *Mai* 1787. L'établissement des Phares sur les Côtes de France est encore très imparfait & le Ministre actuel de la Marine, qui ne néglige aucune partie, s'occupe en ce moment de celle-ci.

Il s'agit de donner à ces feux le plus grand éclat possible & un caractere qui puisse mettre les Navigateurs à même de les distinguer les uns des autres infailliblement & de tous autres feux particuliers ; en outre juger à certains signes dans quelle partie de la Côte ils sont; enfin dans les Ports de marée d'en reconnoître l'entrée & la hauteur de l'eau.

Les essais de ces Phares nouvellement imaginés ont dû s'exécuter durant les quinze premiers jours de ce mois, dans le Port de Dieppe en Normandie.

15 *Mai* 1787. On vient d'imprimer à la hâte, *Progression des Revenus du Roi*, qui par le Compte rendu de l'abbé *Terrai* devoient être pour l'année 1775, de près de 367 millions; par celui de M. *Necker* pour 1781, de plus de 428 millions, & par celui mis sous les yeux des Notables pour 1786, de près de 499 millions : ainsi accroissement de plus de 70 millions. Sans entrer dans de plus longs calculs, le résultat est que M. *de Calonne* en trois ans & quatre mois, outre 16 millions d'excédent & 30 millions de charges éteintes, a consommé encore 147 millions de rentes, qui forment le *Déficit* annuel.

En conséquence on exhorte les Notables à tâcher de découvrir où tant de millions ont été engloutis en tems de paix, & dans un si court espace de tems: on leur en indique les moyens, & l'on les assure que ce travail, tout immense qu'il paroisse au premier coup d'œil, n'est pas aussi difficile.

Le seul remede, suivant l'auteur, pour réparer, s'il est possible, les maux de la France, est de suivre à la lettre l'Arrêté du Bureau de *Monsieur* du 5 Mai: par lequel on fait voir principalement la nécessité d'un Conseil de finances, mais Conseil organisé d'une maniere particuliere, & dont on donne la forme.

Il faut ajouter que l'écrivain oublie le meilleur remede, le plus prompt, le plus efficace; celui de faire le procès de M. de Calonne; de l'envoyer à Montfaucon figurer avec Enguerrand de Marigny.

15 Mai 1787. On a affecté de répandre aujourd'hui en profusion dans Paris une Réponse du Roi, d'hier 14 Mai, relative aux Arrêtés des Bureaux concernant les moyens d'empêcher que le *Déficit* ne se reproduise. Cette réponse bénigne, mais vague, n'articulant presque rien de précis, n'a pas plu aux Bureaux. Il faut la rapporter littéralement pour qu'on en puisse juger.

Réponse du Roi, du 14 *Mai, envoyée par* Monsieur *à chaque Bureau des Notables.*

,, J'ai annoncé à l'Assemblée que j'étois
,, fermement résolu à prendre les mesures
,, les plus efficaces, non seulement pour
,, faire disparoître le *Déficit* actuel, mais
,, pour empêcher qu'il ne se reproduise dans

,, aucun autre cas, & j'ai vu avec satisfac-
,, tion que les Bureaux ne m'en ont proposé
,, presqu'aucune que je n'eusse adoptée.

,, Je suis persuadé que la publicité de ce
,, qui concerne la Finance ne peut qu'assurer
,, la bonne Administration, me garantir des
,, surprises, & maintenir l'ordre dans toutes
,, les parties.

,, En conséquence j'avois arrêté qu'un
,, Etat de Recette & de Dépense discuté
,, préalablement dans un Conseil de finan-
,, ces, seroit rendu public au moins tous
,, les trois ans. Je verrai s'il est utile que
,, la publication de cet Etat soit encore
,, plus fréquente.

,, Les Bureaux m'ont proposé des vues
,, sur le Conseil des finances, sur sa com-
,, position, & sur ses fonctions: je les
,, examinerai; mais l'organisation d'un tel
,, Conseil ne peut être déterminée sans de
,, mûres réflexions. Je ne négligerai rien
,, pour lui donner la forme la plus analogue
,, à la Constitution du Royaume & en même
,, tems la plus propre à inspirer la confiance.

,, Cet Etat de Recette & de Dépense
,, contiendra en particulier tout ce qui inté-
,, resse la dette publique: il fera connoître
,, l'utile destination qui sera faite des fonds
,, d'amortissement. Je sais l'attention qu'ils
,, méritent, & la publication de leur emploi
,, soutiendra le Crédit, la confiance, & en
,, empêchera l'abus.

„ C'est dans les mêmes vues que j'ai
„ ordonné que les acquits du comptant ne
„ fussent employés que pour certaines dé-
„ penses auxquelles ils sont absolument
„ nécessaires.

„ Je donnerai en même tems l'attention la
„ plus suivie à rapprocher la comptabilité
„ trop reculée, &, au moyen de ces deux
„ précautions, toutes les dépenses se trou-
„ veront, peu de tems après qu'elles auront
„ été faites, soumises à la vérification de
„ ma Chambre des Comptes.

„ Je compte sur son zele, & qu'elle
„ s'empressera par un travail prompt & le
„ moins dispendieux qu'il sera possible, à
„ seconder mes intentions.

„ Je suis disposé à faire connoître habi-
„ tuellement toutes les Pensions & Dons
„ que je pourrai accorder, & je suis per-
„ suadé que cette publication sera une
„ nouvelle grace pour ceux qui les auront
„ obtenues. Au surplus, j'ai annoncé aux
„ Bureaux que je réduirois successivement
„ le fonds des Pensions à dix-huit millions,
„ & depuis mon avenement au trône j'ai
„ prescrit plusieurs dispositions relatives à
„ leur distribution, que je ferai renouveller
„ & respecter.

„ J'ai aussi fait connoître la résolution
„ où je suis de ne point emprunter, sans
„ établir pour les Intérêts & Remboursem-
„ mens un Fonds particulier qui tourne au
„ pro-

„ profit de mes Peuples, après l'extinction
„ de l'emprunt auquel il aura été affecté.

„ En général, je n'ometrai rien pour
„ proportionner la dépense à la recette,
„ & cette volonté ferme de ma part est le
„ plus sûr garant de toutes les précautions
„ que je me propose de prendre ; l'époque
„ actuelle sera celle d'un ordre nouveau,
„ que je maintiendrai exactement pour ma
„ gloire & le bonheur de mes Peuples."

Certifié conforme à l'original.

(Signé) LOUIS-STANISLAS-XAVIER.

15 *Mai* 1787. On a déjà parlé de la fatuité de M. le Premier Président de la Cour des Monnoyes ; il vient d'en donner une nouvelle preuve par l'annonce emphatique du baptême du fils de Messire *Etienne-Jean-Benoît Thevenin*, Marquis *de Tanlay*, &c. dont sa compagnie a bien voulu être parrain avec la Comtesse *d'Erlach*, la marraine.

Cette cérémonie, dont on ne se rappele aucun exemple à Paris, a fait spectacle dans la paroisse de St. Gervais, où elle a eu lieu le 13, & où elle avoit attiré un grand concours de monde.

La Cour des Monnoyes, sur qui rejaillit une partie du ridicule pour sa sotte & fade complaisance, étoit représentée pour le banc des Présidens par M. *Gaillet de Bouffret*, & pour les Conseillers par M. *Cavé d'Audicourt*,

Doyen, & M. *le Poivre de Villas aux Nœuds*; & pour le Parquet par M. *Bourdelois*, Procureur général.

16 *Mai* 1787. On vient de réimprimer la Lettre du Comte de Mirabeau à M^e. de la Cretelle, & l'on y a joint une seconde Lettre du même, datée de Tongres le 1er. Mai.

Dans celle-ci, dirigée entiérement contre M. Necker, après lui avoir reproché trois erreurs de calcul qui peuvent lui être échappées dans la Réponse à M. de Calonne, & sur lesquelles peut-être il se justifieroit facilement ; l'auteur l'attaque personnellement ; il déchire à belles dents cet Ex-Administrateur général des finances, &, sans articuler aucun fait, lui donne les qualifications les plus horribles.

On doit se persuader de plus en plus que le Comte de Mirabeau, devenu absolument mercénaire à force d'inconduite & dans l'extrême détresse où il se trouve, est soudoyé par quelqu'un.

Au surplus, quoique cette Lettre soit censée écrite dans le pays de Liège, on veut que l'écrivain soit à Paris, & ait eu assez de crédit pour faire révoquer l'ordre du Roi, décerné contre sa personne : on ne peut que gémir du mauvais emploi qu'il fait de ses talens.

16 *Mai* 1787. *Briséis* est une tragédie de M. *Poinsinet de Sivry*, jouée en 1759 & qui, au milieu de son succès, fut interrom-

pue à la cinquieme Représentation, par un accident arrivé à *le Kain*, qui se démit le pied au 4eme. Acte. La mort a enlevé depuis tous les acteurs qui y jouoient, à l'exception du S^r. *Brizard*. L'auteur de cette piece, sans crédit, sans considération, sans argent, n'avoit jamais pu obtenir de la faire représenter sur la scene. Il est tombé dans la crapule, il s'enivre, il a été mis en prison pour dettes, & est dans une telle penurie qu'il n'a pu payer depuis plusieurs années la pension de son fils.

Quelqu'un, le S^r. *Palissot* vraisemblablement, beau-frere de M. *de Sivry*, en a parlé aux comédiens, a excité leur zèle, leur commisération en faveur de son petit neveu; ils ont remis *Briséis* à l'étude, & l'ont fait reparoître pour la premiere fois le vendredi 11 de ce mois. Les feuilles publiques avoient d'avance prôné cette tragédie, & même le motif qui en occasionnoit la reprise. Tous les actes d'humanité exaltés ainsi avec éclat, réussissent toujours & *Briséis* a déja eu deux représentations très utiles pour l'auteur & sa famille.

Du reste, les amateurs de l'antique ont retrouvé avec plaisir presque toute l'Illiade comprise dans cette tragédie, depuis la retraite d'*Achille*, jusqu'au moment où ce héros rend à *Priam* le corps de son fils.

16 *Mai* 1787. Il faudroit un bras de fer pour copier tous les Arrêtés des Bureaux,

qui se multiplient surtout à cette fin critique. Il suffira d'en indiquer quelques-uns, trop longs pour être insérés ici : par exemple, celui du 16 Mai, du sixieme Bureau où, d'après l'examen des 63 Etats, on remarque une confusion qui n'y a pas été mise sans dessein ; où l'on s'éleve contre l'augmentation progressive des dépenses portée à un point excessif ; où, en reprenant sommairement les principaux articles, l'on fait voir à S. M. les retranchemens aussi considérables que faciles à faire, sans rien diminuer des forces de l'Etat, de la splendeur du trône, des jouissances personnelles de S. M., sans rien changer à l'ordre de l'Administration, sans rien innover ; en un mot, en n'admettant que l'économie la plus simple & la plus raisonnable. Il est aisé à concevoir qu'un pareil Arrêté également lumineux & énergique n'a point été rédigé par un Conseiller d'Etat, mais par M. *Dudon*, le Procureur général du Parlement de Bordeaux.

Celui du 5 Mai, du premier Bureau, où l'on représente au Roi la nécessité d'un Conseil de finances permanent & toujours en activité, composé du Chef du Conseil de finances, du Contrôleur général & de cinq autres membres sans fonctions d'administration, absolument neutres & desintéressés, où l'on entre dans le plus grand détail de son objet & de son organisation, n'est pas auffi vigoureux, mais préfente d'excellentes vues, propres à empêcher la renaiffance des abus.

C'eft fur cet Arrêté qu'a été écrite la Lettre du Roi du 7 qu'on a rapportée, & tenue la conférence du 9 dont on a rendu compte.

M. l'Archevêque de Touloufe, quelque mécontent qu'il foit forti de ce comité, s'eft bien donné de garde d'en donner l'effor à fon humeur; il a fuggéré, au contraire, au Roi la Lettre infinuante du 14, pour tenter encore une fois quel effet il en réfulteroit, & fi l'on en croit le bruit public, il a été mixte : trois Bureaux en ont été dupes & fe font répandus prefque uniquement en actions de graces pures & fimples : ce font ceux du Comte *d'Artois*, du Duc *de Bourbon*, du Duc *de Penthievre* : celui de *Monfieur* a mêlé quelques obfervations propres à faire juger qu'il n'avoit pas une foi entiere & aveugle à ces promeffes vagues & générales : enfin trois ont pris des Arrêtés vifs, où ils déclarent ne pouvoir aller en avant qu'ils n'ayent des bafes fixes, c'eft-à-dire, des calculs arrêtés de retranchemens, économies, bonifications, d'après lefquels ils puiffent juger de la qualité d'augmentation de l'impôt à affeoir.

On parle furtout des Arrêtés du 3eme. & du 6eme. Bureau.

17 *Mai* 1787. Les lettres qui annoncent

les malheurs arrivés à l'Escadre de M. *de la Perouse* sont datées de Monterey dans la Californie Septentrionale, le 23 Septembre, & sont arrivées par la voie d'Espagne. On y assure que les deux canots, chargés d'Officiers & des meilleurs Matelots des deux bâtimens, alloient sonder la Passe d'un Port découvert, plutôt pour leur instruction & leur plaisir que pour la nécessité, & d'un seul coup il a péri 21 personnes. On ajoute que heureusement depuis quatorze mois que l'Escadre est en mer, il n'y a pas eu un seul malade.

On a élevé un Cénotaphe dans une isle, voisine vraisemblablement, qui perpétue la mémoire de l'événement: les Sauvages ont servi de prêtres & ont accompagné la cérémonie par leurs chants: les François ont appellé ce lieu l'*Isle du Cénotaphe*.

Monterey, d'où l'on écrit, est un Fort Espagnol; ce qu'ils appellent un *Presidio*.

17 *Mai* 1787. Les Assemblées des Notables continuent de plus en plus à déplaire au Roi, & l'on juge par une anecdote arrivée le jour de la Revue qu'il ne sait pas bon gré à *Monsieur* d'y prendre tant de goût.

Un Seigneur faisoit remarquer à S. M. la satisfaction du Maréchal de Biron à se trouver à la Revue, à s'y montrer à cheval: oui, dit le Roi, *il a toujours aimé la parade, comme mon frere aime les Bureaux*. ,, E..... pas moi,'' s'écria comme

involontairement le Comte d'Artois: „ ils
„ m'ennuient fort."

17 *Mai* 1787. On parle d'un pamphlet
intitulé: *Ecrit contre l'Assemblée des Nota-*
bles. Il est rare & cher, & l'on n'en peut
rien dire davantage quant à présent.

17 *Mai.* Voici l'Arrêté du Bureau de
Monsieur, en date du 15, sur la Réponse
du Roi du 14. Il est, dit-on, rédigé par
l'Evêque de Nevers, & ne se sent en rien de
l'énergie du discours qu'on lui attribue.

„ Le Bureau présidé par *Monsieur* a reçu
„ avec les sentimens les plus respectueux
„ la réponse que Sa Majesté a bien voulu
„ faire à ses observations sur le moyen
„ d'empêcher le *Déficit* actuel de se repro-
„ duire dans aucuns tems, & il s'est
„ applaudi d'avoir indiqué à S. M. une
„ partie des mesures que sa sagesse lui avoit
„ déja suggérées.

„ L'établissement projeté d'un Conseil
„ de Finances; la publication par la voye
„ de l'impression des Etats de Recette &
„ de Dépense; l'emploi connu des fonds
„ destinés aux amortissemens; les acquits
„ de comptant restreints au cas d'absolue
„ nécessité; le rapprochement de la comp-
„ tabilité; l'assurance qu'aucun Emprunt ne
„ sera ouvert, qu'il ne soit affecté des fonds
„ pour les intérêts & les remboursemens;
„ la diminution progressive des pensions, &
„ l'honorable publicité de tous les dons à

„ venir, annoncent des vues utiles d'ordre
„ & de justice; & les sacrifices à faire par
„ les Peuples seront adoucis par l'espérance
„ de voir enfin proportionner la Dépense
„ à la Recette.

„ Il reste cependant au Bureau des vœux
„ à former. Ce seroit que pour assurer
„ d'autant plus la confiance publique par
„ une discussion desintéressée, des Citoyens
„ recommandables de différens ordres &
„ étrangers à l'administration générale,
„ fussent appellés au Conseil de finances
„ que S. M. se propose d'établir, & que son
„ organisation fût connue auparavant la
„ séparation des Notables.

„ Que les Etats de Recette & de Dépense
„ arrêtés dans le Conseil fussent publiés
„ chaque année, & que cette publication
„ prévînt aussi plus efficacement les surpri-
„ ses dont S. M. cherche à se garantir.

„ Que les Projets de Dépense & les
„ Fonds assignés pour chaque Département,
„ fussent déterminés tous les ans dans le
„ Conseil, & qu'il ne pût y être fait aucune
„ augmentation, avant que la nécessité n'en
„ eût été constatée, & les résultats de la
„ discussion mis sous les yeux du Roi.

„ Si ces demandes, que les intentions les
„ plus pures ont dictées, étoient accordées
„ par S. M., le Bureau croiroit avoir
„ obtenu la récompense la plus flatteuse de
„ son zèle, & il s'estimeroit heureux

,, d'avoir contribué à cet ordre nouveau
,, que le Roi fe propofe d'établir pour fa
,, gloire & le bonheur de fon Peuple."

18 *Mai* 1787. L'ouvrage de Madame la
Marquife *de Sillery*, qui a pour titre *la Religion confidérée comme l'unique bafe du Bonheur & de la véritable Philofophie*, n'eft pas
feulement une capucinade, comme on l'avoit
imaginé, mais un écrit polémique, où le
Théologien femelle expofe & refute les
principes des prétendus Philofophes modernes, non fans en avancer lui-même quelquefois de fufceptibles de cenfure: mais
avec fon fexe, les Docteurs ne regardent
pas de fi près. Quoi qu'il en foit, fous ce
titre c'eft aux plus illuftres Ecrivains de
ce fiecle, les uns morts depuis peu, & les
autres encore vivans, que l'auteur déclare
la guerre.

On affure que M. le Marquis *de Condorcet*,
un de ceux qu'elle attaque le plus, auffi
petit, auffi pufillanime, auffi irafcible que
fon maître *d'Alembert*, eft très fenfible aux
déclamations de la Marquife, & ne peut
s'en confoler.

18 *Mai* 1787. L'impôt fur le Timbre
eft ce qui doit occuper les Bureaux en ce
moment-ci. M. l'Archevêque de Touloufe,
pour fe conformer aux repréfentations des
Notables fur la difficulté ou l'impoffibilité
d'affeoir un impôt de dix millions fur les
maifons de Paris, d'étendre autant qu'il

faudroit l'impôt territorial, pour combler le *Déficit* a cru plus convenable d'accroître celui du Timbre, qui prête comme l'on veut. Il est monté aujourd'hui à 40, 45, 50 & même 55 Millions.

Ce projet est du S^r. *Frenaye*, cet ancien Intendant du Cardinal de Rohan, dont on a donné une fort mauvaise opinion, mais qui peut avoir un excellent génie fiscal.

19 *Mai*. Une Piece qui nous avoit échappé, essentielle à conserver comme unique dans son genre, comme portant le caractere d'originalité de son auteur; c'est la Protestation du Comte *d'Estaing* du 2 Avril, qui l'a fait méprifer des Notables & a occasionné le calembour du *Plat d'étain*: elle porte d'ailleurs l'obscurité & l'amphigourique des écrits de ce Général, non moins mystérieux dans ses productions, que dans sa conduite.

„ C'est avec autant de déférence que de
„ fermeté, c'est avec toute la force dont je
„ suis capable, que je proteste contre l'Arrêté
„ qui a pour objet l'avertissement mis à la
„ tête de la collection des Mémoires.

„ 1°. Parce qu'après avoir réfléchi sur
„ cet avertissement en présence du Bureau,
„ je n'en ai trouvé aucune phrase, aucun
„ mot, rien qui inculpe, entache, ou même
„ désigne l'Assemblée des Notables.

„ 2°. Pourquoi vouloir chercher ou croire
„ trouver dans l'ensemble total de cet aver-

„ tissement, une indication précise, ou vague
„ de la conduite de l'assemblée ? Ce seroit
„ lui faire ; ce seroit, d'après mon opinion,
„ me faire à moi-même la plus cruelle
„ injure ; ce seroit supposer les Notables
„ entêtés, dominés par des motifs d'inté-
„ rêts personnels, & ce qui est plus humi-
„ liant encore, qu'il s'est trouvé parmi eux
„ des hommes de parti, de ceux que l'aver-
„ tissement appelle *Malevoles :* c'est à eux
„ seuls, c'est-à-dire aux gens mal-inten-
„ tionnés, détracteurs oisifs & publics, que
„ l'avertissement s'adresse. Y répondre pour
„ eux, nous en affliger, en être humiliés,
„ ce seroit nous placer dans la même classe:
„ imaginer enfin que nous avons été soup-
„ çonnés d'en être, lorsque nous sommes
„ dans le cas heureux d'être au dessus du
„ soupçon, ce seroit nous avilir à nos pro-
„ pres yeux.

„ 3°. Parce que toutes les fois que j'ai
„ été honoré du choix de S. M. pour com-
„ mander ses troupes ou ses vaisseaux, ou
„ pour être, il y a 23 ans, Administrateur
„ très autorisé de la plus importante des
„ Colonies (*), dans un tems très diffi-
„ cile, mon zele, en me faisant oublier
„ mon insuffisance, ne m'a pas persuadé

(*) En 1764 M. le Comte *d'Estaing* fut nommé Gouverneur général des Isles sous le Vent à St. Domingue, & pensa mettre tout en feu dans cette Colonie : il fallut le rappeler.

„ que je pourrois m'occuper des objets
„ dont je n'étois pas chargé. Il me paroît
„ que l'avertissement est un acte d'admini-
„ stration qu'il ne m'appartient pas d'exa-
„ miner : le soutien du Crédit, du mouve-
„ ment de la Bourse, les inquiétudes des
„ Banquiers l'exigeoient, & ne nous regar-
„ dent pas.

„ C'est une démarche consommée ; elle
„ n'est déja plus susceptible des observa-
„ tions que la bonté du Roi se plaît à par-
„ donner dans l'intérieur de l'assemblée : il
„ a pu paroître aussi nécessaire de modérer
„ l'effervescence nationale ; mais je ne doute
„ pas que lorsqu'il émanera une loi de la
„ vigilante & bienfaisante sagesse de S. M.,
„ cette loi ne soit consacrée par tout ce
„ que desiroit le Chancelier de l'Hôpital,
„ lorsqu'il disoit : *jubeat lex, non suadeat*.

„ 4°. Parce que, fussions-nous tout ce
„ que nous ne sommes pas, les Représen-
„ tans choisis par la Nation, les Etats
„ généraux, nous ne dresserions que des
„ cahiers inutiles de doléances ; & alors,
„ comme Sujets, nous devrions respecter
„ profondement toutes les actions du Gou-
„ vernement, & nous considérant comme
„ une ampliation du Conseil, nos devoirs
„ sont encore plus circonscrits. Le Sou-
„ verain nous ordonnant de parler d'après
„ nos lumieres, ne nous a pas soumis les
„ siennes.

,, L'amour-propre de notre opinion,
,, bonne ou mauvaife, nous égareroit, fi
,, nous ofions nous plaindre de ce qui fem-
,, bleroit la contredire, de l'avoir rendue
,, publique; & fi nous lui avons fait con-
,, noître au moins une erreur, la foutenir,
,, feroit, je crois, plus qu'une faute; je
,, ne veux pas qu'elle me foit imputée.

(Signé) *le Comte d'Eftaing.*

19 *Mai* 1787. On vend myftérieufe-
ment ici un ouvrage venu du pays étranger,
dont le titre eft: *Correfpondance familiere &
amicale de Frédéric II, Roi de Pruffe, avec
V. S. de Suhm, Confeiller intime de l'Electeur
de Saxe & fon Envoyé Extraordinaire aux
Cours de Berlin & de Petersbourg.* Rien de
plus niais que toute cette correfpondance,
ne contenant que des complimens, des fa-
deurs & de mauvais vers du Monarque,
alors feulement Prince Royal. Cependant
on s'y étonne & l'on y admire combien il
étoit fufceptible des fentimens de l'amitié
& d'un véritable attachement à ceux qui
avoient mérité la fienne.

Quelques Lettres qu'on lit à la fin du
fecond volume, adreffées par *Frédéric II,*
durant la Guerre de fept ans & peu après,
à la Comteffe *de Camas,* alors Grande-
maîtreffe de la Cour de S. M. la Reine,
méritent d'être diftinguées des précédentes,
en ce que, fi elles ne contiennent pas plus

de faits intéressans, avec autant de sensibilité elles sont marquées au coin d'une gaieté rare, qu'il avoit conservée au milieu de sa détresse, & d'ailleurs écrites du meilleur ton.

19 *Mai* 1787. Quoique l'Arrêté du Bureau de M. le Duc *de Bourbon* ne démente en rien l'opinion de mollesse qu'on en avoit donnée, cependant on va le rapporter ici, ne fût-ce que pour le comparer avec celui du Bureau de *Monsieur*: il est court; en outre il est précieux par une phrase très bien faite, énonçant une proposition que les Notables n'auroient jamais dû perdre de vue & prendre pour base premiere & essentielle de leur travail.

Bureau de M. le Duc de Bourbon, du Mardi 15 Mai 1787.

„ Le Bureau, après avoir entendu la
„ lecture de la Réponse du Roi aux Arrê-
„ tés des Bureaux, concernant les précau-
„ tions à prendre pour établir la stabilité
„ du bon ordre dans les Finances, s'ap-
„ plaudit d'avoir proposé les vues déja
„ arrêtées par la sagesse de S. M. pour que
„ l'état des Recettes & Dépenses, ensemble
„ celui de l'emploi des Fonds d'amortisse-
„ ment, celui de la Liquidation progressive
„ des Dettes de l'Etat, & celui des Dons &
„ Pensions fussent desormais rendus pu-
„ blics par la voye de l'impression, après
„ avoir été préalablement discutés dans un
„ comité établi à cet effet.

„ En même tems le Bureau a confidéré
„ que l'effet de cette Publication fi propre
„ à animer la confiance, en infpirant la
„ fécurité, fera d'autant plus fûr & plus
„ grand, qu'elle fera plus fréquente. S. M.
„ veut bien annoncer la réfolution qu'elle
„ a prife de faire connoître tous les Dons
„ & Penfions qu'elle aura accordés & elle
„ regarde avec raifon cette Publicité com-
„ me une nouvelle grace ajoutée à ces
„ bienfaits. Le Bureau penfe que cette
„ Publication ne fauroit être trop fréquente,
„ & que l'état des Dons & Penfions doit
„ être imprimé à la fuite du Compte annuel
„ de l'Etat des Finances. En conféquence
„ le Bureau fe référant à fon Arrêté du
„ 11 de ce mois, perfifte à croire qu'il
„ fera néceffaire pour le bien du Service
„ du Roi, que toutes lesdites Publications
„ fe fiffent annuellement, & il fupplie
„ S. M. d'avoir égard à cette demande
„ refpectueufe.

„ Il obfervera que cette difcuffion & cette
„ publication annuelles concourent utilement
„ au projet que le Roi a conçu du rappro-
„ chement de la Comptabilité; rapproche-
„ ment auffi defirable pour le bon ordre
„ dans les finances de l'Etat, que pour la
„ tranquillité des comptables eux-mêmes &
„ de leurs familles.

„ Le Bureau avoit déja penfé, comme
„ S. M., que les acquits du comptant ne

„ devoient être employés que pour de cer-
„ taines dépenses nécessaires en ce genre,
„ que pour celles qui sont circonscrites
„ dans l'ordre politique, & dont les détails
„ ne peuvent être rendus publics sans
„ inconvénient.

„ A l'égard de l'organisation du Comité
„ ou Conseil destiné à la discussion & véri-
„ fication des Etats ci-dessus annoncés, le
„ Bureau ne craint point de dire avec fran-
„ chise, qu'il persiste à regarder comme
„ essentiel que S. M. y introduise des person-
„ nes désintéressées dans l'Administration,
„ & qui ne recevront aucuns appointemens
„ pour l'exercice de leurs fonctions.

„ Ces deux conditions jointes à une inté-
„ grité reconnue appelleront la confiance
„ de la Nation & attacheront le sceau de
„ l'opinion publique aux opérations du
„ Gouvernement. La forme de cet éta-
„ blissement organisé de la sorte ne présente
„ rien qui ne soit analogue à la constitu-
„ tion du Royaume.

„ S. M. en faisant connoître la résolution
„ où elle est de ne jamais emprunter sans
„ établir pour les intérêts & remboursement
„ un fonds particulier, qui cessera d'être à
„ la charge de ses Peuples, aussitôt après
„ l'extinction de l'Emprunt auquel il aura
„ été affecté, annonce les vues de la plus
„ saine Administration. Enfin la volonté
„ ferme que S. M. déclare de ne rien omet-

tre

,, tre *pour proportionner la Dépense à la Re-*
,, *cette & non pas comme il est souvent arrivé*
,, *la Recette à la Dépense*, rendra l'époque
,, actuelle celle de la revivification du
,, Royaume; & la Nation se reposant sur
,, l'assurance que lui donne S. M. de main-
,, tenir exactement cet ordre nouveau,
,, verra de jour en jour son bonheur s'ac-
,, croître avec la gloire & la prospérité du
,, regne de Sa Majesté."

20 *Mai* 1787. L'ouvrage qui occupe aujourd'hui le plus les conversations, qu'on recherche avec empressement, qui met toute la police sur pied, & a occasionné déja plusieurs descentes coup sur coup chez les Imprimeurs, Libraires, Colporteurs; c'est un Mémoire pour un Sr. *Guillaume Kornmann*, ancien Banquier, contre sa femme, un Sr. *Daudet de Jossan*, le Sr. *de Beaumarchais* & M. *le Noir*, ancien Lieutenant général de Police.

L'objet de ce Mémoire est de rétablir la réputation de celui qui le répand, de rendre plainte en même tems en accusation de séduction, d'adultere, d'escroquerie & de diffamation, suivant ce qui en circule dans le public, car le Mémoire est encore très rare, & les amateurs offrent jusques à un & deux Louis, sans pouvoir l'avoir.

La femme du Sr. *Kornmann*, alors très jolie, se seroit laissée séduire par le premier, qui lui auroit fait un enfant; le second seroit intervenu pour en prendre sa part & auroit fait faire de très mauvaises affaires au mari, qui auroit fini par une faillite; cependant on se seroit emparé de sa femme, on auroit obtenu un ordre du Roi pour la soustraire à l'autorité de son mari, & l'on l'auroit livrée au Magistrat, afin de fermer la bouche au S^r. *Kornmann*. Tout cela est horrible & dénué de preuves, à ce qu'on dit; ce n'est pas que les S^{rs}. Daudet & de Beaumarchais ne soient très capables des atrocités qu'on leur impute. Celui-ci est connu, & sa réputation en scélératesse n'est point équivoque: celui-là, pourvu d'autant d'esprit pour le moins, mais n'ayant pas son sang-froid, son astuce, sa fourberie, d'ailleurs d'une grande inconduite, a manqué des occasions de se signaler aussi en grand; mais il s'est exercé en petit, & même a joué une espece de rôle durant le Ministere du Prince de Montbarrey.

On parle déja d'une réponse que compose le S^r. de Beaumarchais, & qui ne l'empêche pas de vaquer à son opéra. L'on assure qu'il est enchanté de cette occasion de revenir sur la scene judiciaire. En effet, le procès qui étoit éloigné & pendant au Conseil Souverain d'Alsace, parce que le S^r. Kornmann & sa femme étoient établis à Strasbourg, d'où est le mari, va se renouveller, ou plutôt renaître au Châtelet de Paris, sous une forme plus terrible, par une plainte portée contre la femme & ses séducteurs.

Mais c'est M. le Noir qui rend l'affaire plus intéressante : comme ce Magistrat, ami de M. de Calonne & son bras droit, se trouve en discrédit aujourd'hui, le Sr. Kornmann a été vraisemblablement conseillé de saisir cette occasion de l'attaquer, & il a affecté d'en envoyer des exemplaires à tous les Notables.

Ce Mémoire porte assez le caractere de libelle, en ce qu'il n'est point signé d'un Avocat; on le dit de la composition du Sr. *Bergasse*, qui a prêté sa plume au Sr. Kornmann.

Ce *Bergasse* est un Lyonnois, un enthousiaste du Mesmérisme, le défenseur du Docteur Mesmer, & qui a beaucoup écrit pour, & ensuite contre lui; car il s'est brouillé avec son Maître. Quoi qu'il en soit, il a le style noble, plein, ferme & ne manque pas d'éloquence & d'énergie.

20 *Mai* 1787. L'on regarde comme décidé que la réunion des Notables se terminera la semaine prochaine par une Assemblée générale. Chaque Bureau s'occupe avant à rédiger un Arrêté général, qui résume les divers objets de ses Délibérations & son vœu sur chacun d'eux. Il a nommé des Commissaires à cet effet. Quelques-uns de ces Arrêtés devoient contenir des protestations en forme, entr'autres le Bureau du Prince de Conty devoit se signaler: mais on assure que l'Archevêque de Tou-

louse, par son éloquence insinuante, a ramené les esprits.

Quant au résultat, il doit consister dans les quarante Millions d'Économie promise & non encore effectuée; en trente Millions d'augmentation de Vingtiemes environ, car c'est ce nom que l'on conserve, & l'on ne veut pas même de celui d'*Impôt territorial*, comme trop désagréable apparemment aux grands Seigneurs & au Clergé; en l'impôt du Timbre au moins de vingt Millions & qu'on pourra facilement accroître, si c'est nécessaire. Du reste, comme le surplus du *Déficit* consiste en cinquante Millions environ de remboursemens annuels, on empruntera régulièrement à cet effet. On ne se soucie point de se libérer & de trop charger la Génération actuelle pour mettre à l'aise la Génération future; chacun pour soi: tel est le dernier principe adopté par les Notables, qui certes n'a jamais été celui des hommes d'Etat.

Enfin l'Assemblée finira, ainsi qu'on l'avoit prévu, par des Impôts & par des Chansons; celles-ci ne manqueront pas non plus, & l'on parle déja de *Cantiques*, où l'on ne chante pas les louanges de Dieu & des Notables; il y a 25 couplets, c'est-à-dire, que tout le monde en a sa part: on n'en rend compte, au surplus, encore que sur parole.

20 *Mai* 1787. Depuis qu'on a parlé de

la violence exercée contre M. le Comte *de Kerſalaun*, il s'eſt paſſé d'autres faits encore plus graves, s'il eſt poſſible, & plus illégaux. D'abord aucun Commiſſaire n'a voulu recevoir ſa plainte d'effraction & d'enlevement, parce qu'au lieu de ne la diriger que contre deux *Quidams*, il a mal-adroitement articulé le Commiſſaire *Cheſnon* & l'Exempt de Police *Quidor*. Enſuite ayant été conſeillé de compoſer un Mémoire à conſulter & Conſultation, où il demanderoit, d'après l'expoſition du fait, aux Juriſconſultes les voyes à prendre contre ce déni de juſtice; ce Mémoire, de Mᵉ. *Thilorier*, revêtu de toutes les formalités, imprimé & prêt à être donné au Public, a été arrêté chez l'imprimeur, auquel l'on a fait défenſes de le diſtribuer, & d'où vraiſemblablement on a depuis enlevé tous les exemplaires.

Quoiqu'il en ſoit, M. de Kerſalaun s'étant ſucceſſivement plaint au Lieutenant de Police, au Secrétaire d'Etat du Département de Paris, & au nouveau Garde des Sceaux de cette vexation, n'a pu en avoir raiſon; chacun a nié l'ordre: cependant il ſubſiſte, & n'a point été levé. Mais on voit aujourd'hui gravé avec une ſorte de tolérance l'écrit de M. de Kerſalaun: c'eſt tout ce qu'il en aura obtenu.

Cette anecdote donne une fort mauvaiſe opinion de M. *de Lamoignon*, qui, comme

Chef de la Librairie, doit être l'auteur de la défense venue & signifiée à l'Imprimeur : d'ailleurs l'on fait qu'il a fait l'impossible auprès de M. de Kerfalaun pour l'engager à se déporter de sa plainte.

21 *Mai* 1787. On a profité de l'absence des *Polignacs*, des *Vaudreuils* & de toute cette clique, aujourd'hui en Angleterre aux eaux de Bath, pour ouvrir les yeux de la Reine sur ses dépenses excessives, & l'on annonce un plan de réforme considérable de sa maison, écrit & envoyé par S. M. elle-même à l'Archevêque de Toulouse : on ajoute que dans cet Etat elle fait des sacrifices jusques sur ses jouissances personnelles.

21 *Mai* 1787. M. *de Calonne*, qui étoit depuis longtems mal avec le Chapitre & l'Evêque de Verdun, a cru que c'étoient eux qui avoient ameuté la populace contre lui; peut-être en a-t-il eu quelque preuve. Quoi qu'il en soit, il s'en est plaint au Roi. L'Evêque s'est justifié, & il court à ce sujet une Lettre du Prélat, que montre son frere le Commandeur *Desnos*, qu'on dit très fine & très méchante ; car cette piece est de celles qui ne transpirent que lentement, comme manuscrites.

21 *Mai* 1787. Les Colporteurs annoncent une *Vie privée de M. de Calonne* qu'ils attendent, & dont ils esperent que le public sera très avide.

21 *Mai* 1787. M. *de Kerfalaun* se plaint

de Mᵉ. *de la Cretelle*, auquel il s'étoit d'abord adressé pour la composition de son Mémoire, qui a gardé ses papiers pendant plusieurs jours & a fini par les rendre, en lui déclarant qu'il ne pouvoit se charger de son affaire; on présume que les nouvelles liaisons de cet Avocat avec M. *de Lamoignon* l'auront fait gauchir dans les principes.

22 *Mai*. *Mémoire sur une question d'Adultere, de Séduction & de Diffamation, pour le Sʳ. Kornmann, contre la Dame Kornmann son épouse, le Sʳ. Daudet de Jossan, le Sʳ. Pierre-Augustin Caron de Beaumarchais, & Mʳ. le Noir, Conseiller d'Etat & ancien Lieutenant-général de Police.* Tel est le titre du fameux Mémoire qui met en l'air tout Paris pour s'en procurer des exemplaires, & fait fermenter les sociétés pour ou contre, suivant leurs inclinations.

On trouve d'abord une *Note de l'Editeur*, suivant laquelle le Sʳ. *Kornmann* auroit consulté plusieurs Jurisconsultes, tant en Alsace qu'à Paris, pour se munir de leur signature, qu'ils avoient refusé de donner, redoutant les intrigues du Sʳ. de Beaumarchais & le crédit de M. le Noir; déterminé alors à le faire imprimer sans cette formalité, le Sʳ. Kornmann en a été dissuadé comme d'une démarche illégale qui lui feroit tort auprès des Magistrats; il avoit renoncé à ce projet & travailloit à se munir du nom de quelque Avocat; en conséquence il avoit envoyé des copies de fon Mémoire à différens Magiftrats & Gens de Loi, & c'eft fur une de ces copies que l'Editeur a cru, pour l'intérêt de l'opprimé, pour l'intérêt public & celui des mœurs, pouvoir le faire imprimer furtivement & le répandre.

Vient un *Avant-propos*, où parle M. Kornmann lui-même & avoue fon projet de publier fon Mémoire dans une forme inufitée, fans fignature d'Avocat, quoiqu'un Tribunal foit faifi de la conteftation qui en eft l'objet; il en donne les raifons déjà fuggérées par l'Editeur, & déclare qu'il ne veut point compromettre un Défenfeur, & qu'il regarderoit comme une lâcheté de faire partager à d'autres le danger qu'il peut courir.

Cependant ce Mémoire n'eft point un libelle: il l'avoue, le figne & en répond: tel étoit fon deffein, lorfqu'il en a été détourné, comme il eft auffi déclaré ci-deffus.

22 *Mai* 1787. Un M. *de Champagneux* prétend que durant le féjour que *Rouffeau* fit à Bourgoin en Dauphiné, il écrivit fur la porte de fa chambre quelques lignes, qui n'ont jamais été imprimées. Il déclare les avoir tranfcrites lui-même avec fidélité. Voici ces étranges Sentences, qu'on ne conferve que comme venant d'un grand homme, en ce qu'elles indiquent déjà un germe de cette folie naïve d'un amour-pro-

propre ulceré, développé plus parfaitement dans l'ouvrage de *Rousseau, Juge de Jean Jaques.*

Jugement du Public sur mon compte dans les différens Etats qui le composent.

„ Les Rois & les Grands ne disent pas
„ ce qu'ils pensent; mais ils me traiteront
„ toujours honorablement.

„ La vraie Noblesse, qui aime la gloire
„ & qui sait que je m'y connois, m'ho-
„ nore & se tait.

„ Les Philosophes que j'ai démasqués,
„ veulent à tout prix me perdre; ils y
„ réussiront.

„ Les Prélats fiers de leur naissance &
„ de leur état, m'estiment sans me crain-
„ dre, & s'honorent en me marquant des
„ égards.

„ Les beaux esprits se vengent en m'in-
„ sultant de ma supériorité qu'ils sentent.

„ Le Peuple qui fut mon idole, ne voit
„ en moi qu'une perruque mal peignée &
„ un homme décrépit.

„ Les femmes dupes de deux fourbes
„ qui les méprisent, trahissent l'homme
„ qui mérita le mieux d'elles.

„ Le Magistrat de Geneve sent ses torts,
„ sait que je les lui pardonne, & les répa-
„ reroit, s'il osoit.

„ Les Chefs du Peuple élevés sur mes
„ épaules voudroient me cacher si bien
„ qu'on ne vît qu'eux.

„ Les auteurs me pillent, me blâment;
„ les fripons me maudiſſent, & la canaille
„ me hue.

„ Les gens de bien, s'il en exiſte en-
„ core, gémiſſent tout bas de mon fort;
„ & moi je le bénis, s'il peut un jour
„ inſtruire les mortels.

„ *Voltaire* que j'empêche de dormir,
„ parodiera ces lignes: *les injures groſſie-*
„ *res ſont un hommage qu'il eſt forcé de*
„ *me rendre malgré lui.*"

22 *Mai* 1787. On a oublié de parler de la réception du nouveau Contrôleur-général à la Chambre des Comptes, où il a prêté le ſerment ordinaire, le ſamedi 18. On a été fort content du diſcours de M. le Premier Préſident, accoutumé à bien faire ces ſortes de complimens; & très peu de la Réponſe de M. *de Villedeuil*.

23 *Mai* 1787. Ainſi qu'on l'avoit prévu, le Sr. de Beaumarchais, enchanté de l'occaſion de revenir ſur la ſcene, publie déja une Lettre en date du 17 Mai, qu'il a adreſſée à tous les Magiſtrats & répandue avec profuſion dans Paris: afin de pouvoir la faire imprimer légalement, il s'eſt muni de l'attache d'un Procureur.

Dans ce verbeux avertiſſement, il déclare qu'il vient à l'inſtant de rendre une plainte en diffamation & qu'il va travailler à un Mémoire appuyé de pieces pour juſtifier la conduite que la compaſſion & le devoir lui ont fait tenir. Il prie ceux qui ont le libelle de le conserver jusqu'alors, afin de comparer & de juger.

Il nous apprend que le vrai motif du choix de cet instant pour lancer un tel écrit, c'est l'espoir d'arrêter par un coup subit la représentation de son *Tarare* après lequel on soupire; ses ennemis en cela vont triompher, il va suspendre l'amusement de Paris, il ne veut présenter son œuvre légere qu'après avoir fait raison au Public sévérement de lui. *On s'amuse peu d'un ouvrage dont on méjestime l'auteur;* ce sont ses propres expressions & la *défense de son honneur* doit passer avant tout.

Il finit par exhorter *ses vertueux amis,* affligés du mal momentané qu'on lui fait, à ne pas se fatiguer à le défendre, à laisser dormir chez les gens prévenus l'estime qui lui appartient & à lui donner le tems de répondre.

Voilà en bref le résumé de l'écrit moitié sérieux, moitié burlesque, du Sr. de Beaumarchais, qui persifflera jusques à la potence.

23 *Mai* 1787. M. l'Archevêque de Toulouse s'est servi de deux moyens pour ramener les Notables & prévenir la scission prête à éclater. Il leur a d'abord fait envisager leur résistance comme vaine, parce qu'il avoit un moyen sûr de faire aller le Parlement de Paris, en lui déclarant que si

Meſſieurs n'enregiſtroient pas, il ſeroit forcé de leur couper les vivres & de faire fermer l'hôtel de ville juſqu'à ce qu'ils euſſent obéi au Roi; il les a enſuite touchés en leur certifiant que les retranchemens, économies, bonifications arrêtés ſeroient portés certainement à 40 millions au moins avant la fin de l'année, & il a promis, que ſi à cette époque l'on lui manquoit de parole, il donneroit ſa démiſſion.

23 *Mai* 1787. *Obſervations ſur le diſcours prononcé par M. de Calonne dans l'aſſemblée des Notables, le 27 Février* 1787. Tel eſt le titre de l'ouvrage de M. de Kerſalaun.

Il eſt précédé d'un *Avis de l'Editeur*, où, après avoir rendu compte de l'enlevement du manuſcrit, fait rue & hôtel de la Feuillade, il apprend comment ce brigandage eſt devenu le principe de la publicité qu'il acquiert aujourd'hui.

Le Commiſſaire Cheſnon, ayant cru pouvoir montrer à ſes amis, à ſes clercs mêmes, les Mémoires ſaiſis chez le Comte, on conçoit combien il a été facile de s'en procurer une copie furtive & de rendre vaine la diſcrétion de l'auteur, qui, par délicateſſe, depuis la chute du Contrôleur-général, ſe refuſe à communiquer ſon manuſcrit.

Telle eſt la tournure, priſe vraiſemblablement par le Gouvernement pour laiſſer paroître la critique en queſtion.

A la tête est une *Epitre dédicatoire* au Roi, où l'auteur met ses observations au pied du trône, persuadé que servir sa Patrie & l'Etat, est le premier devoir d'un Sujet & d'un gentilhomme françois.

Viennent les Observations, d'autant plus foudroyantes que, sans aucun art, sans aucune éloquence, avec la plus grande simplicité, l'auteur ne fait qu'opposer M. de Calonne à lui-même & combattre son discours par préambules des Edits, Déclarations, Arrêts du Conseil, & autres écrits émanés du Contrôle général depuis qu'il est en place.

A la fin se trouve une copie de la Lettre écrite par M. le Comte de Kersalaun à M. de Calonne le 6 Avril 1787, au sujet de l'enlevement & des vexations qu'il venoit d'éprouver. Cette Lettre, pleine de modération, d'adresse & d'énergie en même tems, fut, à ce qu'on assure, remise par M. de Kersalaun lui-même au Suisse de M. de Calonne, le samedi 7.

24 *Mai* 1787. Dès lundi la plupart des Bureaux avoient fini leur travail & nombre de Notables s'étoient rendus à Paris: celui du seul Duc de Penthievre étoit en arriere. On s'attend à voir tenir demain une Assemblée générale pour les renvoyer.

Il passe pour constant que le Parlement a été averti de se tenir prêt à se réunir le lundi 11 Juin, pour entendre les ordres du

Roi; ce qui annonce, ou le Lit de Juſtice dont on parle depuis longtems, ou du moins des enregiſtremens très prompts qu'on exige, ou du moins qu'on eſpere.

24 *Mai*. M. Kornmann, afin de repouſſer, ſans doute, l'inculpation de *libelle* dont le Sr. de Beaumarchais charge ſon Mémoire, a écrit quatre Lettres, 1°. aux Notables, 2°. au Garde des Sceaux, 3°. à l'Archevêque de Toulouſe, 4°. au Baron de Breteuil; où il deſavoue l'impreſſion du Mémoire faite à ſon inſçu & ſans ſa participation; mais avoue la compoſition du manuſcrit dont il confirme tous les faits qu'il certifie véritables. Ces Lettres ſont auſſi imprimées, mais plus rares encore que le Mémoire.

24 *Mai* 1787. On lit dans les Obſervations du Comte de Kerſalaun l'anecdote ſuivante, la plus ſanglante épigramme qu'on ait pu faire contre M. de Calonne & ſon diſcours, ſi elle n'étoit pas vraie.

,, Il paſſe pour conſtant à Paris que M.
,, Pitt, lorſqu'il eut lu le diſcours de M.
,, de Calonne, envoya demander à l'Am-
,, baſſadeur de France, ſi ce n'étoit point
,, un pamphlet?"

25 *Mai* 1787. Les comédiens françois, toujours très pareſſeux, n'ont joué qu'hier leur premiere nouveauté depuis la rentrée: c'eſt *Hercule ſur le Mont Oeta*, de M. *le Fevre*, tragédie en cinq actes & en vers.

Avant qu'on commençât, des oiſifs du

parquet ayant entrevu le S^r. *Preville* au fond d'une loge, en avertirent leurs voisins, & bientôt ce furent des applaudissemens sans fin. On vouloit obliger cet acteur qui n'avoit pas paru à la comédie depuis sa retraite, à se mettre sur le devant pour mieux recevoir les acclamations du Public; mais sa modestie s'y refusa constamment.

Quant à la Piece, c'est un sujet plus propre à être mis en opéra qu'en tragédie: le dénouement, où *Hercule* monte avec tranquillité sur le bucher, transformé soudain en une Gloire, d'où résulte son apothéose, est l'endroit qui a causé le plus d'effet & le plus d'admiration. Cette machine a été exécutée avec une rapidité & une précision étonnantes à ce spectacle: l'on étoit resté froid jusques-là; ce n'est pas que l'ouvrage soit absolument sans mérite: il y a dans le troisieme acte une scene de jalousie assez bien traitée; mais le surplus n'y répond pas, &, en général, la versification est dure, boursouflée, incorrecte.

2. *Mai* 1787. Après les préliminaires qu'on a lu, le S^r. Kornmann entre dans sa Cause, qui intéresse à la fois la Législation & les Mœurs: par le récit de ses longues infortunes, il fait voir combien dans une société dépravée, le vice a de facilités pour demeurer impuni; le crime, de mo-

yens pour se soustraire à la condamnation; l'intrigue, de détours pour éviter l'action des loix; la mauvaise foi, de ressource pour échapper à leur censure. Il développe enfin un sistême de persécution, aussi compliqué dans ses moyens que terrible dans ses effets; il caractérise avec force des abus d'autorité d'une espece jusques-là inouïe.

Marié en 1774, le Sr. Kornmann avoit vécu dans la plus douce intimité avec sa femme: ils étoient heureux l'un & l'autre, lorsqu'appellé à Paris par un de ses oncles, y résidant à la tête d'une maison de banque, fameuse depuis un siecle, il quitta les fonctions d'une place de Magistrature qu'il occupoit à Strasborg, pour courir la carriere de la fortune.

En 1779 M. le Baron de Spon présenta au Sr. Kornmann le Sr. Daudet de Jossan, comme l'homme de confiance du Prince de Montbarrey: il reconnut bientôt que ce n'étoit qu'un intriguant, un homme sans mœurs & un escroc: il voulut l'expulser de chez lui; mais ce serpent avoit déja empoisonné son intérieur; il avoit séduit la Dame Kornmann, & les choses furent portées au point, qu'ayant intercepté une correspondance criminelle entr'eux, qui ne lui laissoit aucun moyen de douter de son déshonneur & de la grossesse de sa femme, il fut obligé d'avoir recours à l'autorité & d'obtenir une lettre de cachet contre elle.

La Dame Kornmann fut conduite, en vertu de l'ordre du Roi, chez les Dames Douzi à la Nouvelle France, une des maisons de correction fondées par la Police pour les épouses scandaleuses, comme l'est St. Lazare pour les jeunes gens libertins.

Ici paroît un nouvel acteur, le Sr. de Beaumarchais, qui déclare à Me. Turpin, l'Avocat aux Conseils, chargé des affaires du mari, qu'il prend la Dame Kornmann sous sa protection, & menace, si l'on ne veut pas accepter les conditions d'accommodement qu'il propose, d'employer sa plume & son crédit pour perdre le malheureux époux.

Celui-ci n'est point effrayé des menaces du Sr. de Beaumarchais; il n'en travaille pas moins à couper court aux séductions que le Sr. Daudet continuoit de mettre en usage auprès de sa femme & à la déterminer à retourner au sein de sa famille en Suisse. Sur ces entrefaites meurt le Comte de Maurepas, qui l'estimoit & le protégeoit.

La Dame Kornmann profite de l'occasion pour demander au Châtelet la séparation de corps & de bien: le mari décline la jurisdiction, il sollicite son renvoi à Strasbourg, & n'en poursuit pas moins son projet d'éviter l'éclat par un accommodement à l'amiable.

Le 29 Décembre 1781, M. le Noir apprend au Sr. Kornmann qu'il vient de remettre bien malgré lui, au Sr. de Beaumarchais, un ordre du Roi pour retirer fa femme du lieu où elle étoit, & la conduire chez un chirurgien, à l'effet d'y accoucher: Surprife, indignation, rage de l'époux; après beaucoup de démarches inutiles, il préfente une Requête au Roi, & malgré un Mémoire moitié férieux, moitié plaifant, répandu par le Sr. de Beaumarchais parmi fes nombreux affidés, le renvoi que défire le Sr. Kornmann, eft prononcé dans le Confeil de Dépêches, par Arrêt du Confeil du 11 Janvier 1783.

A la même époque les Ennemis acharnés du Sr. Kornmann travailloient à renverfer fa fortune, & par une fuite de chicanes, de vexations, de rumeurs répandues fourdement, perféveramment, avec un actif furpaffant de plus d'un million fon paffif, il eft obligé de demander un arrêt de furféance.

Il feroit fuperflu & trop long d'entrer dans le détail de toutes les manœuvres pratiquées pour confommer le double projet des perfécuteurs de l'époux infortuné, pour lui ravir fa femme, & fon bien : dans le cours de ces événemens, fe rencontre le Cardinal de Rohan qui ne joue pas un beau rôle; qui toujours foible, crédule, vicieux, avoit auffi voulu tâter de la Dame Kornmann, & l'avoit en conféquence aidée de fon crédit & de l'efpece d'autorité qu'il avoit fur le mari, un des intéreffés dans l'affaire des Quinze-vingts.

Tandis que les partisans de la Dame adultere travailloient à Paris avec autant d'activité que d'acharnement à ruiner son mari de fond en comble, elle poursuivoit avec non moins de vivacité sa demande en séparation en Alsace, portée par appel au Conseil Souverain de Colmar : elle a depuis succombé dans ses demandes provisoires, & ce mauvais succès l'a déterminée à cesser toute poursuite sur le fond.

La voye de la justice n'ayant pas réussi, on revient à celle de la négociation ; on fait intervenir un M^e. *Gomel*, très fameux dans toutes les affaires de cette espece, qui cherche à séduire & tromper le S^r. Kornmann ; il s'apperçoit du piege, & ne voyant aucun espoir d'un accommodement sincere, il rend sa plainte en Adultere.

L'information se fait, toutes les preuves suffisantes sont acquises ; on en revient de nouveau à la conciliation, on entre en pour-parlers : tandis qu'on amuse ainsi le S^r. Kornmann, une catastrophe terrible se présentoit : on avoit déja tenté de lui ravir sa liberté, on avoit voulu l'empoisonner ; un soir qu'il rentroit dans sa maison isolée, un quidam s'offre tout à coup à lui, enveloppé d'un manteau & couvert d'un chapeau rabattu ; il le saisit à la gorge, & lui appuye un pistolet sur le front, qu'il tire à bout portant. Heureusement l'assassin manque son coup & s'enfuit.

M. Kornmann envoya chercher un Commiſſaire le lendemain: on verbaliſe, le chapeau percé en deux endroits eſt dépoſé: il va chez le Lieutenant Criminel, le Lieutenant de Police, le Procureur du Roi; il rend compte de ſa fatale avanture. Des ordres ſont donnés en conſéquence pour qu'on veille à ſa ſûreté & qu'on travaille à découvrir l'auteur du crime. Les ordres ne ſont point exécutés: le Sr. Kornmann rend juſtice à M. de Croſne, mais accuſe ſes inférieurs de négligence, de mauvaiſe volonté & de corruption. Il eſt menacé d'une priſon d'Etat, s'il oſe élever la voix contre ſes oppreſſeurs.

Juſques à l'époque de cet aſſaſſinat, M. Kornmann étoit forcé par la néceſſité des circonſtances de s'occuper de tous ſes intérêts en même tems & n'y pouvoit ſuffire: s'il faiſoit quelque effort pour réclamer ſon bien, on ne manquoit pas de le diſtraire de ſon objet par des négociations ou des querelles avec ſa femme: ſi d'un autre côté il vouloit mettre fin aux déſordres de cette infidelle, & diſſiper les calomnies dont elle étoit l'occaſion, on ne manquoit pas de l'effrayer en le menaçant de conſommer ſa ruine. Au moyen de cette double manœuvre, il avoit toujours été facile d'embarraſſer ſes démarches, & de le réduire au ſilence.

Il adopte à la fin une marche différente;

il perd de vue un instant la Dame Kornmann & s'occupe de recouvrer les restes de sa fortune pour ses enfans. Il y réussit mieux & plus promptement qu'il ne devoit l'espérer; il revient aujourd'hui à sa femme; il n'est plus question d'un traité de paix; par attachement, par pitié, par devoir pour ses enfans, il est forcé de recourir à l'autorité des loix pour mettre fin à ses désordres & pour révéler des secrets qu'il auroit voulu étouffer dans son cœur.

Après ce récit très développé des faits, l'auteur a placé des *Réflexions* formant un Traité sur l'adultere, aussi profond que lumineux & neuf: rempli tout à la fois d'une éloquence nerveuse, d'une sensibilité attendrissante, où, considérant tour à tour ce crime, & sous le point de vue de la loi & sous celui de l'opinion parmi nous, il établit les principes qui lui sont nécessaires pour s'élever au dessus de l'opinion qui le laisse sans défense, & modérer l'action de la loi qui, en punissant son épouse, le vengeroit peut-être avec trop d'énergie.

A la fin de ces Réflexions se lit une Déclaration de G. Kornmann, datée de Paris le 20 Février 1787, où il affirme la vérité des faits, & en annonce d'autres d'une espece aussi extraordinaire qui lui restent à exposer. Il demande aux Jurisconsultes de Paris & d'Alsace, quelle est la conduite qu'il doit tenir, & le genre de défense qu'il doit adopter.

Des Pieces Justificatives sont placées après, entr'autres les Lettres du S^r. Daudet depuis le 3 Juillet 1781 jusques au 24 Juillet.

Ce Recueil est terminé par *l'Extrait d'une Consultation, signée Reichstetter, Chauffour l'ainé & Dubois, Avocats au Conseil Souverain d'Alsace, en date du 24 Août 1783, sur le vû des informations, interrogations & lettres relatives à la Dame Kornmann & au S^r. Daudet*: ils proposent trois voies.

1°. De demander que la Dame Kornmann soit tenue de se retirer dant un lieu décent, ou dans une forteresse, avec une liberté honnête, vu qu'étant Protestante, elle ne peut entrer dans un couvent.

2°. D'obtenir du Gouvernement une Lettre de cachet, pour la faire retourner dans la maison d'où elle est sortie, en attendant la fin du procès.

3°. Celle qu'ils préféreroient, vu les circonstances, d'informer contre ladite Dame comme d'adultere.

25 *Mai* 1787. Ces jours derniers plusieurs Notables étant à dîner chez M. le Comte *de Montmorin*, on parla du procès verbal de l'assemblée qui ne tarderoit pas à être imprimé, mais où l'on supprimeroit bien des choses & l'on en falsifieroit beaucoup d'autres; le Ministre s'écria que cela ne devoit pas être, que ce seroit tromper la Nation, & d'autant plus gauchement que, parmi ces Messieurs, il s'en trouve-

roit plus d'un en état de reſtituer les faits & de les publier : ,, nous prenons acte de ,, votre réflexion, Monſieur le Comte :" (s'écrierent quelques-uns avec vivacité) ,, de votre part elle vaut permiſſion d'im- ,, primer... *Oh! je ne dis pas cela,"* reprit M. de Montmorin : ,, *vous êtes bons & ſages,* ,, *cela ne me regarde pas :"* & les convives de rire.

26 *Mai* 1787. Aujourd'hui que l'aſſemblée des Notables eſt terminée, les adverſaires de M. *de Juigné* qui l'avoient laiſſé tranquille ſur ſon rituel, y reviennent & le combattent plus fortement que jamais ; c'eſt ce qu'on obſerve dans une brochure aſſez volumineuſe reſtée ſans publicité juſqu'à préſent, quoique datée du 2 Mars, & qui commence à percer. Elle a pour titre *Secondes Réflexions ſur le Rituel de Paris*. Ces Réflexions concernent *les empêchemens dirimans du mariage :* elles ſont aſſez abſtraites & méritent un plus long examen, une diſcuſſion plus profonde, avant qu'on puiſſe en rendre compte.

26 *Mai* 1787. Tout le corps diplomatique eſt enchanté de M. le Comte de Montmorin. D'abord il a rétabli l'ancien uſage, lorſque le Roi ne veut pas le recevoir, de venir à Paris lui donner ſes audiences ; enſuite il eſt extrêmement honnête & modeſte ; il dit qu'il ne ſe flatte point de bien faire, mais que du moins il fera le

moins mal possible: il a une expédition, une activité, une décision prompte & lumineuse, qui ne laissent rien languir, & qu'ils trouvent encore supérieures à ces mêmes qualités de son prédécesseur.

26 *Mai* 1787. Hier l'Assemblée générale des Notables a eu lieu pour la derniere fois; elle a commencé à midi & n'a fini qu'à deux heures & demie environ; cet espace de tems a été occupé à la lecture de onze discours; savoir du Roi, du Garde des Sceaux, de l'Archevêque de Toulouse & de *Monsieur*, qui a parlé sans aucune permission en sa qualité de Frere du Roi & de premier Gentilhomme du Royaume.

Ensuite M. le Duc *de Fleuri*, premier Gentilhomme de la chambre, ayant dit que le Roi permettoit de parler; l'Archevêque de Narbonne l'a fait pour le Clergé, puis le Premier Président du Parlement de Paris, celui de la Chambre des Comptes, celui de la Cour des Aides, & le Lieutenant civil.

Aux discours de ces Magistrats a succédé le discours de l'Abbé *de la Fare*, l'Elu des Etats de Bourgogne pour le Clergé, qui a porté la parole au nom de tous les Pays d'Etats; enfin le discours du Prévôt des Marchands de Paris, pour les Municipalités.

Tous ces discours ont été lus, excepté celui de *Monsieur* & celui de l'Abbé, récités de mémoire par leurs auteurs. Deux seul ont fait sensation, les discours de M.

de Nicolay, le Premier Président de la Chambre des Comptes, & de l'Abbé de la Farre.

27 *Mai* 1787. La Lettre de M. le Comte de Kerſalaun au Contrôleur général eſt une piece trop eſſentielle à conſerver pour ne pas la placer ici:

,, Monſieur, mon intention n'avoit jamais ,, été de vous faire un myſtere du Mémoire ,, que je déſirois préſenter au Roi; je vous ,, en deſtinois une copie ſignée de moi, ,, ainſi que celle que j'ai cherché à faire ,, parvenir au Roi : plus juſte en cette occa- ,, ſion, que vous ne le fûtes envers le Mar- ,, quis de Kerſalaun, mon pere, Magiſtrat ,, vertueux auquel vous cherchâtes des cri- ,, mes ſans lui communiquer les pieces qui ,, auroient pu ſervir à ſa juſtification.

,, Puiſque vous m'avez prévenu, Mon- ,, ſieur, en vous procurant par la violence ,, ce que vous étiez aſſuré de tenir de la ,, loyauté de mes ſentimens; me voilà diſ- ,, penſé de vous adreſſer l'exemplaire qui ,, vous étoit deſtiné, & que vous avez ,, fait ſaiſir.

,, Tant que vous avez cru qu'il étoit de ,, votre intérêt de faire le bien de la Breta- ,, gne, ma province, j'ai dû faire plier mes ,, ſentimens devant l'intérêt de mon pays : ,, aujourd'hui que je le vois menacé de ,, partager le ſort alarmant de la France, ,, j'ai cru devoir confondre mes ſentimens

,, avec l'amour de la patrie, & faire parve-
,, nir la vérité aux pieds du trône.

,, Je présume, d'après les perquisitions
,, qui se sont faites chez moi la nuit der-
,, niere, que vous étendrez sur le fils les
,, persécutions que vous avez exercées con-
,, tre le pere ; mais comme un pur amour
,, pour la gloire du Roi, pour le bien de
,, l'Etat a guidé mon cœur, j'attends les
,, événemens avec la fermeté d'une ame
,, patriote & vertueuse.

,, Si vous parlez de mon Mémoire au
,, Roi, Monsieur, je vous prie de vouloir
,, bien lui communiquer ma Lettre, & de ne
,, pas oublier de joindre au Mémoire la
,, Note justificative qui en fait partie, ainsi
,, que le Tableau des Emprunts, qui ont
,, été saisis avec les autres feuilles.

,, J'ai l'honneur d'être, &c."

27 *Mai* 1787. Suivant une autre Lettre du 19 Septembre d'un Naturaliste, l'un des *Circum-Navigateurs*, (c'est ainsi qu'il qualifie ses camarades) c'est le 13 Juillet 1786 qu'est arrivée la catastrophe dont il donne plus de détails.

L'escadre étoit dans un port de l'Amérique Septentrionale par la Latitude de 27 degrés ; on en vouloit lever la carte, & l'on désiroit y placer les sondes ; deux canots furent expédiés de la *Boussole* pour cet objet & un de l'*Astrolabe* : la mer brisoit à l'entrée du port, & formoit une barre plus ou moins forte, suivant l'état de la marée.

M. de la Peyrouse confia à M. *d'Escures*, Chevalier de St. Louis & le plus âgé des Officiers, le commandement de cette expédition; il lui donna des instructions par écrit fort prudentes, auxquelles vraisemblablement M. d'Escures ne s'est pas conformé; ce qui a été la cause de sa perte, ainsi que de celle du Chevalier *de Pierrevert*, neveu de M. le Bailly *de Suffren*, de M. *de Moncarn*, parent de M. de la Peyrouse, du premier Pilote de la *Boussole*, & de sept hommes d'équipage. Les deux autres canots suivoient celui de M. d'Escures: le plus près, commandé par M. *de Boutin*, jeune Officier d'un mérite rare & très expérimenté pour son âge, fut aussi entraîné par le courant, mais échappa par son excellente assiette & la hardiesse de sa manœuvre. Le troisieme étoit commandé par M. *de la Borde*, ayant avec lui M. *de la Borde de Boutevilliers*, son frere; M. *de Flassan*, Enseigne, & sept hommes d'Equipage; on ne sait pas trop comment ces Messieurs ont péri: on présume qu'ils ont été victimes de leur zèle à secourir M. d'Escures.

Nous avons perdu par ce malheureux accident vingt-un hommes, dont le plus âgé n'avoit que 34 ans.

27 Mai 1787. Les Avocats sont peu flattés de voir M*e*. *de Bonnieres*, leur confrere, bardé du cordon de St. Michel; ce qui les indigne, c'est qu'il ait été reçu avec le S^r. *Framboisier de Beaunay*, Inspecteur de Police; ce n'est pas que depuis quelque temps on n'ait voulu décorer ces personnages, infames par leur état, en leur accordant la croix de St. Louis: mais les Chevaliers de St. Louis ne font point corps; la réception a lieu sourdement; il n'y a point d'assemblées générales, de processions solemnelles comme des Chevaliers de St. Michel. Quel spectacle pour le peuple de Paris d'avoir vu le 8 de ce mois le S^r. Framboisier se promener en triomphe avec les autres Recipiendaires, tous les Chevaliers, les Dignitaires, ayant le Maréchal Duc de Mouchy à leur tête, assister à la messe qui se célèbre aux Cordeliers, recevoir même les éloges du S^r. *Pourfin de Grandchamps*, le nouveau Secrétaire perpétuel de l'Ordre, dans les discours qu'il prononce *ad hoc*.

28 *Mai* 1787. L'on possede aujourd'hui la plupart des discours qui ont eu lieu dans l'assemblée du 25 & l'on peut en juger.

Dans celui du Roi, prononcé foiblement & qu'on n'avoit point entendu, S. M. repete ce qu'elle avoit déja dit plusieurs fois. C'est une effusion de son cœur paternel, une assurance de sa bonne volonté, un remerciment aux Notables de leur zele, de leurs bons conseils & une promesse de les suivre.

Celui de M. le Garde des Sceaux est remarquable par la tournure de son début; il

cherche à couvrir les uſurpations du Deſpo-
tiſme, l'abolition des Aſſemblées d'États
Généraux & même de Notables, parcequ'autrefois tous les corps pointilleux ſur
l'étiquette paſſoient la plus grande partie des
ſéances en vaines diſputes, ce qui les rendoit inutiles. Aujourd'hui que la Philoſophie
les fait ſe mettre au deſſus de ces miſeres,
on a cru pouvoir les réunir avec ſuccès &
l'on a réuſſi. Que de grands changemens à
faire! Quelle belle révolution! D'abord le
Monarque diſpoſé à tenir tous ſes engagemens; enſuite l'établiſſement des Aſſemblées
Provinciales; la Corvée, la Gabelle con-
damnées; l'adminiſtration des finances ſou-
miſe à des regles invariables, ſes opérations
réguliérement publiées, l'Impôt juſtement
réparti & rappelé à ſa véritable nature; la
chûte des barrieres; la ſuppreſſion des
droits deſtructifs du commerce & de l'indu-
trie; tous ces objets réglés d'une maniere
légale & conſtitutionnelle. En reconnoiſſance de tant de bienfaits, le Gouvernement eſpere que les plaintes, les murmures
ceſſeront; que les Peuples ſe laiſſeront conduire avec docilité & avec ſoumiſſion; & le
Chef ſuprême de la juſtice eſt perſuadé que
les Aſſemblées Provinciales ſe conduiront
de maniere à ne pas déplaire à S. M. & à
ne pas ſe faire ſupprimer.

M. l'Archevêque de Touloufe a dit à peu
près la même choſe, mais plus longuement:

il a assuré que la Reine avoit, à l'exemple du Roi, ordonné aux divers Ordonnateurs de sa maison de lui présenter toutes les réformes à faire: que les Freres du Roi étoient dans les mêmes dispositions, & que les Economies seroient portées au moins à 40 millions avant la fin de l'année.

Il a beaucoup parlé des Assemblées Provinciales, qui vont se réaliser sur le champ; de leur organisation, semblable à celle du Berry; de la Présidence conservée aux deux premiers Ordres, mais sans droits utiles & pour l'honorifique seulement; Présidence absolument élective, le Roi se réservant seulement celui d'exclusion, en cas que le sujet ne lui convînt pas; Egalité de voix de la part du Tiers, afin de conserver l'équilibre; l'Intendant n'aura ni séance, ni entrée dans les Délibérations; comme Commissaire du Roi, il fera seulement ses Observations: les Assemblées s'occuperont essentiellement de la répartition & de la perception de l'impôt, ainsi que des travaux publics de la Province.

Quant aux Pays d'Etats, ils resteront dans la forme où ils sont aujourd'hui.

28 *Mai* 1787. La nouvelle brochure contre le Rituel n'a plus simplement pour objet, ou ces relâchemens dans la Morale puisés dans de mauvais Casuistes, ou ces ridicules chimeres, par lesquelles de misérables théologiens ont deshonoré &, si l'on

peut parler ainſi, haché la majeſtueuſe doctrine ſur le Sacrifice; mais elle regarde une matiere qui intéreſſe également & l'Egliſe & l'Etat, la foi de l'une & la tranquillité de l'autre, qui ne va à rien moins qu'à dénaturer toute Autorité; à tranſporter aux miniſtres du ſanctuaire un pouvoir, appanage de la Souveraineté; à convertir en dogme une opinion juſtement abandonnée par les théologiens inſtruits, & une erreur grave dans l'ordre politique.

C'eſt ſous ce point de vue que le ſavant auteur qui diſcute le Rituel, enviſage ſon aſſertion ſur les empêchemens dirimans du mariage. L'Archevêque y déclare envain, avant de le publier, avoir conſulté des Juriſconſultes diſtingués par la gravité de leurs mœurs, des Magiſtrats auſſi recommandables par leur religion que par leur naiſſance & leur ſageſſe. L'étonnante aſſertion du Prélat que c'eſt une doctrine unanime parmi les Catholiques & appartenant à la foi, que l'Egliſe a pu mettre des empêchemens prohibans & dirimans aux mariages, n'en a pas moins été dénoncée au Parlement par M. *Robert de Saint Vincent*, & le Critique prend pour tâche de ſa diſſertation, d'en démontrer la fauſſeté dans toutes ſes parties. Il ſeroit trop long de le ſuivre dans ſes raiſonnemens trop métaphyſiques; il ſuffit d'aſſurer qu'il bat en ruine absolument la doctrine & les raisonnemens du Rituel.

28 *Mai* 1787. On parle d'une espece de Contre-Note imprimée aussi & répandue par M. *Kornmann* en réponse à l'avertissement du Sr. de Beaumarchais. On la dit très vigoureuse, très directe & très bien faite : on ajoute que M. Bergasse s'y montre aussi à découvert, en bon & loyal Chevalier, comme le défenseur de son ami, persécuté depuis six ans de la façon la plus atroce.

28 *Mai.* Le Roi vient d'accorder aux Officiers du Bureau de la Généralité de Caen le don de son portrait en pied : on ne dit pas ce qui leur a valu cette faveur, qui ne laisse pas encore que de coûter de l'argent. Elle leur a été annoncée par M. le Baron de Breteuil, ayant le Département de la Normandie ; & par M. le Comte d'Angiviller, Directeur & Ordonnateur général des Bâtimens du Roi.

29 *Mai.* La Contre-Note de M. Kornmann est intitulée *Observations sur un écrit de M. de Beaumarchais.* Elle est datée de Paris, le 23 Mai 1787.

D'abord il détruit la qualification de *Libelle* donnée par l'adversaire à son Mémoire, & il fait à cette occasion un historique précieux. C'est le 12 Mai que ce Mémoire a paru. M. Kornmann écrivit, comme on l'a déja dit, à l'Archevêque de Toulouse, à

M.

M. le Garde des Sceaux & au Baron de Breteuil, pour leur déclarer qu'il répondoit de tous les faits y contenus: depuis, comme dans l'Assemblée des Notables la même qualification s'étoit renouvellée, M. Kornmann adressa à tous les membres de l'Assemblée une Lettre circulaire, où il leur exposoit les raisons qui le déterminoient à répandre son Mémoire dans la forme irréguliere qu'il avoit.

M. Kornmann répond ensuite au reproche de lâcheté, en dirigeant son attaque contre M. le Noir, aujourd'hui que ce Magistrat est devenu moins redoutable; il cite à cette occasion une négociation entamée, avant l'exil de M. de Calonne, où M. le Noir, pour assoupir cette affaire & empêcher la publication du Mémoire, lui offrit de lui faire payer sur le champ 600,000 livres qui lui étoient dûes dans l'affaire des Quinze-vingts.

M. le Procureur du Roi du Châtelet étoit le médiateur de l'accommodement; M. d'Epremesnil en outre portoit les paroles, & il doit, suivant lui, exister une Lettre, où il déclare qu'il préfere son honneur à sa fortune, & que nulle offre ne peut le réduire au silence.

A l'égard de la plainte du Sr. de Beaumarchais, elle est inutile: si c'est pour découvrir l'auteur & le distributeur du Mémoire, M. Kornmann s'annonce pour le distributeur, & M. Bergasse pour l'auteur: du reste, c'est une récrimination, puisque la plainte du Sr. de Beaumarchais n'est datée que du 17 Mai & que M. Kornmann avoit rendu la sienne, il y avoit environ trois semaines, & qu'elle a été répondue par M. le Lieutenant Criminel.

M. Kornmann n'oublie pas les pieces justificatives que se propose de rassembler le Sr. de Beaumarchais; mais il déclare d'avance que les quarante Lettres & au-delà, que celui-ci dit avoir à produire en preuve que le mari a été le premier auteur des desordres de son épouse, sont absolument supposées ou contrefaites.

Enfin il ignoroit l'existence de *Tarare* : on assure M. Kornmann qu'il y a dans cet ouvrage des scenes agréables & des effets de décoration & de musique très brillans: il seroit fâché que sa querelle particuliere avec l'auteur privât le public de la représentation de cette piece; mais il lui semble qu'il ne falloit pas parler de *Tarare*, quand il s'agit d'oppression, de calomnie, de mœurs, de liberté.

L'on verra par le développement de la procédure quel est le véritable diffamateur. Quoique les forces de M. Kornmann soient presque épuisées, il en employera les restes à poursuivre ses cruels persécuteurs. Du reste, il donne à entendre qu'il travaille encore à tirer sa femme de l'obsession où ils la tiennent & à la rendre à ses enfans.

Dans une Note on voit que plus de 4000 personnes se sont fait enregistrer chez M. Kornmann pour avoir son Mémoire; mais il annonce que toutes les presses lui sont interdites: il espere que cet état d'oppression ne durera pas toujours.

29 *Mai* 1787. Aujourd'hui que tous les discours prononcés à l'assemblée des Notables du vendredi 25 Mai sont imprimés, on peut en parler plus pertinemment. Ce qu'on en a dit est assez exact & les caractérise à merveille: on ajoutera seulement que ceux du nouveau Garde des Sceaux & du Chef du Conseil Royal des finances, sont, avec moins de forfanterie, tout aussi charlatans que le discours de M. de Calonne à l'ouverture des Séances. C'est précisément le même thême en trois façons: pour ne parler que des deux derniers, si l'on les discutoit dans un esprit constitutionnel, on y trouveroit sans doute bien des propositions, bien des façons de parler, bien des expressions erronées.

Une seule phrase se remarque dans le discours de *Monsieur*; c'est celle où il se glorifie *de l'honneur d'être le premier des Gentilshommes convoqués à cette Assemblée.*

Celui de M. de Narbonne tient beaucoup trop encore de la morgue épiscopale; du reste il donne assez à entendre qu'il compte peu sur la prompte exécution des plans d'ordre, de justice & d'économie annoncés.

M. d'Aligre place avec raison dans le sien la fatale prévoyance de sa Compagnie, qui cent fois a manifesté au Monarque dans ses Remontrances les suites funestes de l'incurie où l'on laissoit Sa Majesté.

Celui de M. de Nicolay, à la lecture, n'est pas aussi excellent qu'on l'avoit dit; la meilleure phrase est celle-ci, où il félicite la Reine de se montrer aujourd'hui *telle que doit être l'Auguste Compagne du Roi & la Mere du Dauphin*: entortillage malin, parfaitement dans sa maniere.

Celui de l'Abbé de la Fare ne répond pas non plus à l'opinion qu'on en avoit conçue. Cependant point de vains complimens, de louanges basses, &, en félicitant les Pays d'Etats de conserver leurs privileges, ces restes antiques & précieux des formes de la Constitution Nationale, il fait regretter aux autres Provinces & à la Nation entiere de les avoir perdus.

Les discours de M. de Barentin, de M. Angrand d'Alleray & de M. le Pelletier sont à faire vomir pour la fadeur de leur adulatation; mais du moins les deux premiers sont courts; au lieu que le dernier, enchérissant sur eux, est d'une longueur qui le rend encore plus insupportable.

29 *Mai* 1787. L'affaire de Julien poursuivi comme Negre & Esclave, quoiqu'il

soit blanc & libre, a été plaidée le samedi 19 par M. l'Avocat général Herault, avec une grande affluence de spectateurs & des applaudissemens universels.

Comme on avoit su qu'il avoit été à la veille de ne pas porter la parole ce jour-là, & que le Président, M. de Gourgues, gagné par les adversaires, vouloit encore reculer l'audience; qu'il ne l'avoit accordé que forcé par l'Orateur Magistrat, qui a déclaré s'être occupé toute la nuit de cette Cause & n'avoir rien de prêt d'ailleurs: le Public lui a sû encore plus de gré de son zele, & a redoublé d'acclamations, surtout aux Conclusions séveres qu'il a données en faveur de Julien.

Le Président persistant à favoriser la Dame Ruste dont on lui a fait accroire que le procès intéressoit tous les Colons & craignant de choquer l'opinion de l'audience par un Arrêt qui lui auroit déplu, a pris le parti de mettre l'affaire en délibéré.

Les Conclusions portoient confirmation de la sentence de l'Amirauté, déclarant Julien libre, elles le mettoient sous la protection & sauve-garde de la Cour; la Dame Ruste tenue de rapporter dans 24 heures la révocation de l'Ordre surpris pour la détention de Julien, sinon elle constituée prisonnière à la Conciergerie du Palais; l'Arrêt exécuté sur la minute; injonction à la Dame Ruste d'être plus circonspecte à l'avenir & de porter plus de respect aux Arrêts de la Cour; tenue de certifier par corps tous les trois mois de l'existence de Julien, avec défenses d'attenter à sa liberté; condamnée à tous les dépens: le Sr. Ozenne hors de cour.

30. Mai 1787. On débite chez M. Kornmann un écrit sans titre, daté de Paris le 27 Mai: il y rend compte d'une anecdote singuliere concernant un *Portier* du Sr. de Beaumarchais, nommé *Michelin*, contre lequel son ancien maître a obtenu un ordre du Roi pour le faire arrêter. Il paroîtroit que M. de Beaumarchais se seroit porté à cette horreur, dans la crainte que ce malheureux mourant de faim & implorant son secours, ne révélât bien des infamies relatives à l'affaire de M. Kornmann; moyen qu'il lui faisoit envisager comme une ressource possible contre sa misere, si M. de Beaumarchais ne daignoit l'en tirer.

M. Kornmann raconte que la fille de ce Portier étant venue toute éplorée le 26 Mai implorer le secours de M. Bergasse, celui-ci l'a adressée à un Magistrat respectable (qu'on juge être M. d'Epremesnil,) qui s'employe avec beaucoup de zele à lui procurer sa liberté.

M. Kornmann fait sentir après le récit de l'anecdote, combien il lui importe que cet homme soit représenté, non que son témoignage puisse servir, mais comme pouvant donner lieu à beaucoup de renseignemens propres à jeter un grand jour sur les manœuvres dont il a été la victime.

A la suite est un *Postscriptum*, où il somme le Sr. de Beaumarchais de déposer au Greffe les originaux en totalité des quarante lettres qu'il dit avoir en main, & dont il prétend faire usage contre M. Kornmann.

On ne sait si c'est un incident nouveau qui retarde la publicité du Mémoire du Sr. de Beaumarchais : il devoit être distribué demain & il annonce à ceux qui lui en demandent des nouvelles que c'est reculé.

30 *Mai* 1787. C'est M. Hennin, Secrétaire général de l'assemblée des Notables, qui est chargé d'en dresser le Procès verbal sous la direction de M. Lambert, Conseiller d'Etat au Bureau de M. le Comte d'Artois ; les deux (M. de Maurigny & de Fourqueux.) du Bureau de *Monsieur*; sur lesquels cette besogne auroit dû rouler, manquant ou du talent ou des forces nécessaires pour cette fonction.

Les Notables sont prévenus d'avance que leurs Arrêtés essentiels seront tronqués, & Mrs. Lambert & Hennin ne leur ont pas dissimulé que tels étoient les ordres : en vain quelques-uns en ont dit leurs avis, ils n'ont pas été écoutés.

30 *Mai*. Les Comédiens Italiens ont joué hier *le Minutieux*, comédie en un Acte & en prose ; c'est une vraie minutie.

31 *Mai* 1787. Ce sont tous les jours de

nouveaux imprimés de la part de M. Kornmann, bien propres à défoler & à confondre le Sr. de Beaumarchais. M. Bergaffe entre en lice lui-même aujourd'hui & répand *Observations sur un écrit de M. de Beaumarchais.* Elles font datées du 28 Mai: dans cette feuille éloquente, pleine de force & d'onction, l'auteur avoue perfonnellement le fameux Mémoire comme fa production; il raconte la maniere dont il s'eft trouvé chargé de la défenfe de M. Kornmann, & déclare au Sr. de Beaumarchais que toutes fes menaces ne l'épouvantent pas.

31 *Mai.* Lorfque les Maires ont été prendre congé de M. l'Archevêque de Toulouse, il leur a déclaré que les villes les rembourferoient de leurs voyages & de leurs frais de féjour dans cette capitale; & fur ce que le Maire de Troyes lui a repréfenté que fi tel étoit l'arrangement, beaucoup de Maires préféreroient de garder ces dépenfes à leur charge, par la connoiffance qu'ils ont de l'impoffibilité où font leurs villes de les défrayer; le Prélat lui a repliqué que les villes ne feroient que chargées de la remife, & qu'on leur en feroit paffer les fonds du tréfor royal.

En effet le Maire de Montauban ayant été volé à Verfailles le jour de la Pentecôte & n'y connoiffant perfonne, a recouru à M. le Contrôleur général, qui lui a donné de l'argent fur le champ, & lui a remis une

Ordonnance fur le Tréfor Royal pour completter le total de fes honoraires.

31 *Mai* 1787. A une des dernieres repréfentations du *Mariage de Figaro*, un particulier qui fe trouvoit dans une loge, fe recrioit & difoit: *ce Beaumarchais a bien de l'efprit....* Il étoit précifément dans la loge d'à côté & lui dit: *mais le mot de Monfieur ne vous écorcheroit pas la bouche*; le particulier reprend: *oui, je l'ai dit & ne m'en dédis pas, Beaumarchais a bien de l'efprit, mais Monfieur de Beaumarchais n'eft qu'un fot.*

1er. *Juin* 1787. On eft indigné contre le Maréchal de Caftries, qui après avoir conféré avec M. Herault, l'Avocat général, fur l'affaire de *Julien* & ne fe rendant pas aux excellentes raifons de ce Magiftrat, mais ne pouvant lui alléguer de bonnes raifons pour défendre fes coups defpotiques, a fini par lui dire: *le Parlement fera ce qu'il voudra, mais s'il rend libre Julien, je ne l'en ferai pas moins partir pour les Colonies.* On ne conçoit pas comment M. l'Avocat général n'ait pas dénoncé une pareille menace aux Chambres affemblées.

1er. *Juin* 1787. *Addition importante à mon Mémoire.* Il s'agit dans cette feuille, fignée G. Kornmann & datée de Paris le mercredi foir 30 Mai, d'une découverte recemment faite par ce malheureux homme: fuivant une lettre qu'on trouve inférée dans le grand Mémoire, M. de Beaumarchais pour appuyer le ton d'infolence qu'il y prend vis à vis du Miniftre de Paris, M. Amelot, fe prétend autorifé par M. le Duc d'Orléans actuel, alors Duc de Chartres, & cette autorifation à bon droit fufpecte eft reconnue fauffe aujourd'hui, & M. Kornmann lui porte le défi de rapporter un écrit fur lequel S. A. S. reconnoiffe lui avoir donné un femblable pouvoir.

1er. *Juin*. Par un effort de travail extraordinaire pour eux, quoique les Comédiens François aient joué il n'y a pas longtems une tragédie nouvelle, ils viennent de donner aujourd'hui la première repréfentation d'une comédie auffi nouvelle. Elle a pour titre *l'Ecole des Peres*. Elle eft en cinq actes & en vers. Les deux premiers actes promettoient peu, le troifième annonçoit une horreur effrayante; mais le quatrième de la plus grande beauté, d'une énergie rare, a fait voir combien l'auteur avoit de reffources dans le génie, pour fe tirer d'un mauvais pas & tourner à fa gloire ce qu'on croyoit devoir être fon écueil: le 5eme. ne pouvoit être auffi beau; mais le dénouement très moral a complété le fuccès.

Ce fuccès eft d'autant plus grand que c'eft le début de l'auteur dans la carrière dramatique; il fe nomme M. *Pierre*, il eft de Nifmes. Quoiqu'il ne foit pas d'une extrême jeuneffe, il promet beaucoup. On fait qu'une comédie exige plus de maturité qu'une tragédie ; la sienne mérite qu'on en fasse mention plus au long une autre fois.

2 *Juin*. Il est toujours question de la venue du Roi au Parlement de Paris ; mais on prétend aujourd'hui que ce ne sera point un Lit de Justice ; que S. M. après avoir annoncé ses volontés à son Parlement, laissera les Magistrats délibérer librement ; en un mot, que ce sera une simple séance du Monarque & sa venue auroit lieu dès le 11 : cependant cette marche n'est pas encore bien certaine.

On craint que le Parlement sentant l'objet indirect de la création des Assemblées Provinciales, qui est de leur soustraire, sinon l'Enregistrement, au moins l'examen raisonné des Loix & surtout des Impôts, ne fasse des difficultés, ne représente ces Assemblées comme inconstitutionnelles & ne réclame l'assemblée des Etats Généraux.

Quant aux Impôts on craint également des difficultés, par la mal-adresse du Ministere de promettre dans ses discours qu'il n'en seroit question, que lorsque les quarante millions d'Economies promises seroient réalisés ou du moins évidemment préparés.

Tout cela tracasse M. l'Archevêque de Toulouse, qui ne sait trop ce qu'il doit faire : ses rivaux le guettent pour voir comment il se tirera d'un pas aussi difficile.

2 *Juin*. Vendredi dernier le S^r. de Beaumarchais est venu à l'opéra, accosté d'un

gros ballot; il a dit que c'étoient différens paquets d'exemplaires de son Mémoire pour la cour; chacun lui en a demandé; il a répondu qu'il ne pouvoit en distribuer, ni même le laisser lire encore; on ne savoit ce que signifioit cette parade; on en a eu la clef le lendemain : c'est qu'il étoit bien aise d'exciter une curiosité vive & d'annoncer à beaucoup de monde en un instant la publicité de son Mémoire.

Il a paru en effet aujourd'hui, mais le Sr. de Beaumarchais n'en donne qu'à ceux auxquels il ne peut en refuser. Du reste, son portier insinue, répond même assez ouvertement aux demandeurs, que ce Mémoire se vend chez tous les marchands de Nouveautés; il est clair aussi que le Sr. de Beaumarchais, par une vilainie digne du reste de sa conduite, a fait sur cette marchandise une spéculation d'argent.

Quoiqu'il en soit, son Mémoire est *en Réponse au Libelle diffamatoire, signé* Guillaume Kornmann, *dont plainte en diffamation est rendue avec requête à M. le Lieutenant Criminel & permission d'informer*. Première Partie.

Suivant le plan de sa défense, le Sr. de Beaumarchais se propose de répondre à quatre chefs d'accusation.

1°. D'avoir concouru, avec chaleur, à faire accorder à une infortunée la liberté conditionnelle d'accoucher ailleurs que dans une maison de force, où elle couroit le danger de la vie.

2°. D'avoir examiné sévérement une grande affaire qui tournoit mal, à la sollicitation de personnes les plus considérables, qui avoient intérêt & qualité pour en vouloir être bien instruites.

3°. De s'être opposé, dit-on, par toutes sortes de moyens, au rapprochement de la Dame Kornmann & de son mari.

4°. Enfin d'avoir ruiné les affaires de celui-ci, en le diffamant partout.

Cette première partie n'embrasse que le premier chef, & ne consiste que dans le rapport de plusieurs lettres de M. Kornmann au Sieur Daudet de Jossan, qui tiendroient à prouver une grande intimité entre eux, même lorsque le premier ne pouvoit ignorer les liaisons de sa femme avec son corrupteur; ces lettres, si elles sont exactes & littérales, quant à leur contenu, à leur date, à leur adresse, pourroient bien avilir le mari, supposé qu'il reste sans les nier, ou sans en donner le sens véritable; mais ne justifient en rien le Sr. de Beaumarchais de s'être immiscé dans une affaire qui ne le regardoit pas, d'y jouer le premier rôle, lorsqu'il n'y auroit dû en jouer un que très secondaire, s'il n'avoit été conduit par des motifs bien différens de ceux qu'il allegue.

Du reste, ce Mémoire n'est point intéressant du tout. C'est un gachis dont on se tireroit bien vîte, si cette affaire étant celle du jour, la curiosité n'étoit excitée d'aller plus avant.

Le ton de l'ouvrage n'est pas non seulement celui d'un bon écrivain, mais même de la bonne compagnie; des injures grossieres, de mauvaises plaisanteries, voilà ce qui le caractérise: ce sont les grimaces d'un singe méchant qui, fouaillé rigoureusement, affecte encore de rire pour déguiser son châtiment & sa rage. On ne peut nier qu'il n'y ait des endroits ingénieux, mais déplacés, tournés en épigrammes & qui ne convenoient pas dans une circonstance où l'auteur sensiblement outragé dans son honneur, dans ce qu'il devoit avoir de plus cher, s'il en avoit eu, ne devoit parler que d'après son cœur, & non d'après son esprit.

Par la nature de la Cause, plus encore sans doute que par le défaut d'adresse du Sr. de Beaumarchais, pour motiver l'étrange rôle qu'il joue dans cette affaire, il est obligé d'inculper indirectement & M. le Noir & un Tribunal entier. En effet, à dessein de rendre Madame Kornmann plus touchante, il la peint comme en chartre privée, comme mêlée avec des folles & des prostituées, comme manquant de tout, quoique malade & grosse. On conçoit qu'étant directement sous l'inspection de la Police, si cette peinture effroyable étoit vraie, ou M. le Noir seroit coupable d'une grande négligence de ne s'être pas informé de l'état de cette prisonniere durant près de cinq mois qu'elle est restée détenue; ou, ce qui est pis encore, il se seroit rendu complice de tous les mauvais traitemens, de toutes les privations dont le mari usoit envers elle.

Enfin le Sieur de Beaumarchais rapporte une prétendue Requête de cette Dame à la Chambre des Vacations du Parlement, adressée avec une Lettre circulaire à chacun des membres. Comment cette Requête est-elle restée sans réponse? Comment le Président, comment aucun des Conseillers n'en a-t-il parlé à la Chambre? Ce seroit ou une injustice criante de ces Magistrats, ou, ce qui est pis encore, une grande lâcheté de n'avoir fait aucune attention aux plaintes de la Dame Kornmann.

2 *Juin* 1787. On annonce que l'Assemblée du Clergé, qui devoit avoir lieu au mois de Juillet en conséquence de l'assemblée des Notables, & reculée à raison de la longueur de celle-ci, est décidemment fixée au mois de Septembre; que les assemblées provinciales se tiendront au mois d'Octobre, & les assemblées des Pays d'Etats au mois de Novembre.

3 *Juin* 1787. *Impromptu* à une Demoiselle qui faisoit coucher un petit chien dans son lit:

Air: *Mon petit cœur à chaque instant soupire.*
Il faut donc être Epagneul pour vous plaire!
Du vôtre au moins que le sort paroît doux!
Sans soins, sans art, & sans aucun mystère,
Il passe, Eglé, chaque nuit près de vous.

Ah ! si jamais mon cœur vous intéresse,
(Quoique d'honneur je sois un bon Chrétien)
Quand je viendrai vous peindre ma tendresse,
Au nom de Dieu traitez-moi comme un chien.

Cette plaisanterie est attribuée à M. *Lans de Boissy*, qui en fait souvent de très heureuses dans le genre galant.

3 *Juin*. L'on continue à discuter les Biens de M. de St. James, qu'on ne prévoit pas pouvoir suffire à ses dettes à beaucoup près. Entre ses Biens on distingue une maison de plaisance à Neuilly, qui a coûté immensément cher à ce financier & qui, étant en vente, est l'objet de la curiosité publique. C'est un concours de monde comme à un spectacle, & l'on y trouve souvent trois ou quatre cens carosses. Quant à la maison, & même quant aux meubles, il n'y a rien digne de remarque; mais ce sont les jardins à l'angloise, genre de luxe à la mode & poussé par le fondateur de ceux-ci à un point incroyable: ce qui surtout révolte, c'est de voir qu'il ait eu l'insolence de se placer précisément en face de *Bagatelle*, séjour d'une Altesse Royale dont on a parlé dans le tems, bien inférieur au sien: rivalité qui a tellement indigné le Comte d'Artois, qu'un jour il ne put s'empêcher de s'en plaindre au Roi: ,, Sire, je voudrois bien (lui dit-il)
,, que vous me donnassiez la charge de Tré-
,, sorier général de votre Marine, sans quoi
,, je

,, je désespere d'égaler en magnificence ,, mon voisin." Il s'ensuivit une explication, & les augustes personnages finirent par rire de la sottise de ce particulier.

Ces jardins, au surplus, sont d'un goût si bizarre, qu'après les avoir parcourus dans le plus grand détail, il n'en reste qu'une idée confuse, & l'on ne peut en rendre compte faute d'ensemble & d'un plan d'unité bien conçu. Les serres chaudes sont l'article sur lequel tout le monde s'accorde & qui réunit l'admiration générale: elles sont d'une espece nouvelle, tout-à-fait à jour, entourées & couvertes de glaces, ou du moins de verres très épais. La pompe à feu, une riviere entiere, les cascades, des grottes, un rocher énorme, une galerie souterraine tapissée de mousse, des gazons de la verdure la plus exquise, des bronzes, des marbres, des statues antiques: on est frappé de tant de merveilles; la nature & l'art semblent s'y disputer de prodigalité.

3 *Juin* 1787. Le Cantique sur l'Assemblée des Notables, en vingt-cinq couplets, ainsi qu'on l'a dit, est sur l'air du cantique de Saint Roch; il est spécialement dirigé contre le Clergé: l'Archevêque de *Narbonne*, l'Archevêque de *Toulouse*, l'Archevêque d'*Aix*, l'Archevêque de *Bordeaux*, l'Archevêque de *Paris*, sont les plus maltraités: le Prince de *Conti*, le Duc d'*Orléans* le sont beaucoup aussi. L'indé-

…ence avec laquelle on blâme le zèle du premier est surtout révoltante & décele dans l'auteur un partisan outré du Calonne. On y reproche au Prince *de Beauvau* de s'être annoncé dans l'assemblée pour un partisan de M. Necker, de s'en être rendu le *prôneur*. On reproche au Duc *de Chabot* d'avoir crié contre les Pensions, lorsqu'il venoit d'en obtenir une. Le Comte *d'Estaing* est le héros de la chanson. Le Prince *de Condé*, le Duc de *Bourbon*, le Duc de *Nivernois*, le Duc de *Charost*, le Prince de *Croy* sont aussi loués. Le Duc de *Harcourt*, le Duc du *Châtelet*, trouvent encore grace devant le poëte. Enfin le Maire de Tours, M. *de la Grandiere* est le seul du Tiers qu'il cite & en bien. Afin de faire passer sa critique, souvent dure & injuste, l'auteur exalte les deux freres du Roi, ainsi que le Monarque. Il est fâcheux qu'une partialité aveugle caractérise ce vaudeville, dont la facture est d'un assez bon faiseur.

3 *Juin* 1787. Quoiqu'on eût dit que les répétitions de *Tarare* se passeroient à huis clos absolument, le Sieur de Beaumarchais s'est laissé toucher, & la répétition générale d'hier a eu lieu devant une assemblée aussi nombreuse que pourra l'être celle de la premiere représentation; on y a vu la confirmation de ce qu'on avoit dit, le Sr. de Beaumarchais présidant seul à tout: il étoit entouré de cinq ou six cordons

bleus. Chacun cherchoit le Sr. Saliéry, demandoit où il étoit ? On y a trouvé des effets de musique, de décorations & de machines très brillans. Quant au poëme, beaucoup d'obscurité, quantité de choses triviales & obscenes, avec des endroits vraiment beaux, même sublimes.

4 *Juin* 1787. On assure que dans les Bureaux des Notables il y a eu des voix pour demander au Roi qu'on fît le procès à M. de Calonne : indépendamment de la Dénonciation en forme de M. le Marquis de la Fayette, la Lettre de M. l'Evêque de Verdun à Mr. *de Montmorin* indique de nouveaux griefs qu'il faudroit éclaircir : griefs, qui, s'ils étoient faux, devroient faire punir le Prélat comme calomniateur ; d'autant plus que, se doutant bien que le Ministre garderoit sa lettre secrete, il en a adressé une copie au Bailli *Desnos*, son frere, qui affecte de la communiquer à quiconque la désire ; elle est même imprimée aujourd'hui.

En outre, le Chapitre a écrit aussi à M. de Montmorin dans le même esprit que le Prélat & confirme les mêmes inculpations.

4 *Juin* 1787. Cantique sur l'Assemblée des Notables.

Sur l'Air du Cantique de St. Roch.

1.

Tandis qu'on a les coudes fur la table,
Que tous ici nous fommes gens de bien,
Parlons un peu de ce Cercle Notable
Qui parle tant & pourtant ne fait rien;
  Tiffu d'intrigues,
  Dévotes brigues,
  Triftes débats,
  Jamais francs réfultats.

2.

Au camp mitré bientôt l'alarme fonne,
Vengeons, dit-il, nos plus chers intérêts;
Uniffons-nous pour écrafer *Calonne*,
Et renverfons fes infenfés projets.
  Qu'un Roi foit pere!
  Doit il le faire
  A nos dépens,
  Aidant les pauvres gens?

3.

Nous rappelant à d'antiques Annales
On veut donner nos biens aux indigens:
Nous connoiffons ces vieilles Décrétales;
Mais c'eft à nous d'interpréter leur fens.
  Or tout Evêque,
  Tout Archevêque,
  Donne du pain,
  Au moins à fa Catin.

4.

Si le Roi veut garder à fon fervice
Un Contrôleur honnête & bienfaifant,

Que deviendra la gent à bénéfice?
Pour le Clergé vive le Proteſtant! (*)
    Quoiqu'on en diſe,
    Les gens d'égliſe,
    Au grand jamais
    Ne ſeront bons ſujets.

5.

Suivant toujours l'eſprit qui le poſséde,
Ce corps voudroit garder ſon aſcendant;
Contre ce mal je ne vois qu'un remede:
Prions Louis en œuvres tout-puiſſant,
    Qu'il exorciſe
    La ſainte égliſe,
    De ce démon
    De l'oppoſition!

6.

Prêtre engraiſſé des bienfaits de la France (†)
Un Hibernois inſulte à ſon malheur:
Chaſſeur brutal & ſans reconnoiſſance,
Les ſept péchés habitent dans ſon cœur.
    Pauvre Royaume!
    Si d'un tel homme
    Dépend ton ſort,
    Il faut pleurer ta mort.

7.

Dans les projets qu'aujourd'hui l'on propoſe,
Les Peuples ſeuls trouveront à gagner;
Je vois ici plus d'un poltron qui n'oſe
Contre un tel plan tout haut ſe déchaîner.
    Moi je m'affiche,
    Et je m'en fiche,

(*) M. Necker.
(†) L'Archevêque de Narbonne.

Ecrasons-les,
Je ne suis pas François.

8.

Frere, tout doux, dit le rusé Touloufe,
Sans rien brusquer maîtrisons le destin ;
Poussez d'abord Calonne dans la blouse,
Puis du Conseil ouvrez-moi le chemin.
  Si je prends terre
  Au Ministere,
  Je promets bien
Que vous ne payerez rien.

9.

Préconisez mon excellent système,
Dont pas un mot n'existe en vérité ;
Mais en *chorus* repétant tous de même ;
Bientôt naîtra la curiosité.
  Pour le connoître,
  Le Roi peut-être
  Du Contrôleur
Me fera successeur.

10.

Mais écoutons cette petite mine,
Laissez, dit-il, vous allez m'admirer :
C'est *Boisgelin* (*), à sa voix pateline
A son ris niais on peut s'en assurer :
  Froide momie,
  Flasque génie,
  Esprit d'apprêt,
Orgueilleux comme un pet
  (*Variante*)
Assez riche en caquet.

(*) L'Archevêque d'Aix.

11.

Le dos voûté par une maigre échine
Cicé (*) paroît un animal penfant:
Quand il fe taît, on croit qu'il rumine,
Mais quand il parle, alors c'eft un volcan;
   Plein de fumée,
   Tête animée:
   Ce mal-adroit
  Se fait montrer au doigt.

12.

Levant au ciel fes mains facerdotales,
Réuniffons, dit-il, tous nos efforts
Contre l'impôt & les provinciales;
Du moins, Seigneurs, foyons-y les plus forts.
   La voix coupable,
   Du miférable,
   Sans nul égard
  Taxeroit notre part.

13.

En grimaçant *Juigné* (†) qui fe démene,
Vient à fon tour donner le coup de pied;
Du peuple on veut la ruïne certaine
A votre goût, foit par A, foit par B.
   Pour moi j'eftime
   Au for intime,
   Qu'il eft plus gai
  Que ce foit par Abbé.

14.

Des oppofans nous ne ferions que rire,
S'ils fe bornoient aux quatorze Prélats.

(*) L'Archevêque de Bordeaux.
(†) L'Archevêque de Paris.

Ami des Francs, *Conti*, que vas-tu dire,
En apprenant qu'au rang des Rénégats
   Ta géniture,
   Par forfaiture,
   Fait le signal
Anti-national?

15.

Vous connoissez ce grand Courtier de change,
Qui spécula sur son Palais Royal,
Il tint naguere un discours fort étrange,
En abjurant le banc comicial.
   En redingotte,
   La jambe en botte,
   Voici, dit-on,
  Sa très noble oraison:

16.

On parle ici contre l'agiotage,
A nos dépens on veut aider le Roi;
Vous le sentez je ne puis davantage
Rester céans, pour voter contre moi.
   Ma douce amie
   Ma venerie,
   Sont à Monceau; (*)
  J'y vais tenir bureau.

17.

Quoi! d'un Banquier, *Beauvau*, te faire éleve?
C'est te fixer un cercle bien étroit;
Veux-tu quitter Versailles pour Geneve? (†)
Je te croyois courtisan plus adroit.

        Laisse

(*) Petite maison de M. le Duc d'Orléans.
(†) Le Prince *de Beauvau* est grand partisan de M. Necker.

Laisse la clique
Académique,
Car tu ne sais
Parler en bon François.

18.

Laisse *Chabot* commettre l'infamie
D'aller gueuser pension en secret,
Puis de venir prêcher l'économie
Lorsque d'hier il en tient le brevet.
 Chacun excipe
 De son principe,
 L'or est celui
Du Chabot d'aujourd'hui.

19.

Sans en rougir, si tu le peux, contemple
D'Estaing assis à l'ombre d'un laurier ;
Il te donnoit un assez bel exemple
Et tu devois le suivre le premier.
 Fils de Bellone,
 Au pied du trône
 D'Estaing répand
Son ame & son argent.

20.

Ne craignons pas l'effort de la cabale
Près des *Condé* j'apperçois *Nivernois* ;
C'est bien en vain que son courroux s'exhale
De *Croy*, *Charost* assurent nos succès.
 Mitres & crosses,
 Sacrés colosses,
 Par leurs vertus
Vous serez confondus.

21.

Je veux chanter le Maire *la Grandiere*,
Parmi ces noms je placerai le sien ;
Pour le Clergé c'est un très petit Maire,
Mais à nos yeux c'est un bon Citoyen.
  Ce titre en France
  Le met d'avance
  Presqu'au niveau
 D'un *la Rochefoucault*.

22.

Le sage *Harcourt* mérite notre hommage :
O *du Châtelet* ! nous devons t'exalter,
Quand des François on vante le courage
Jamais on n'a raison de s'arrêter.
  La Renommée
  Cite à l'armée
  Tout Grenadier,
 Mais pas un Aumônier.

23.

Comme Louis pensent ses dignes freres !
Chantons amis, & réjouissons-nous ;
Ils vont, touchés de nos tristes miseres,
Aux intriguans donner les derniers coups.
  Hors d'assemblée,
  Troupe sifflée,
  Portez vos voix
 Chez feu le Genevois !

24.

O mon bon Roi, mon bienfaisant Monarque,
D'abus honteux tu veux nous dégager :
Prends l'aviron & conduis seul ta barque,
Tous les méchans veulent la submerger.

Qui te condamne ?
C'est la soutanne ;
Lis dans ton cœur
Et fais notre bonheur !

25.

Le grand Henri que tu prends pour modele
Et dont le cœur a passé dans le tien,
Dit bien un jour qu'il entroit en tutelle,
Et la lisiere à son air alloit bien.
 Car je dois dire
 Que le bon Sire
 N'a consulté
Que le sabre au côté.

4 Juin 1787. Relation de la Séance publique tenue par l'Académie Françoise pour la Réception de M. de Rulhieres.

Quoique M. *de Rulhieres* fût élu depuis longtems, il avoit desiré que la Compagnie retardât sa réception jusques après l'Assemblée des Notables, afin qu'elle fût plus brillante par la présence de plusieurs Ministres, & d'ailleurs afin de pouvoir insérer dans son discours quelque paragraphe relatif à l'événement du jour : en ce moment tout étant prêt pour son triomphe, il y a mis l'appareil pompeux qu'il se promettoit par le concours de l'auditoire le plus illustre qu'on ait encore vu.

Son discours est une galerie de portraits où, de compte fait, il a enchâssé ceux de treize Académiciens vivans, auxquels il a successivement porté l'encensoir : qui ont été répondus treize fois par les applaudissemens de l'assemblée. Dans ce nombre il y avoit pourtant deux absens; M. le Cardinal *de Bernis*, Ministre du Roi à Rome, & M. le Comte *de Choiseul-Gouffier*, Ambassadeur à la Porte. Les autres adulés à bout portant sont Mrs. le Comte *de Buffon, Marmontel, de Saint Lambert*, l'Archevêque de Toulouse, l'abbé *de Lille, de Lamoignon, de Malesherbes, de la Harpe, de Chabanon, Bailly*, l'Abbé *Maury*, le Comte *de Guibert*. Cette fumée perpétuelle de louanges auroit été trop fade, si le Panégyriste n'y eût mêlé quelque digression étrangere.

La plus considérable est celle de la révolution opérée depuis quarante ans environ dans notre Littérature, c'est-à-dire, depuis l'invasion de la Philosophie, qu'il reporte à la naissance du projet de l'Encyclopédie, de l'Esprit des Loix, de l'Histoire Naturelle, des Lettres Philosophiques de Voltaire: il faut avouer que cette révolution est bien peinte, mais fort mal amenée à l'occasion de l'Abbé *de Boismont*, orateur, ni assez fécond, ni assez considéré, pour avoir influé en rien sur cette époque importante, encore moins sur un autre changement, suite du premier qui, suivant les expressions de l'historien, fit passer la nation de l'applaudissement aux plaintes, des chants de triomphe au bruit des perpétuelles remontrances, de la prospérité aux craintes d'une ruine générale, & d'un respectueux silence sur la religion à des querelles importunes & déplorables ; enfin *si la dignité d'homme de lettres* devint une expression avouée & d'un usage reçu, certes ce ne fut pas le jeune orateur de Rouen, en ce tems l'orateur des Madelaines de Paris, qui par la majesté de son éloquence ou par sa consistance personnelle la fit imaginer & mettre en vogue. Ceci tient à une anecdote de la vie de l'abbé de Boismont assez singuliere.

Une place étant venue à vaquer à l'Académie, le défunt eut pour concurrent M. *de Châteaubrun* qui, attaché au Duc d'Orléans le dévot, n'avoit osé faire jouer ses pieces du vivant de ce Prince, & depuis avoit réussi durant sa vieillesse : les plus brillantes sociétés de Paris se partagerent entre les deux aspirans ; les dévotes mécontentes de cette espece de désertion du poëte tragique allerent au théâtre pour l'y juger avec sévérité ; & les jolies femmes devenues ses protectrices vinrent à l'église pour mieux décrier le prédicateur. Celui-ci, averti de la cabale, fait un tour de force, change le sermon qu'il avoit préparé, & appropriant un discours nouveau à son auditoire & aux circonstances, prêche la conversion de Madelaine pénitente, qui ne ressembloit à rien de tout ce qui l'entouroit. La mémoire, la voix, le courage peut-être lui manquerent & ce qui dans tout autre cas l'auroit perdu de réputation lui fit trouver grace auprès des belles Dames de la Cour, qui s'attribuerent ce triomphe, le regarderent desormais comme leur dévoué & le firent proclamer Académicien. C'est de la sorte du moins que M. de Rulhieres annoblit un choix qui, suivant les Mémoires du tems, ne fut rien moins que la récompense des talens littéraires de l'abbé de Boismont; mais au contraire le résultat de viles menées, de facultés physiques exaltées dans une Epigramme trop crude sans doute, où le nouveau Membre est comparé aux ânes de Mirabelais.

Quoiqu'il en soit, cette anecdote narrée d'une manière très intéressante: celle de feu M. le Dauphin s'indignant que durant tout le cours de son éducation on lui eût laissé ignorer, même après huit cens ans, que la Maison de Hugues Capet n'étoit montée sur le trône que par usurpation, puisque la maison de Charlemagne n'étoit pas encore éteinte, & voulant recommencer toutes ses études par lui-même: celle de ce même Prince, auquel un fameux artiste proposoit de faire son buste, & répondant avec modestie, *un jour peut-être:* celle du dernier succès oratoire de l'abbé de Boismont au sujet de l'hospice fondé recemment en faveur des militaires & des prêtres délaissés dans leurs maladies: celle enfin de *Fontenelle* peignant d'un mot le ton affirmatif & dogmatique de ce siecle d'audace & d'impudence, lorsqu'il s'écrioit sur le bord de sa tombe: ,, *je suis effrayé de l'horrible certitude* ,, *que je rencontre à présent partout.*" Tous ces traits, semés dans le discours de l'orateur, ont soutenu la curiosité du spectateur & provoqué de fréquens battemens de mains.

Ce discours dans le style tempéré est le meilleur, sans contredit, qui depuis longtems ait été prononcé à l'Académie; il est rempli d'esprit, de goût, d'élégance, sans affectation, sans pédantisme & d'un très bon ton; il n'a que les défauts presque inséparables de ces sortes d'ouvrages; d'abord une modestie trop humble de la part du Récipiendaire, une exagération outrée des talens du défunt, une exaltation non moins hyperbolique du bonheur d'être Académicien, en un mot une représentation emphatique du corps où entre M. *de Rulhieres*, comme le centre de toutes les lumieres, de toutes sortes de mérite, de toutes les vertus.

M. le Marquis *de Chastellux*, en qualité de Directeur, a répondu à M. de Rulhieres, & à son tour voulant justifier auprès du public l'élection très critiquée du nouveau confrere, n'a pas moins exagéré son mérite connu & inconnu: le connu consiste en une piece *sur les disputes* d'environ 300 pages, dont Voltaire faisoit beaucoup de cas, dont il disoit: *lisez, ceci est du bon tems* & qu'il fit imprimer dans ses propres œuvres. L'inconnu est d'abord une histoire du Nord & du Midi, restée dans le porte-feuille de l'auteur, qu'il lit dans les sociétés & qu'on y trouve digne de Salluste & de Tacite; ensuite un Poëme intitulé *les jeux de mains*, qui n'est pas imprimé non plus, sans doute comme trop libre; du reste, sur parole de coterie, où il a été récité, rempli d'esprit & de grace, dont quelques amateurs ont retenu des vers: enfin des Contes ingénieux, écrits avec élégance, mais sur lesquels M. de Chastellux n'appuye pas en particuliers à raison de l'obscénité qui en fait le principal assaisonnement.

Tout ce développement du Directeur est minutieux, plat & peu juste; car après tout, ce n'est pas à l'Académie à révéler au public les talens très petits, s'il les ignore, du candidat heureux: c'est au public, au contraire, à désigner à l'Académie, par le concert de ses suffrages, le membre qu'elle doit adopter. Tout le surplus du Discours de M. de Chastellux ne vaut gueres mieux; en général, il est recherché, obscur, même amphigourique, & d'une adulation mensongere: pour en juger, il suffira de citer la derniere phrase de son discours, où il représente la compagnie comme un asyle où l'âge mûr trouve des amis, la vieillesse une famille, la caducité un appui, la mort même un consolateur: lorsque personne n'ignore que l'Académie n'est qu'un foyer de tracasseries, de cabales, de haines, de divisions qui éclatent même souvent jusques au dehors, & dont les scènes scandaleuses ont plus d'une fois amusé les sociétés, & sont consignées à perpétuité dans les Mémoires littéraires du tems.

La séance a été terminée par la lecture d'un nouveau Poëme de M. l'Abbé de Lille faisant suite à celui des jardins, ou plutôt lui pouvant servir d'introduction; car ce sont des préceptes sur l'art de les chanter, &, suivant l'usage, il donne ces préceptes d'après son exemple. Quoiqu'il en soit, comme il lit très bien, que d'ailleurs il entend à merveille la fabrique du vers, il a été fort applaudi: on s'est écrié en sortant que ce Chant ou cette Epitre suffiroit seul pour placer M. l'abbé de Lille parmi nos plus grands versificateurs; ce qu'il y a de sûr, c'est que le Poëte y montre beaucoup d'esprit, beaucoup de talent, & y prend tour à tour une grande variété de tons & de tournures. Malgré cela, l'on ne seroit pas surpris qu'à la lecture du cabinet ce Poëme ne perdît beaucoup des éloges qu'on lui a prodigués durant & après la séance.

5 *Juin* 1787. Les Arrêtés définitifs des sept Bureaux sont trop ressemblans pour les rapporter successivement; ils ne different que par plus ou moins d'énergie, de netteté,

de prolixité. On va donner une analyse de celui du Duc de Bourbon, comme le mieux rédigé, quant à l'ordre, à l'enchaînement, à l'universalité des objets.

Cet Arrêté en date du 19 Mai, a 16 pages de minute; il est signé du Prince Président & contresigné de M. *Robin*, Secrétaire de ses Commandemens: on commence par y rappeler la délibération du même Bureau en date du 11 Mai, constatant le *Déficit* à 140 millions environ, dont une partie résulte de plusieurs dépenses extraordinaires, évaluées de 15 à 18 millions, qui doivent diminuer & disparoître; & d'après cette Délibération;

1°. Le Bureau a proposé les mesures les plus efficaces pour assurer à jamais l'ordre dans la comptabilité, ainsi que la régularité dans l'emploi des deniers publics.

2°. Pour établir le niveau entre la Recette & la Dépense, il a trouvé inévitable une réduction dans la derniere; réduction dont S. M. a senti elle-même la nécessité & qu'elle a promis de porter à 40 millions au moins.

3°. Pour couvrir une partie du déficit, il adopte l'Emprunt annuel des sommes destinées aux remboursemens des dettes à époques fixes, dans la forme contenue au Mémoire adressé à l'assemblée.

4°. Quant aux 50 Millions à trouver pour faire face au surplus des charges de l'Etat, il agrée le moyen d'une subvention générale de 80 millions en remplacement des deux Vingtiemes & fols pour livre, tant fur les biens fonds que fur l'induftrie, les offices & droits montant aujourd'hui à la fomme de 55 millions.

5°. Les raifons font que cette forme rappele l'impôt à fa véritable nature; qu'elle eft la feule analogue à la conftitution nationale; qu'elle eft la plus propre à alléger les charges publiques; qu'elle met les contribuables à l'abri des recherches & des vérifications continuelles des prépofés de l'adminiftration; qu'elle eft la moins fenfible à l'agriculture.

6°. L'affemblée convient n'être revêtue d'aucun pouvoir pour délibérer fur l'établiffement des impôts, n'avoir été appellée que par le choix de fes membres que le Souverain a fait.

7°. Il opine qu'il feroit préjudiciable d'étendre la fubvention dont il s'agit au-delà du Dixieme effectif du revenu des Cultivateurs.

8°. Il préfume que l'accroiffement des 25 millions n'apportera aucun changement à la charge des contribuables à ménager; cette fomme fe trouvera par une contribution plus exacte de la part de ceux qui avoient échappé, & des objets non foumis à l'impôt jufqu'à préfent, tels que les parcs, les jardins &c. fans diftinction de rang, de crédit & de puiffance.

9°. Le Bureau part de-là & donne ses idées sur cette perception en 9 paragraphes.

10°. Il a joint à cet Arrêté un Mémoire contenant ses Observations sur l'impôt du Timbre : il présume qu'il suffira pour couvrir entierement le *déficit* : il développe quelques observations sur la forme en dix articles.

11°. Le Bureau s'éleve contre quelques établissemens les plus nuisibles, tels que la nouvelle Compagnie des Indes, comme portant un préjudice au commerce & aux droits du Roi, & la Loterie Royale dont tout le monde sent les effets terribles.

12°. Il rejete absolument le projet d'imposer une Capitation sur les maisons ; il en donne plusieurs raisons, mais la plus peremptoire, c'est qu'il ne regarde pas cette ressource comme nécessaire pour combler entierement le *Déficit*.

13°. Le Bureau supplie S. M. d'avoir égard à ses Arrêtés des 11 & 15 de ce mois, où il propose les précautions indispensables, afin d'assurer l'ordre dans la comptabilité, ainsi que la régularité dans l'emploi des deniers publics.

14°. Il supplie S. M. de faire connoître à l'Assemblée avant sa séparation, sa résolution pour l'établissement d'un Comité ou Conseil de finance & pour l'impression annuelle des Etats de recette & de dépense.

15°. Il supplie S. M. de vouloir bien ordonner l'impression des différens procès verbaux des Bureaux.

Le furplus n'offre qu'une récapitulation des objets difcutés dans l'affemblée, des hommages au Roi, des éloges au Prince Préfident, & des complimens pour les Notables, qui fe félicitoient de leur union, d'une harmonie dont il n'y a point encore eu d'exemple dans de pareilles affemblées.

5 *Juin* 1787. A la répétition du famedi 3, le Sieur *de Beaumarchais* ayant apperçu le bâtard de l'abbé Aubert, fon éleve & ftylé fous lui à lancer le farcafme, l'a apoftrophé de la façon la plus indécente: *Quel brigand vois-je-là? Vient-il chercher les moyens de décrier mon opéra avant qu'il ait été joué?* Il vouloit faire fortir ce jeune homme: afin d'éviter un éclat trop public & trop fcandaleux, on les a conduits dans le foyer des Acteurs, où le Sr. de Beaumarchais ayant exhalé à loifir toute fa rage contre le fils & le pere, & le jeune homme étourdi ne fachant trop que répondre, il l'a laiffé rentrer dans la falle, à condition qu'il fe conduiroit avec la décence & la circonfpection convenable.

6 *Juin* 1787. M. Kornmann avoit déjà une Refutation prête du Mémoire du Sieur de Beaumarchais, mais des ordres fupérieurs l'empêchent de le diftribuer: il eft allé à Verfailles aujourd'hui pour vaincre les obftacles.

6 *Juin.* Aujourd'hui que les Notables & furtout ceux de Province, plus libres, fe

répandent dans les sociétés, il transpire plusieurs anecdotes que l'on ignoroit ; on raconte qu'un jour un Maire étant à la table de M. le Prince de Condé, il avoit derriere lui un Page espiegle qui lui enlevoit toutes ses assiettes avant qu'il eût mangé, ensorte qu'on en étoit déjà au rôt, & qu'il étoit encore presque à jeûn ; lorsqu'on lui envoye une asle de volaille, le page à l'ordinaire veut la lui ravir : le convive cette fois étoit sur ses gardes, & donne un coup de fourchette sur la main du jeune homme ; ce qui occasionne une légere rumeur. Le Maire ne se déconcerte pas & dit : ,, Monseigneur, ,, c'est qu'il faut apprendre à lire à Monsieur, qui prend des asles (L) pour des ,, os, (O)" & S. A. S. de rire beaucoup de ce calembour très ingénieux dans la circonstance.

6 *Juin.* M. Dupaty a, sans doute, obtenu la permission de faire enfin imprimer pour les Roués & il répand en ce moment un Mémoire volumineux en faveur de ces malheureux, divisé en trois parties, précédées d'une introduction.

6 *Juin.* M. *Maigret de Serilly*, trésorier payeur général des dépenses du Département de la Guerre, dont le Crédit étoit fort ébranlé depuis la banqueroute de M. *de St. James*, après avoir lutté plusieurs mois, vient enfin de donner son bilan. Dimanche dernier il a payé les appointemens de tous

ses Commis, les gages de ses Domestiques; puis il est parti. On assure que son déficit est de 26 à 30 millions. On prétend que son avoir est au moins égal & qu'il n'y a qu'un engorgement dans les affaires; mais c'est toujours ce qu'on dit en pareil cas.

Ce grand événement en finance fait oublier la Banqueroute de M. *Marchal de Sainsay* fils, qui, n'étant que de quatre millions, passe pour une misère auprès.

On parle aussi de nouveau du bilan de l'abbé d'Espagnac qui, après différentes variations de fortune, fait aussi une banqueroute de quatre millions; ce qui est honnête pour un simple particulier, Chanoine & Prêtre.

6 *Juin*. M. le Noir trop fortement inculpé dans le Mémoire pour M. Kornmann, a été invité, par ses confreres les Conseillers d'Etat & par le Garde des Sceaux, de se justifier authentiquement. On assure qu'il n'hésitoit à le faire que pour ne pas compromettre sa dignité, & que, dès qu'il en a eu la permission, il a travaillé avec tant de diligence à son Mémoire, qu'il est composé, imprimé & prêt à se répandre dans le public.

6 *Juin*. Le Caveau, ce caffé du palais royal, où les beaux esprits fermentent, & se divisent souvent en cabales de toute espece, qui agitent Paris & surtout la république des Lettres; le caveau vient de renou-

veller la scene de 1779. Cependant on ne dit point que la plaisanterie ait été pouffée jufques au point de la rédiger en forme judiciaire & de l'imprimer. Quoiqu'il en foit, de jeunes gens facétieux s'étant réunis après la lecture du Mémoire du Sr. de Beaumarchais, l'ont pofé fur le bureau; l'un d'eux, comme Procureur général, en a fait la dénonciation & ce Mémoire a été condamné d'une voix unanime à être lacéré & brûlé par la main d'un des garçons du caffé faifant les fonctions d'exécuteur de la haute juftice, comme un libelle, rempli de fauffetés, de calomnies, & avec toutes les qualifications qu'on peut y joindre, caractérifant ce méchant écrit.

7 Juin 1787. Les Acteurs amorcés par l'efpoir de gagner plus aux répétitions de *Tarare*, qu'aux repréfentations d'*Alcindor*, avoient imaginé de profiter de la liberté que leur en donne l'ordonnance du Roi, & de rendre celle du lundi payante: effectivement la recette a été de plus de cinq mille francs. Auffi le public a profité de fon droit, & a vigoureufement hué le cinquième acte; ce qui a fort déplu au Sr. de Beaumarchais. Cependant il s'eft contenu, il a modeftement demandé la parole & chacun ayant fait filence, il a harangué & dit aux Spectateurs qu'ils avoient raifon, mais que ce dénouement feroit changé; ce qui a paru fatisfaire l'aul'auditoire, qui l'a témoigné par des battemens de mains.

Le Sr. de Beaumarchais n'a pas moins conservé un ressentiment profond de cette injure, &, comme il y avoit une autre Représentation payante, indiquée au mercredi, il est allé dès le lendemain chez M. le Baron de Breteuil, & a supplié ce Ministre d'ordonner aux Directeurs de faire rendre l'argent aux personnes qui avoient loué des loges pour cette répétition: d'un autre côté ceux-ci ont représenté le tort que ce dérangement faisoit à l'opéra & le désagrément qui en résultoit pour le public. Le Sr. de Beaumarchais furieux s'est écrié que, si l'on ne lui accordoit pas sa demande, il renonceroit plutôt à faire jouer son opéra; qu'il alloit en retirer la partition. Le Baron de Breteuil lui a fait sentir que cela ne se pourroit; que même en donnant les cent mille francs d'indemnité qu'il offroit, il ne sauroit dédommager les chefs de tous les soins, de toutes les peines, de tout le tems perdu dont il étoit cause. Enfin le Ministre est convenu qu'il n'y auroit point de répétition payante, mais que ce seroit la derniere grace qu'il accorderoit au Sr. de Beaumarchais.

En conséquence hier on a affiché: ,, *Par* ,, *ordre*: il n'y aura point de répétition ,, payante".

8 *Juin* 1787. On songe très sérieuse-

ment à former un Conseil des finances &
l'on fait même courir la Liste suivante:

M. le Garde des Sceaux.
M. le Duc de Nivernois.
M. le Maréchal de Castries.
M. le Maréchal de Segur.
M. l'Archevêque de Toulouse. } *En qualité de Ministres.*
M. le Marquis d'Ossun.
M. le Baron de Breteuil.
M. le Comte de Montmorin.
M. de Malesherbes.

M. Bouvard de Fourqueux.
M. de Villedeuil, Rapporteur. } *Conseillers d'Etat.*
M. d'Ormesson.
M. Lambert.

8 *Juin.* On commence à voir le poëme de *Tarare*, qui doit s'exécuter aujourd'hui sur le théâtre de l'Academie Royale de musique. Il est revêtu de deux approbations, l'une du 28 Mars 1786, & l'autre du 21 Décembre de la même année: il est dédié à M. *Salieri*, Maître de musique de S. M. Impériale, hommage bien dû à ce grand homme qui l'a élevé jusques à la hauteur du théâtre.

Le Sieur de Beaumarchais reconnoît que son plus grand mérite est d'avoir deviné l'opéra de *Tarare* dans les *Danaïdes* & les *Horaces*, malgré le peu de succès de ce dernier, fort bel ouvrage, quoiqu'un peu sévere pour Paris: & quand la modestie fait dire à M. *Salieri* qu'il n'est que son musicien, lui Beaumarchais s'honore d'être son poëte, son serviteur & son ami.

Ce poëme lyrique a cent pages; il est écrit avec une barbarie sans exemple: cependant à travers toute la bourre dont il est rempli, on découvre beaucoup d'idées, une imagination forte; on voit un grand spectacle, un mouvement extraordinaire & un intérêt noble & touchant qui doit le faire réussir. Le rôle de *Tarare* est superbe d'un bout à l'autre.

Le Sieur de Beaumarchais, qui vise toujours à l'argent, avoit fait porter son poëme à 48 sols, au lieu de trente que les autres coûtent ordinairement; mais on l'a forcé de rabattre à 36 sols.

8 *Juin* 1787. M. Perrier, aujourd'hui Fermier général, & auparavant Administrateur des Domaines, homme très instruit en cette partie, est en même tems attaché au Duc de Penthievre. Ce Prince avoit jugé à propos de le faire siéger à son bureau, comme Greffier. Il comptoit en tirer de grandes lumieres; & en effet il n'est peut-être pas un objet proposé à l'assemblée sur lequel il n'ait donné des Mémoires; en outre il étoit fort complaisant pour les Notables du Bureau, il leur faisoit expédier exactement des copies des Arrêtés de ce qui s'y passoit. Ces Messieurs à la clôture ont arrêté de lui faire des remerci-

mens de son zele, & que le Prince seroit prié spécialement de vouloir bien lui en faire part.

9 *Juin* 1787. Le second Bureau des Notables étant le plus essentiel après le premier, il est curieux de voir la maniere ferme & vigoureuse dont M. de Nicolay a opiné dans la circonstance la plus critique. Son avis étoit conçu ainsi :

,, Nous voici, Monseigneur, arrivés à
,, l'objet le plus essentiel de nos délibéra-
,, tions & en même tems le plus affligeant.
,, De quelque maniere que nous envisa-
,, gions nos devoirs, ils sont pénibles &
,, douloureux à remplir. Sujets, citoyens,
,, Notables, nous sommes également frois-
,, sés par l'accablante alternative, ou d'indi-
,, quer des sacrifices desastreux pour la
,, Nation, qui gémit sous le poids des
,, impôts, ou de laisser le Royaume sur le
,, penchant d'une ruine inévitable & pro-
,, chaine.

,, Le *Déficit* est certain, il est de 140
,, millions : pour le remplir, 40 millions
,, de retranchemens sont promis : on pro-
,, pose 50 millions d'Emprunt pendant plu-
,, sieurs années & 50 autres doivent être
,, imposés. Ainsi, Monseigneur, le Roi,
,, le Crédit, la Nation doivent s'unir pour
,, le salut de l'Etat.

,, Différer, ce seroit tout perdre : la pro-
,, bité du Roi, son amour pour nous lui

„ impofent la loi d'affurer & de déclarer
„ folemnellement que les 40 millions de re-
„ tranchemens feront inceffamment effectués.

„ Sans doute, Monfeigneur, & cela fe
„ voit tous les jours, les abus font pénibles
„ à déraciner; ils empruntent, pour fe
„ défendre, la voie de la faveur; ils font
„ valoir des confidérations particulieres :
„ mais rien dans l'occafion actuelle ne doit
„ arrêter.

„ Un des plus grands Rois de votre
„ Race, Louis XII, le Pere du Peuple,
„ eut à combattre pendant fon Regne ce
„ fléau deftructeur des empires : tout fut
„ employé, mais fans fuccès, pour empê-
„ cher les utiles réformes que ce bon Roi
„ avoit projettées; on alla même jufqu'à
„ effayer par la raillerie de le détourner
„ de fa courageufe parcimonie. *J'aime*
„ *mieux*, répondit Louis XII, *voir rire*
„ *les courtifans de mes économies, que de*
„ *faire gémir mes peuples par mes largeffes.*

„ Sans retranchemens, Monfeigneur,
„ point de Crédit, & les Emprunts néces-
„ faires pendant plufieurs années ne feront
„ pas remplis : fans retranchemens, la Na-
„ tion murmurera fur de nouveaux impôts.
„ Ainfi, Monfeigneur, nous ne pouvons trop
„ infifter pour vous prier de faire fentir au
„ Roi, que le Salut de l'Etat eft dans fes
„ mains & que rien au monde ne peut retar-
„ der ni diminuer les Economies.

„ Les Notables, qui ne sont aujourd'hui
„ qu'une extinction du Conseil du Roi,
„ n'ont ni le caractere, ni le pouvoir de
„ consentir les Impôts. Les Magistrats
„ dont l'assemblée est composée, devant
„ opiner sur les Loix qui seront adressées
„ aux Cours, pourroient encore moins
„ exprimer un vœu qui les enchaîneroit
„ pour la délibération; mais ils peuvent
„ concilier leurs devoirs & ce que la Na-
„ tion espere de leur zele, en indiquant à
„ S. M. dans de respectueuses supplica-
„ tions les moyens qu'ils croiront les plus
„ efficaces pour faire sortir la France de
„ l'état de crise où elle est, & la préserver
„ à jamais du malheur d'une rechûte.

„ Je serois donc d'avis, Monseigneur,
„ de supplier le Roi, s'il décide dans sa
„ sagesse la nécessité d'établir l'impôt du
„ Timbre, ainsi qu'une Addition sur la sub-
„ vention des terres, de vouloir bien pour
„ concilier aux Magistrats qui délibéreront
„ sur ces objets la confiance publique, &
„ leur rendre possible le devoir de l'obéis-
„ sance; pour donner en même tems à la
„ Nation des espérances qui la consolent des
„ nouveaux sacrifices que l'on va exiger
„ d'elle; déclarer solemnellement que,
„ dans le plus court délai, il sera justifié
„ du retranchement effectif des 40 millions,
„ & joindre sous le contre-scel de l'Edit,
„ le tableau des engagemens auxquels il faut

„ pourvoir par des impositions additionnelles,
„ qui décroîtront à fur & à mesure que
„ ces engagemens se remplaceront.

„ Je comprends au nombre de ces enga-
„ gemens le montant actuel des anticipa-
„ tions, afin de faire rentrer S. M. dans
„ l'intégralité de ses revenus, & de pou-
„ voir à cette époque combiner sage-
„ ment, & d'une maniere stable, l'allége-
„ ment du fardeau des impôts.

„ Je crois que les deux ressources du
„ timbre & de la subvention territoriale
„ suffiront.

„ Une augmentation de Capitation relati-
„ vement au loyer, & qui auroit lieu sin-
„ guliérement à Paris, auroit, ce me sem-
„ ble, un inconvénient, ou deviendroit
„ nulle pour la capitale, puisque, depuis
„ deux ans, on suit la méthode propo-
„ sée dans ce nouveau Mémoire, pour
„ imposer à la capitation les citoyens qui
„ ne sont pas classés par la Loi de 1695.

„ Exiger une augmentation nouvelle, ce
„ seroit les faire payer doublement après
„ les avoir augmentés; ce qui me paroî-
„ troit répugner aux idées de justice pour
„ la répartition.

„ Je suis d'ailleurs persuadé que si les
„ moyens que l'on propose étoient insuffi-
„ sans, le Clergé s'empresseroit de lui-
„ même à payer la Capitation."

9 *Juin* 1787. Hier, *Tarare* n'avoit pas

à beaucoup près attiré le même monde que le *Mariage de Figaro*: aussi la représentation en a été beaucoup plus tranquille. *Monsieur* & le Comte d'Artois l'ont honorée de leur présence: on assure que la Reine desiroit fort y venir; mais qu'on a fait entendre à S. M. que cet ouvrage, comme la plupart des productions de l'auteur, malgré la gravité du sujet étoit infecté de gravelures qu'il ne lui convenoit pas d'autoriser par sa présence. Le prologue, d'une métaphysique trop déliée pour la scene lyrique, & d'ailleurs tout-à-fait opposé au genre, a manqué d'effet & n'a point réussi; mais un grand spectacle, beaucoup d'intérêt & d'action, l'art du poëte de réveiller la curiosité par une foule d'incidens renouant continuellement l'intrigue, au moment où l'on croit qu'elle va se terminer, ont soutenu l'attention du spectateur pendant toute la tragédie, entremêlée de bouffonneries qui ont excité des réclamations de la part de quelques gens de goût, mais amusé le plus grand nombre qui n'y regarde pas de si près. L'épilogue, mauvais aussi, est du moins court.

La musique répond au genre de l'ouvrage & a beaucoup de caractère & d'expression. La partie des chœurs est parfaitement bien traitée: il y a peu de chant surtout dans le genre agréable: ce n'est pas la partie dominante de M. *Salieri*. Ce nom de *Tarare*, qui jusques ici n'avoit présenté que des idées burlesques, singulierement annobli dans la tragédie, prête fort à l'harmonie, & toutes les fois qu'il se prononce de la part du poëte dans le dessein de produire un grand effet, le musicien le seconde à merveille.

Il y a peu de danses. M. de Beaumarchais a voulu les rendre caractéristiques, comme le reste, dans le seul ballet étendu, qui se trouve au troisieme acte, & a semblé trop long.

Quant à l'exécution de la part des Acteurs, elle n'a pas été complette à beaucoup près: cet opéra est d'un genre si nouveau, si original pour eux, qu'ils s'avouent incapables d'en avoir saisi les rôles sans l'auteur; le Sr. Lainès, qui fait le rôle de *Tarare*, & le Sr. *Chardini*, celui du Grand-Prêtre, sont les seuls qui aient bien rempli les leurs.

10 *Juin* 1787. Plusieurs Princes, tels que M. le Prince de Conty, le Duc de Penthievre, depuis la fin de l'assemblée ont réuni les Notables de leur Bureau pour les traiter.

M. de Nicolay, Premier Président de la Chambre des Comptes, a imité ces Princes, & le mardi 29 Mai a donné une fête aux Notables du second Bureau. Il avoit invité Mgr. Comte d'Artois, & s'étoit autorisé de l'exemple d'un de ses ayeux qui avoit eu l'honneur, en semblable circonstance, de recevoir chez lui Henri IV. S. A. Royale l'a remercié par une Lettre très obligeante.

10 *Juin* 1787. Dans le compte rendu hier de la premiere représentation de *Tarare*, on a oublié une circonstance importante; c'est que le Parterre a demandé l'auteur. Comme c'étoit sans exemple au théâtre lyrique, on n'étoit point préparé à cet incident. Les acteurs se disputoient à qui viendroit, ou plutôt ne viendroit pas haranguer le public: cependant le tumulte continuoit: les loges même restoient en place. Dans cet intervalle, M. *Salieri* étant venu pour dire quelque chose au Sr. *Cheron*, les actrices l'ont saisi, l'ont enlevé comme un corps saint, & l'ont apporté sur le théâtre. Cette cérémonie faite, le public ne s'en est pas contenté, & a demandé l'auteur du poëme; mais M. de Beaumarchais a été inexorable. Les clameurs ne finissant point, on a pris le parti de faire éteindre pour toute réponse: grande indécence qui n'a point scandalisé le parterre, ainsi qu'elle auroit dû; & les crieurs égosillés se sont retirés comme des moutons. *O servum pecus!*

10. *Juin* 1787. C'est avec la plus grande douleur que les amis de M. *le Noir* l'ont vu mêlé dans le procès de M. *Kornmann*; ce qui les afflige surtout, c'est qu'il ait pour acolytes un *Daudet de Jossan*, un *Beaumarchais*, dont il paroît avoir été dupe: ces

hommes séduisans avoient intéressé sa sensibilité, en lui représentant une femme adultère, comme victime de la barbarie & de la cupidité d'un mari avare & féroce; & ils avoient de la sorte compromis son autorité pour les seconder dans leurs projets.

Ses amis se réjouissent donc avec tous les honnêtes gens que le respect de M. le Noir pour l'opinion publique l'ait déterminé à s'élever au dessus de toute autre considération, & à présenter un *Mémoire au Roi*, imprimé avec la permission de S. M., où il fournit l'explication de sa conduite.

Le préambule en est noble, touchant & modéré: ce Magistrat raconte les faits avec une extrême simplicité.

Au mois du Juin 1781, la Dame Kornmann fut arrêtée, à la requisition & aux frais de son mari, en vertu d'un ordre du Roi.

Au mois de Novembre suivant, elle avoit formé sa demande en séparation de corps & de biens, & elle avoit fait assigner son mari en vertu de l'ordonnance de M. le Lieutenant Civil.

Dans le courant de Décembre, elle fit présenter au Ministre plusieurs Mémoires, par lesquels elle demandoit sa liberté pour suivre cette demande.

Dans l'un de ces Mémoires, elle offroit de se retirer pendant tout le tems de sa grossesse & de ses couches chez un Chirurgien-accoucheur, avec permission de se représenter à l'autorité, ou à la justice, & sous la caution du Chirurgien de répondre de sa personne.

Ces Mémoires furent renvoyés à M. le Noir; il y répondit conformément au devoir de sa place, & fit observer que par l'état des procédures commencées la voie juridique & celle de l'autorité se trouvoient en opposition.

La demande de la Dame Kornmann lui fut accordée: en conséquence toutes les formalités exigées furent remplies le 28 Décembre, & le Lieutenant général de police n'eut plus rien à voir dans cette affaire.

Quant à l'offre du remboursement des 600,000 livres, que, suivant M. Kornmann, M. le Noir lui auroit faite; ce Magistrat rapporte deux Lettres de M. le Procureur du Roi au Châtelet: l'une, qu'il a reçue le 24 Mai; l'autre, adressée au Garde des Sceaux en date du 27 Mai, suivant lesquelles M. *de Brunville* déclare qu'il n'en a jamais été question.

A la suite est une *Déclaration de M. d'Epremesnil* sur ce qui s'est passé le 31 Mars 1787, entre M. le Noir, M. l'abbé *Sabathier* & lui chez M. de Brunville, en date du 1er. Juin 1787, qui n'est pas tout à fait aussi positive que les Lettres de M. le Procureur du Roi, mais dont M. le Noir se prévaut aussi avec raison.

De toutes ces pieces résultent les conséquences victorieuses qu'en tire M. le Noir contre la fausseté des assertions de son adversaire, & il termine par une peroraison courte & pleine encore de cette sensibilité douce, caractere dominant de l'ouvrage.

11 *Juin.* Le premier Reglement de S. M. concernant la formation d'un Conseil Royal des finances & du commerce, est motivé sur ce que les deux actuels ne peuvent remplir les vues annoncées aux Notables, pour assurer & maintenir le bon ordre dans toutes les parties de l'administration. D'ailleurs on trouvera quelque économie dans cette réunion : elle rapprochera les affaires qui doivent être liées & déterminées d'après les mêmes principes; enfin le Roi en espere l'avantage de préserver des erreurs, des surprises, des variations auxquelles une grande Administration est exposée.

Il sera composé du Chancelier, ou Garde des Sceaux, du Chef du Conseil Royal des finances & du commerce, des Ministres d'Etat, du Contrôleur général des finances, & de deux Conseillers d'Etat.

Son objet est de statuer sur les Emprunts, les Impôts, les Affaires du Roi & les divers Revenus publics, & généralement toutes les grandes opérations des finances; il fera la distribution des fonds entre les différens départemens d'après les demandes de chaque Ordonnateur exposées & jugées, & l'Etat de l'année suivante toujours au mois de Décembre sera rendu public par la voie de l'impression.

Les Membres de ce Conseil n'auront aucuns gages ou traitemens particuliers sous prétexte de cette admission, sauf les deux seuls Conseillers d'Etat.

11 *Juin* 1787. M. Kornmann compte se prévaloir aussi, sans doute, de la *Déclaration de M. d'Eprémesnil*, citée par M. le Noir & insérée dans son Mémoire en sa faveur; puisqu'il l'a fait imprimer séparement avec quelques Notes & la distribue chez lui; ce qui ne peut avoir lieu sans le consentement de l'auteur qui, en effet, déclare en avoir délivré une copie collationnée à M. Kornmann. Me. *Fournel* y a joint un bout de Consultation en date du 5 Juin 1787. Par une bizarrerie fort étrange, cet Avocat estime de l'intérêt de toutes les parties de donner de la publicité à la Déclaration ci-dessus.

Par un *Postscriptum* M. Kornmann promet de répondre incessamment au Mémoire de M. de Beaumarchais: il se plaint qu'on lui refuse communication des Lettres que son adversaire assure avoir déposées au Greffe; il n'en espere pas moins le refuter, & même d'une maniere victorieuse.

11 *Juin* 1787. Avant-hier le Roi a tenu son premier Conseil Royal des finances & du commerce, où tous les membres ont assisté au nombre de 13 opinans.

12 *Juin*. Voici jusques à préfent le réfumé des relâches du voyage autour du monde, entrepris par les fregates la *Bouffole* & l'*Aftrolabe*, commandées par M^{rs}. *de la Peyroufe* & *de Langle*, parties le 1er. Août 1785 : 1°. à Teneriffe, le 25 Août: 2°. à Sainte Catherine du Brefil, le 9 Novembre: 3°. à la Conception, au Chili, le 11 Mars 1786, & la derniere, à Monterey, au Nord de la Californie, où les voyageurs étoient le 17 Septembre, après avoir parcouru la côte-occidentale de l'Amérique, jufques à 60 degrés de Latitude, où le Capitaine Cook n'avoit point fait d'obfervations.

M. *le Paute d'Agelet*, de l'Académie Royale des Sciences, a fait un grand nombre d'Obfervations fur les Longitudes des lieux jufques alors inconnues, fur les Marées dans la mer du Sud, & fur la Longueur du pendule à fecondes ; celles-ci ont pour but de connoître la figure de la terre, par le moyen des changemens de pefanteur qu'il peut y avoir dans les deux hémifphéres & fous différens méridiens.

Les horloges marines faites en France par M. *Berthoud*, ont fervi avec beaucoup de précifion pour donner les Longitudes.

En un mot, cette entreprife auroit eu tout le fuccès qu'on en efpéroit & ne laifferoit rien à défirer, fans l'affreufe cataftrophe dont on a rendu compte.

Les voyageurs ont dû être à la fin de

Janvier dernier dans la mer des Indes, & ils pourront être de retour au printems de 1788, après avoir fait environ 25,000 lieues.

12 *Juin* 1787. Il se distribue une feuille ayant pour titre : *Observations préliminaires pour les Propriétaires associés dans l'acquisition des Quinze-vingts, contre le Sr. Kornmann.*

Cette feuille, signée *Seguin*, autorisé par délibération de la Compagnie du 5 Juin, n'est que le prélude d'un long Mémoire qu'elle promet, où elle démontrera que c'est la conduite & l'administration du Sr. Kornmann, qui seules ont occasionné les malheurs de la Compagnie ; que c'est encore lui aujourd'hui qui met les associés pour la seconde fois dans le cas de perdre leur fortune & leur honneur, s'ils ne comptoient sur les bontés du Roi & la justice des Magistrats.

12 *Juin* 1787. Il paroît à l'instant un pamphlet ayant pour titre : *le Public à Pierre Augustin Caron de Beaumarchais.* L'auteur a saisi le paragraphe du Mémoire de cet accusé, où il apostrophe lestement le Public, & il fait répondre celui-ci. On attribue cet écrit au Comte de Mirabeau, & il en est digne. Deux questions forment tout le fond de sa courte diatribe. Le public a-t-il dû s'y intéresser davantage, après la lecture de son Mémoire ? Son mordant apologiste justifie, on ne peut mieux, la sensation extraordinaire qu'a produit cette affaire

avant d'être connue, & depuis qu'elle l'est : ce qui amene des types affreux de la Dame Kornmann, des Sr. Daudet & de Beaumarchais.... Du reste, le public plein d'estime pour M. le Noir gémit de le voir impliqué dans un pareil procès ; il ne peut concevoir qu'il se trouve agrégé de la sorte. Quel contraste du portrait aimable de ce Magistrat avec ceux de ses co-accusés ? Par quel enchantement ont-ils trompé sa religion à ce point ?

Ce pamphlet est trop emporté, trop violent ; il distille à chaque ligne le fiel le plus noir : c'est l'écume de la rage. Que dira de plus le Satyrique dans les autres questions qu'il promet ? Il a épuisé toutes les injures.

A la fin de la facétie on lit *par mandement exprès du Public :* S. A. S. G. R. O. Paris, ce 8 Juin 1787 : & ce qui confirme est cette date récente, c'est qu'il y fait mention en note de la lacération & brûlure du Mémoire du Sr. de Beaumarchais, ordonnées au Caveau.

Une autre Note est remarquable à l'occasion de l'apostrophe du Sr. de Beaumarchais *à ses vertueux amis,* un plaisant s'écria : *cela a dû faire un grand mouvement à Bicêtre.*

13 Juin 1787. Un Partisan de M. de Calonne, sans doute, qui se travestit en Correcteur des Comptes, vient d'écrire une lettre à M. le Marquis de la Fayette à l'oc-

casion de la dénonciation faite par ce Seigneur à l'Assemblée des Notables, où, en vengeant le Ministre, il venge en même tems la Compagnie indirectement inculpée; l'auteur lui fait voir que cette dénonciation, très légérement portée, caractérise une ignorance des choses trop grande en pareil cas; il fait illusion d'ailleurs à plusieurs anecdotes peu honorables pour le Marquis de la Fayette, mais dont il faudroit être mieux instruit pour sentir jusqu'à quel point le sarcasme y est poussé. Ce pamphlet très court est vraiment piquant, & d'autant plus qu'il semble fondé en raison.

13 *Juin* 1787. On peut se rappeler l'affaire du S^t. *Sauffaye*, & le rôle que M^e. *Martin de Marivaux* y joua; les persécutions qui en furent le résultat, & qui se terminerent par sa démission & sa fuite à Londres de crainte d'un attentat contre sa personne. Il revient sur la scene; on publie: *Récit présenté à Monseigneur de Calonne, Ministre d'Etat, Contrôleur général des finances, par M^e. Martin de Marivaux, Avocat au Parlement de Paris*: le 20 Octobre 1786.

C'est un Marquis de L*** qui se donne pour l'éditeur de ce Mémoire, qu'il a jugé intéressant durant l'Assemblée des Notables: après une longue énumération de toutes ses peines, de sa vigoureuse résistance à la Chambre des Comptes, de ses démêlés avec son Ordre dont il fut enfin victime, M^e.

Martin de Marivaux y apprend comment il est devenu l'homme du Ministère en cette partie; & a provoqué les changemens utiles qu'on y a faits pour remédier aux abus, aux fraudes, aux vols indignes, dévoilés & dénoncés par lui: mais suivant l'usage, on a bientôt oublié les services, même avant de les avoir récompensés; c'est cette récompense qu'il réclamoit, lorsque, par la disgrace de M. de Calonne, de M. le Noir & de M. de Vergennes, les seuls personnages vraiment instruits de ses travaux, il se trouve dans le cas de recommencer ses sollicitations.

Ce Mémoire fort ennuyeux au fond, est pourtant bon pour ceux qui sont bien-aises de se mettre au fait de la maniere dont tout se conduit dans ce pays-ci & dont les gens les plus vexés peuvent revenir encore sur l'eau & jouer un rôle. D'ailleurs il regne dans cette diatribe un sarcasme continu, qui aiguise & ranime la curiosité du Lecteur.

Une piece fort singulière s'y trouve; c'est une liste des divers créanciers de M^e. Martin de Marivaux & des sommes qui leur sont dûes, montant à 23,000 livres.

A la tête de l'ouvrage est une gravure non moins originale; c'est une ruche d'abeilles, toutes bourdonnantes autour & dardant leur aiguillon; avec cette devise: *Pro Rege exacuunt.*

13 Juin 1787. Le bruit qui couroit

depuis quelques jours de l'évasion de la Comtesse *de la Motte* se confirme. On avoit d'abord dit que c'étoit à l'aide d'une sœur grise qu'elle s'étoit échappée ; que la sœur grise avoit disparu aussi ; ce qui est faux : mais il y là-dessus différentes leçons ; les uns prétendent que c'est le Gouvernement qui a fait transférer la prisonniere dans un château plus décent ; d'autres, qu'il a fermé les yeux sur sa fuite : dans quelque tems on saura mieux à quoi s'en tenir par l'explosion que fera Madame de la Motte contre son Arrêt, si elle ne doit son salut qu'aux ressources de son génie.

14 *Juin. Tarare* étant un monstre dramatique & lyrique, tel qu'on n'en a jamais vu, & tel qu'on n'en verra peut-être plus ; il faut en faire le détail, quelque long qu'il soit, afin qu'on puisse juger de l'extravagance d'un auteur qui, pour donner du nouveau, ne laisse aucun frein à son imagination.

L'ouverture du Prologue fait entendre un bruit violent dans les airs, un choc terrible de tous les élémens : la toile, en se levant, ne montre que des nuages qui roulent, se déchirent & laissent voir les vents déchaînés ; ils forment, en tourbillonnant, des danses de la plus forte agitation. La Nature s'avance au milieu, une baguette à la main, ornée de tous les attributs qui la caractérisent, & leur dit impérieusement de s'arrêter & de faire place au Zéphyr.

Ils se précipitent dans les nuages inférieurs: le Zéphyr s'éleve dans les airs; l'ouverture & le bruit s'appaisent par degrés; les nuages se dissipent: tout devient harmonieux & calme. On voit une campagne superbe, & le Génie du feu descend dans un nuage brillant du côté de l'Orient. Dialogue entre eux; le premier complimente la seconde sur le magnifique appareil qu'elle prépare: elle fait une espece de conjuration & une foule d'Ombres des deux sexes s'élevent de toutes parts, vêtues uniformement en blanc, au bruit d'une symphonie très douce, & forment des danses lentes & froides, en marquant la plus vive émotion de ce qu'elles sentent, voient & entendent; puis un chœur à demi voix sort du milieu d'elles exprimant leurs affections.

La Nature & le Génie du feu interrogent successivement plusieurs ombres, & toutes celles qui doivent animer les personnages de la tragédie sont passées en revue; elles reçoivent les rôles qu'elles doivent jouer, conformément à leur caractere qui s'annonce déjà. Après cette espece d'initiation, la Nature & le Génie du feu s'élevent dans les nuages, dont la masse redescend & couvre tout le théâtre. La tragédie commence. La scene est en Asie, près du Golphe Persique. Il y a quatorze personnages désignés, sans compter tous les autres en grouppes.

Au premier Acte, nouvelle ouverture

d'un genre abſolument différent de la premiere. Les nuages enveloppant la ſcene s'élevent : on voit une Salle du Palais d'*Atar*, (c'eſt le nom du Roi d'Ormus,) homme féroce & ſans frein : il entre avec *Calpigi*, Chef des Eunuques, eſclave Européen, chanteur ſorti des chapelles d'Italie : le Monarque ne peut ſouffrir *Tarare*, ſoldat à ſon ſervice, révéré pour ſes grandes vertus : en reconnoiſſance de la vie qu'il lui doit, il l'a fait Chef de la *Milice*; mais ce ſervive eſt une raiſon de plus pour le déteſter. *Calpigi* qui lui a la même obligation, le défend de ſon mieux contre la colere du tyran : celui-ci, ayant appris que Tarare avoit une femme, miracle des beautés de l'Aſie, la fait ravir par *Altamort*, Général d'armée, fils du Grand-Prêtre, jeune homme imprudent & fougueux, qui vient rendre compte de ce coup de main; en conſéquence le Sultan ordonne une fête pour recevoir *Aſtaſie*, la Belle enlevée : tout le ſerrail entre & ſe range en haie : quatre eſclaves noirs portent *Aſtaſie* couverte d'un grand voile noir, de la tête aux pieds; on la dépoſe au milieu de la ſalle, on chante, on danſe, on la dévoile, on ſe proſterne; le Sultan l'admire : elle gémit, elle le maudit, elle s'évanouit; on l'écarte pour lui donner du ſecours; un eſclave s'écrie qu'elle eſt morte, Atar le poignarde pour cette nouvelle; il exige qu'on rende Aſtaſie à la vie, ſinon il fera de tous une hécatombe à cette beauté chérie; elle reprend ses sens: il ordonne qu'on la conduise au Serrail & qu'on mette auprès d'elle *Spinette*, Esclave Européenne, femme de Calpigi, Cantatrice Napolitaine, intrigante & coquette, qui sait réduire un cœur scrupuleux.

A la fin de la scene *Urson*, Capitaine des Gardes d'Atar, homme brave & plein d'honneur, lui annonce Tarare, qui vient se plaindre du brigand qui a ravagé ses jardins, égorgé ses esclaves & ravi son épouse. Atar, pour le dédommager, lui donne un palais & cent femmes; tant de bienfaits ne peuvent le consoler de la perte de la sienne: Atar lui reproche sa foiblesse; cependant on vient apprendre au tyran qu'*Irza* est bien rétablie (nouveau nom qu'il a donné à *Astasie*). Atar s'en rejouit; Tarare le prie par cette Irza d'être sensible à ses maux: le Roi le lui promet, s'il fait des vœux pour qu'Irza cède à ceux de son maître. Il y consent avec transport, lorsque Calpigi lui fait un signe négatif pour qu'il n'achève pas son vœu. De son côté Atar, fidelle à remplir sa promesse, ordonne à Altamort d'armer une escadre pour aider Tarare à courir après le corsaire qui a ravi sa femme: puis tout bas, lui ordonne de le faire périr.

Le théâtre représente au second Acte la place publique; le Palais d'Atar est sur le côté, le Temple de Brama dans le fond.

Atar reçoit le Grand-prêtre qui, lui demande un entretien secret; ce Pontife est *Arthenée*, mécréant dévoré d'orgueil & d'ambition. Il vient inviter le Roi à la guerre contre les Chrétiens qui menacent l'empire : il est question de nommer un Général. Le Pontife propose à Atar de faire prononcer les Augures en faveur de quiconque il voudra. Atar choisit Altamort, le fils du Grand-prêtre, qui demande ce que devient Tarare? Le Roi lui apprend qu'il a donné des ordres pour le faire périr. Tous deux se retirent. Arrive Tarare, qui bientôt apprend de Calpigi que sa femme est au serrail & que c'est Altamort qui l'a enlevée. Cet ami lui indique un endroit par où il pourra s'introduire au Serrail pendant la nuit.

Ici la scene change & représente l'intérieur du Temple. On voit Arthenée, les Prêtres de Brama, *Elamire* (jeune enfant des Augures, naïf & très dévoué) & les autres enfans du même ordre; le Grand-prêtre, au milieu des cérémonies & durant l'interrogatoire insinue à Elamire de nommer Altamort son fils; il le promet. Point du tout.

Atar monté sur son trône, le Peuple, les soldats & les Emirs introduits, promettent d'obéir au Général que Brama va choisir; l'enfant, élevé sur des pavois, nomme *Tarare*. On en est enchanté, mais le Grand-prêtre & le Roi sont furieux : l'un dit que c'est une erreur; Elamire convient que le ciel lui

lui inspiroit Altamort, & que Tarare est sorti de sa bouche; ce qui confirme les assistans dans l'opinion que le choix vient du ciel. Tarare accepte; mais Altamort, jaloux de sa gloire, le défie à un combat singulier.

La décoration du troisieme Acte consiste dans les jardins du serrail; l'appartement d'Irza est à droite; à gauche & sur le devant est un grand sopha sous un dais superbe, au milieu d'un parterre illuminé: il est nuit. Il se prépare une fête tout à coup ordonnée par Atar; ce qui contrarie le projet de Calpigi en faveur de Tarare. Le Roi en attendant se fait rendre compte du combat singulier entre Altamort & Tarare, dans lequel celui-ci a donné la vie à son rival, mais blessé si cruellement qu'il en meurt.

La fête s'ouvre. Astasie, en habit de Sultane, soutenue par des esclaves, son mouchoir sur les yeux, est assise sur le grand sopha. Des bergers Européens, de cour, vêtus galamment, en habits de taffetas, avec des plumes, ainsi que leurs bergeres ayant des houlettes dorées, commencent. Ensuite paroissent des paysans grossiers, vêtus à l'Européenne, ainsi que leurs paysannes, mais très simplement, tenant des instrumens aratoires. Marche dont le dessus léger peint le caractere des bergers de cour, qui la dansent, & dont la basse peint la lourde gaieté des paysans, qui la sautent.

Deux jeunes Berger & Bergere de cour

commencent une danse assez vive: deux jeunes Berger & Bergere de la campagne commencent en même tems un pas assez simple: leur danse est interrompue par une Bergere coquette, & une Bergere sensible.

Des vieillards de cour dansent vivement devant des bergeres modestes, en leur présentant des bouquets; de jeunes gens fatigués, appuyés sur leurs houlettes, se meuvent à peine devant de vieilles coquettes qui dansent à perdre haleine.

Atar se promene au milieu de ces danses, & tandis qu'Astasie se désole, il revient à elle: il dit à tout le serrail de la saluer comme Sultane & en même tems il lui attache au front un diadême de diamans.

Atar revient s'asseoir auprès d'Astasie, & le ballet fini des Esclaves apportent des vases de sorbet, des liqueurs & des fruits devant eux: Calpigi toujours inquiet imagine de prendre une mandoline & de chanter sur le ton de la borcorsole des couplets où il raconte son avanture & sa castration. Cependant l'on voit descendre Tarare par une échelle de soie. Calpigi l'apperçoit, & dans son dernier couplet mêle le nom de Tarare: à ce nom, qu'Astasie, que le Chœur & le Sultan repetent dans un mouvement d'effroi, celui-ci renverse la table d'un coup de pied, & tire son poignard: tout le monde s'enfuit; Astasie est à la veille d'expirer. Tarare profite de ce tumulte pour se jeter dans l'obscurité.

Tandis qu'Atar est passé chez la nouvelle Sultane, en laissant à la porte sa simarre & ses brodequins, à la maniere des Orientaux, tout le monde s'est retiré; le Théâtre est très obscur. Tarare rejoint par Calpigi lui raconte son avanture; comment embarqué, il a échappé à sa perte. Calpigi le déguise sous les habits d'un Esclave noir. Comme ils s'avancent ensemble vers l'appartement d'Astasie, le Chef des Eunuques apperçoit la simarre & les brodequins de l'Empereur: il arrête son ami qui crie *Brama! Brama!* Le Sultan sort, Tarare tombe la face contre terre: Calpigi le fait passer pour un muet qui a été saisi d'une frénésie soudaine, pendant qu'ils faisoient la ronde ensemble.

Atar prend le bras de l'esclave: Tarare est sans mouvement prosterné; l'Empereur encore indigné des refus de la Sultane, le raconte à Calpigi, ensorte que les mouvemens de jalousie de l'époux sont absolument calmés. Calpigi propose à sa Hautesse de reprendre sa simarre & ses brodequins. Le dos de Tarare sert d'escabeau à sa Hautesse, puis il lui vient envie de couper la tête de cet Esclave; il tire son sabre à cet effet & veut l'envoyer à Astasie pour lui faire accroire que c'est celle de son mari; qu'elle n'y doit plus compter: détourné par son confident de cet horrible projet, il lui ordonne de conduire cet esclave chez la Sultane & de la laisser en proye aux caresses de cet être vil. Cet expédient tire Tarare & Calpigi d'embarras.

L'intérieur de l'appartement d'Astasie se découvre au quatrième Acte; c'est un sallon superbe, garni de sophas & autres meubles orientaux. Calpigi lui vient annoncer l'ordre du Sultan: elle en est effrayée: Spinette, sa compagne, moins délicate, accepte de jouer le rôle de la Sultane. Le tyran se repent bientôt de son ordre & envoye des soldats pour arrêter l'Esclave. Calpigi, pour gagner au moins du tems, ne voit plus d'autre expédient que de déclarer que c'est Tarare. On est touché de son sort, & l'on l'emmene. Calpigi, prévoyant le sort qui l'attend, lorsque sa trahison sera découverte, se résout de prévenir le tyran & se propose de décider une révolte en faveur du Général.

Enfin arrive le cinquième Acte. Le Théâtre représente une Cour intérieure du Palais d'Atar; au milieu est un bucher, au pied un billot. Atar s'en réjouit: il promet la place de Calpigi à celui qui le prendra; tous les Eunuques sortent en courant. On amene Tarare, qui n'a point reconnu Astasie dans Irza. Le Roi furieux fait chercher cette femme dans la crainte d'avoir été trompé; en attendant il fait entourer le mari, qui va s'asseoir sur le billot, au pied du bucher, la tête appuyée sur ses mains, & ne regarde plus personne. Arrivent la Sultane & Spinette; celle-ci raconte sa supercherie à l'Empereur. „Deux files de Prêtres s'avancent; l'une en blanc, dont le premier porte à la hauteur de sa poitrine une bannière blanche, où sont écrits en lettres d'or ces mots: *la Vie*. L'autre file de Prêtres est en noir, couverts de crêpes, dont le premier porte à la hauteur de sa poitrine une banniere noire garnie de larmes; au milieu sont écrits ces mots en lettres d'argent: *la Mort*.

Le Sultan croyant avoir adoré l'esclave sous le nom d'Irza, la livre aussi à la rigueur des Loix. Il ordonne au Pontife de décider de leur sort. Arthenée répond qu'ils sont jugés: il déchire la banniere de la vie. Le Prêtre en deuil éleve la banniere de la mort. On entend un bruit lugubre d'instrumens déguisés. Chœur lugubre des Esclaves. Astasie se jette à genoux & prie. On apporte au Grand-prêtre le livre des Arrêts couvert d'un crêpe, il signe l'arrêt de mort. Deux enfans en deuil lui remettent chacun un flambeau: quatre prêtres vêtus de même lui présentent deux grands vases pleins d'eau lustrale: il éteint dans ces vases les deux flambeaux en les renversant.

Pendant ce tems les Prêtres de la vie se retirent en silence: le drapeau de la vie déchiré traîne à terre.

Astasie se releve & s'avance au bucher, où Tarare est abymé de douleur; elle ne le connoît pas, elle le prend pour l'Esclave qui lui avoit été envoyé, pour un étranger, & le prie de ne lui pas imputer sa mort. A sa voix Tarare reconnoît sa femme; elle reconnoît son mari: ils se jettent dans les bras l'un de l'autre. Atar ordonne qu'on les sépare; Astasie tire un poignard de son sein & menace de se tuer si l'on approche. Le tyran fait retirer les esclaves. Une foule de gens du Palais des deux sexes accourt avec frayeur, & se jette à genoux autour d'*Atar*. Calpigi survient à la tête des rebelles; les soldats furieux renversent le bûcher & demandent Tarare: celui-ci enchaîné calme les mutins, leur reproche leur révolte, les fait se jeter aux genoux du Roi; il s'y jete lui-même & demande leur grace. Atar au desespoir s'écrie: *Monstre, je la leur fais en te cédant ma place*, & il se tue. Il tombe mort dans les bras des Eunuques qui l'emportent. On veut couronner Tarare, qui résiste. Urson, Capitaine des gardes d'Atar, qui l'avoit suivi, revient avec la couronne de ce Monarque & dit au Pontife qu'Atar laisse l'Asie à ce grand homme. Arthenée prenant le diadême des mains d'Urson, & le posant sur la tête de Tarare, *le proclame Roi d'Ormus* & reconnoît des Dieux. Tarare forcé termine par un calembour, & dit que ses chaînes vont l'enchaîner au bonheur de l'Etat; il s'enveloppe le corps de ses chaînes, desormais sa Royale ceinture. Des mouvemens d'une joie effrénée fort une danse tumultueuse, pendant que le Chœur général répete à grands cris *vive Tarare, Tarare,* &c. ils entourent, ils entraînent Astasie & le Roi : la musique diminue de bruit, changé d'effet & reprend un caractere aërien ; des nuages couvrent le spectacle ; on en voit sortir dans les airs la Nature productrice & le Génie qui préside au Soleil. Ce qui forme un épilogue, &, tandis que ces Divinités réfléchissent sur ce qui vient de se passer, des nuages transparens couvrent à demi Tarare & le Peuple : un fort tonnerre se fait entendre. Quatre Génies dans l'air sonnent d'une trompette bruyante, qui se mêle aux éclats de la foudre : ils tombent tous à genoux au fond du théâtre, & demandent le mystere de ce grand bruit, de cet éclat.

Les Divinités répondent dans les nuages, à l'unisson & parlant fortement :

Mortel, qui que tu sois, Prince, Brame ou Soldat,
Homme, ta grandeur sur la terre
N'appartient point à ton état,
Elle est toute à ton caractere.

Les trompettes sonnent, le tonnerre reprend, les nuages les couvrent, la Nature & le Génie du feu disparoissent.

14 *Juin* 1787. On fait un calembour sur Madame de la Motte. Lorsque la sœur grise lui a ménagé sa sortie & l'a vue libre,

elle lui a dit: *ah çà! Madame, prenez bien garde de vous faire remarquer.*

14 *Juin.* Les quolibets, les calembours, les épigrammes pleuvent déja contre le Sr. de Beaumarchais. Voici une saillie originale sous le titre d'*anagramme*:

Dans un bureau d'esprit, d'une voix prophétique
Une Dame crioit, Tarare tombera;
Madame a-t-elle vu cette merveille unique?
Reprend un défenseur caustique.
Non: mais c'est sûr; Tarare au sexe déplaira:
L'anagramme du mot présente *ratera*.

15 *Juin.* Un M. *Gault*, l'été dernier ayant découvert au village de Tilly, près Vernon, une meuniere nommée *Marie Angélique Corneille* & descendante de ce grand homme au même degré que celle tant célébrée par Voltaire, a imaginé de la dessiner & de faire graver son portrait; ce qui a été exécuté par M. *Vangelisti*. Des enthousiastes le secondent aujourd'hui, & l'abbé *Aubert* devient leur écho. Malheureusement l'abbé Aubert n'est pas Voltaire: mais ce qui doit toucher la compassion dans tous les cas, c'est que cette malheureuse femme, âgée de 71 ans, mere de plusieurs enfans, est réduite à une grande pauvreté par une perte très considérable que son mari a faite sur des bleds; on ajoute qu'elle a un esprit naturel, étonnant, & connoît parfaitement bien sa généalogie; qu'elle est

en outre niece à la mode de Bretagne de Fontenelle.

15 *Juin.* Le Mémoire de M. Kornmann a fait une si vive impression à la cour, que le Roi a témoigné au Garde des Sceaux son desir qu'il ne se répandît plus dans le public de ces sortes de Mémoires, qu'il n'y en eût que pour les Juges. Le Garde des Sceaux en conséquence en a conféré avec M. Seguier, & celui-ci avec M^e. *Gerbier,* le Bâtonnier actuel. A cette occasion il y a eu mercredi une Assemblée de la Députation. On en ignore le résultat.

15 *Juin* 1787. Chanson sur l'air: *je suis Lindor:*

>Pour mon écu je l'ai vu ce *Tarare*;
>J'en sors vraiment encor émerveillé;
>L'oreille au guet, & l'œil bien éveillé,
>J'étois frappé d'un chef-d'œuvre si rare.
>Public ingrat, n'allez pas en médire;
>Femme foiblette assurez son succès;
>L'auteur vous aime avec si vif excès
>Que vous devez partager son délire:
>Vous y verrez sans doute des bêtises;
>Respectez-les; il les mit sciemment:
>Ne dit-il pas que jusqu'à ce moment,
>Il vous a fait admirer ses sottises?

16 *Juin.* Au lieu des *Factums* de M^e. Linguet qu'on attendoit contre ses divers adversaires dans les trois ou quatre procès qui lui restent encore, c'est un ouvrage de

Physique qu'il nous envoye: *Réflexions sur la lumiere, ou conjectures sur la part qu'elle a au mouvement des corps célestes.* Dans l'avertissement, il annonce que cet ouvrage est le fruit de ses méditations durant son séjour à la Bastille, & comme il faut même que sa philosophie soit âcre & mordante, il ridiculise ici assez vivement, assez cruellement *les auteurs de la Physique du monde,* Mrs. le Baron *de Marivets* & *Goussier.* Au reste, ces Messieurs qui cherchent depuis longtems des critiques, sans que personne les attaque, ne seront peut-être pas fâchés de cette agression bien propre à les tirer de leur inertie, à les produire sur la scene par la turbulence de celui-ci.

Quant au fond du Système, il seroit singulier que Me. Linguet qui n'en a gueres imaginé que d'absurdes dans les études à sa portée, eût fait quelque chose de raisonnable & de conséquent dans un genre où il n'a jamais travaillé. Il faut attendre la décision des savans, s'ils daignent s'occuper de ce nouveau confrere; en attendant il faut convenir que cet ouvrage offre beaucoup d'ordre & de méthode, est écrit avec précision, avec clarté & avec une élégance rare en ces matieres.

16 *Juin.* La Chambre des Comptes ayant eu vent qu'on vouloit lui ôter la connoissance de la banqueroute de M. *de Serilly,* pour l'attribuer à la Cour des Aides, a gagné

de primauté en apposant d'office les scellés chez ce trésorier; ce qui la met aux prises avec le Garde des Sceaux & le Chef du Conseil des finances.

16 *Juin*. On voit dans ce pays-ci quelques exemplaires d'un ouvrage intéressant & rare; c'est un *Recueil des Représentations & Réclamations faites à S. M. I. par les Représentans & Etats des Provinces des Pays-bas Autrichiens*. Il contient la Joyeuse Entrée, avec les Additions, Edits & divers Traités de Paix, sur lesquels les mêmes Réclamations sont étayées: en vertu desquels les Protestations & Délibérations de divers Etats desdites Provinces ont été formés à l'intervention des Conseils respectifs.

Ce Recueil très recent, puisqu'on y trouve plusieurs Pièces datées du mois de Mai, & même du 15, doit être suivi d'un second, à ce qu'on annonce. Il seroit long & fastidieux d'entrer dans le détail de toutes les Pièces qui y sont indiquées: on sait l'émeute qui s'en est ensuivie & l'insurrection vigoureuse des différens corps qui se sont fait provisoirement accorder raison & une Capitulation à leur gré, qui doit être ratifiée par l'Empereur; a longtems occupé les Papiers Publics.

Le morceau le plus véhément du Recueil est le *Discours prononcé à l'Assemblée des Etats de Brabant, le 23 Avril 1787*, par le Comte de *Masting* ou *de Liming*; c'est une Philippique digne de Demosthene.

Au reste, dans le discours préliminaire on est surpris de trouver une Note, où l'auteur prétend que dans toutes ces démarches légales, personne ne s'est permis ni des sorties violentes, ni des réflexions téméraires ou séditieuses : il n'y a que les *Philosophistes* qui se soient émancipés, à leur ordinaire, à venir renforcer le trouble, & faire d'un mouvement tout naturel & bien ordonné, une fermentation pernicieuse, d'où résulteroit une révolte & la plus désolante anarchie. De-là une digression contre ces prétendus Sages, qui ressemble beaucoup aux déclamations des *Freron*, des *Subbatier*, des *Rigoley*, des *Sillery*.

16 *Juin* 1787. Depuis le commencement de ce mois M. Necker a la liberté de venir à Paris; mais il n'en profite pas, parce que l'air de Bellegarde où il est, convient parfaitement à la santé de Madame Necker.

Outre cette satisfaction, l'on vient de lui en donner une autre. Par Arrêt du Conseil du 6 de ce mois, la seconde Lettre du Comte de Mirabeau à Me. de la Cretelle sur l'administration de M. Necker, est supprimée, non seulement comme imprimée en contravention aux Réglemens de la Librairie, mais en outre comme *Libelle*, contenant des assertions fausses & calomnieuses & des expressions contraires au respect dû au Roi.

Après des qualifications aussi fortes l'on s'attendroit à voir l'auteur connu attaqué perſonnellement, ou du moins tenu de déſavouer l'ouvrage, en tête duquel ſon nom eſt mis: il n'en eſt queſtion en rien.

17 Juin 1787. Extrait d'une Lettre de Toulouſe du 6 Juin. Dès que la nouvelle de l'exaltation de notre Prélat eſt parvenue ici, tous les Ordres de Citoyens ſe ſont empreſſés de témoigner leur ſatisfaction. Le Commerce s'eſt ſurtout diſtingué. Le 14 Mai, aſſemblé pour aviſer au moyen de faire éclater ſa joie, il a été arrêté que le dimanche 27 les maiſons de tous les Négocians ſeroient illuminées, que la façade de l'hôtel de la bourſe ſeroit principalement garnie de lampions.

Au jour indiqué, ſur la principale porte étoit placé un tranſparent qui repréſentoit la France ſur une Corne d'abondance, tenant avec un air d'allégreſſe le médaillon de l'Archevêque; le tout ſurmonté d'une Renommée, qui publioit ce choix. On tira dans la cour de l'hôtel un feu d'artifice qui réuſſit très bien.

Le mardi 15 Mai M. de Reſſéguier, Avocat général du Parlement, Chef de la direction de l'hôpital général de cette ville, & préſidant l'Aſſemblée, prononça un diſcours, dont le réſultat fut qu'on conſigneroit dans les Regiſtres de l'hôpital ce diſcours & la délibération priſe en conſéquence; & que du tout il feroit adreffé une Expédition à Monfeigneur, comme un monument authentique des fentimens de l'adminiftration.

17 *Juin*. Les volumes 28, 29 & 30 des *Mémoires Secrets* pour 1785, ont paffé encore plus difficilement que ceux de 1784. Ils contiennent de grands détails fur la naiffance & les progrès de l'agiotage, fur la fermentation élevée contre M. de Calonne: du refte, la détention du Sr. de Beaumarchais à St. Lazare, l'affaire du Cardinal de Rohan, l'avanture de M. le Maître font les principaux faits qui occupent la fcene de cette année 1785.

Les *Additions* continuent depuis le 7 Novembre 1774 jufques au 15 Août 1775. Ce qui complettera bientôt cette partie; en attendant que dans une nouvelle Edition l'on puiffe reporter les articles à leur place. (Cet article eft tiré d'une Gazette manufcrite très accréditée à Paris, dans les Provinces & chez l'étranger.)

17 *Juin* 1787. L'activité des Italiens redouble, ils ne laiffent aucun genre en arriere; avant-hier ils ont joué la *Negreffe*, comédie nouvelle en deux actes; en profe & en vaudevilles. Comme il y a des reffemblances entre ce fujet & *Azémia*, les auteurs, car ils font deux, en avoient prévenu le public le jour même.

Mlle. *Carline* jouant la Negreffe, des Ballets, des Danses, des Negres & des Negresses dans un costume singulier, des couplets bien faits & plusieurs scenes de bouffonneries amusantes ont soutenu le fond de la piece, qui auroit exigé d'être traitée plus philosophiquement, bien loin de dégénérer souvent en farce.

Il s'agit d'un jeune homme qui, devant la vie à une Negresse dont il est aimé & qu'il aime, l'épouse malgré les remontrances de son pere qui lui oppose le préjugé proscrivant toute alliance avec les gens de couleur. Sa reconnoissance & sa passion l'emportent; ce qui caractérise le second titre de la piece: *le pouvoir de la reconnoissance.*

Le Public ayant demandé les auteurs, le Sr. Trial a paru & a chanté le couplet suivant, tout prêt:

> Les auteurs ne sont plus ici,
> Joyeux & contens, Dieu merci,
>   Tous deux dans la chaloupe,
> (De leur départ j'étois témoin)
> Sans doute, ils sont déja bien loin,
>   Ils ont le vent en pouppe.

Ces auteurs sont Mrs. *Radet* & *Barré* déjà très connus au théâtre Italien.

18 *Juin* 1787. Il nous est encore arrivé de chez l'étranger, *Considérations sur la Constitution des Duchés de Brabant & de Limbourg & des autres Provinces des Pays-bas Autrichiens,* lues dans l'assemblée générale des

Etats de Brabant, le 23 Mai 1787, signées d'*Outrepont*, Avocat au Conseil Souverain de Brabant.

Dans ces Considérations de la plus grande force, & bien supérieures, pour l'énergie, au discours cité: par un rapprochement adroit, l'on lit ce paragraphe remarquable.

„ Quoi! le Roi de France jouissant d'un
„ pouvoir absolu, se rapproche de son Peu-
„ ple, assemble les Notables du Royaume,
„ les consulte avec bonté sur les besoins de
„ l'Etat, suit leurs avis, quand ils sont
„ praticables; & vous, Sire, vous dédai-
„ gnerez de consulter les Représentans de
„ la Nation, & dont vous ne pouvez changer
„ la constitution sans enfreindre vos ser-
„ mens, à moins qu'elle n'y consente."

Enfin il termine par le fameux discours de Burrhus à Neron, de Racine, dans *Britannicus*.

18 *Juin* 1787. La quatrième liste des personnes qui ont fait leurs déclarations & soumissions, &c. pour les quatre nouveaux hôpitaux, depuis & compris le 22 Avril jusques & compris le 21 Mai suivant, se monte à 98694 liv. 16 sols.

18 *Juin*. M. *Herschel*, cet observateur célebre, à qui l'astronomie doit déjà tant, vient de faire la découverte de trois Volcans dans la Lune; l'un qui brûle actuellement, les deux autres éteints ou sur le point de faire irruption. C'est le 19 Avril qu'il a

fait cette obfervation, qu'il a confirmée le 20: elle explique celles de *Dominique Caffini* & de Dom *Ulloa*, qui n'avoient pu rendre compte auffi exactement de ce qu'ils avoient remarqué.

18 *Juin* 1787. On attribue à M. Mercier, *le Citoyen gentilhomme & militaire*, ou *Lettres fur la Nobleffe, adreffées aux Notables*: ouvrage qu'on dit affez médiocre.

19 *Juin*. On ne fauroit croire combien l'affaire de *Julien* trouve d'obftacles; il a fallu que Me. *Godard* fît encore un petit Mémoire fous le titre de *Réflexions décifives*, avec une Confultation datée du 18 Juin, où les Jurifconfultes remettent fous les yeux des Magiftrats les Loix qui doivent les déterminer. Ce Supplément eft beaucoup mieux fait que le premier Mémoire, en ce qu'il eft irréfiftible, au moins du côté du raifonnement.

M. *Robert de Saint Vincent*, le Rapporteur, eft abfolument prévenu, & comme c'eft un vigoureux Janfenifte on eft obligé de détacher les chefs les plus accrédités du parti afin de l'ébranler.

L'Avocat perfiffle un peu M. de Saint Vincent fur la fin du Mémoire: ,, il eft ,, digne," s'écrie l'orateur: ,, il eft digne ,, de ce Magiftrat qui a fi bien défendu la ,, liberté de la confcience contre la Loi de ,, 1715 relative aux Proteftans, de défendre ,, la liberté de l'homme & du citoyen contre ,, *les atteintes qu'on veut lui porter*.

Comme le Mémoire en faveur des Protestans lu au Parlement par M. de Saint Vincent, avant l'assemblée des Notables, n'a été qu'un coup d'épée dans l'eau, puisqu'il n'a pas été question de cet objet, on ne sait si cet éloge dérisoire sera bien propre à le séduire.

19 *Juin* 1787. Le Sieur de Beaumarchais, qui depuis trop longtems rit aux dépens des autres, donne enfin la revanche, & chacun la prend à l'envi: un anonyme publie depuis peu *Lettre du Public Parisien à Pierre Augustin Caron de Beaumarchais. Au Fort de Kell, aux dépens du Bourgeois.* Cette diatribe, écrite avec moins de force & plus de goût que l'autre du même genre, en piquera davantage celui à qui on s'adresse. Elle contient d'ailleurs des anecdotes ignorées de beaucoup de gens: c'est un résumé rapide de la vie du héros: on y a joint une critique succinte de ses ouvrages, mais bien faite, juste & portant à plomb sur les défauts essentiels de l'auteur.

19 *Juin* 1787. *L'Ecole des Peres* continue à avoir le succès qu'elle mérite, & c'est le cas d'en parler plus au long. Voici la fable de la piece en raccourci.

Courval remarié à *Hortense* a d'un premier lit un fils & une fille, *Saint Fonds* & *Rosalie*: ces trois objets chéris qui devroient faire son bonheur, font son tourment: sa femme, légere & coquette, est à la veille de donner dans le travers: son fils a pour ami un nommé *d'Orsigny*, Chevalier d'industrie, libertin qui a corrompu déja St. Fonds, qui s'est insinué dans l'esprit d'Hortense, & voudroit épouser *Rosalie*, afin de jouir de la fortune qu'elle doit avoir. Il faut que le pere déconcerte les projets de ce scélérat trop séduisant, l'écarte de chez lui, & ramene son épouse & son fils en leur ouvrant les yeux sur le bord du précipice où d'Orsigny les entraîne; & cela sans éclat, sans qu'il en transpire rien au dehors: du reste, il a un ami qui peut l'aider dans son dessein, & pere aussi de deux enfans, un fils & une fille fort sages, n'est pas éloigné de faire un double mariage avec ceux de Courval, ainsi que le desire celui-ci.

Comme d'Orsigny est le principe de tout le mal, il lui fait arriver la nouvelle de la mort prochaine d'un oncle, habitant très opulent de la Martinique. Cependant une courtisanne dont St. Fonds est épris, prétexte un besoin pressant d'argent & profite de son ascendant sur cet amoureux fol pour le déterminer à voler son pere. Courval en est instruit par l'Intendant, auquel St. Fonds a demandé les clefs du coffre-fort.

Le pere ayant vainement cherché à regagner la confiance de son fils par les offres les plus touchantes, & n'envisageant plus qu'une ressource, ordonne à cet Intendant de remettre les clefs à son fils. St. Fonds va pour exécuter son criminel projet, & trouve ces mots: *acceptez, ne dérobez pas!* Ces mots terribles l'effrayent, au point qu'il ne peut diffimuler ce qui fe paffe dans fon ame à fa belle-mere qui furvient. Le pere empreffé de jouir des remords de fon fils, deffille entierement les yeux à l'un & à l'autre. D'Orfigny & la courtifanne s'embarquent enfemble, & les mariages projetés s'accompliffent.

1°. L'on reproche à cette piece, comédie au commencement, de fe convertir en drame fur la fin: ce qui eft relatif, fans doute, aux fcenes déchirantes du 4ème. acte. Mais le pathétique n'eft point exclus de la bonne comédie: il nous femble que ce qui conftitue principalement le genre dramatique, c'eft un amas d'événemens romanefques, amenés fouvent d'une façon merveilleufe & prefque toujours fans la moindre vraifemblance: au contraire, tout eft naturel dans *l'Ecole des peres*.

2°. L'on trouve que le caractere du pere eft le feul établi dans toutes fes proportions; ce qui eft conforme au premier précepte de l'art, fur la fcene, comme fur la toile, de faire reffortir, entre tous, le principal perfonnage: enfuite le fils, fur qui doit porter l'intérêt en fecond, (après l'aventurier, comme agent effentiel de l'intrigue;) enfin la jeune femme, doivent fe dégrader à mefure qu'ils font moins néceffaires.

Ce font des têtes à n'offrir que des trois quarts de profil, du quart.

3°. L'on est fâché que le fils résiste aux offres de son pere, & l'on voit trop le dessein de l'auteur de se ménager le coup de théâtre du billet: premierement le spectateur ne voit pas cela, & il en résulte, au contraire, un nouvel *imbroglio* qui redouble la curiosité; d'ailleurs la honte du fils est naturelle, & part d'un cœur qui n'est pas vraiment corrompu: entraîné par une passion irrésistible, il ne surmonte ses remords que dans l'espoir d'exécuter & de réparer les suites de son criminel dessein avant que rien en ait éclaté.

4°. Le dénouement est froid ; défaut inévitable d'après les beautés du 4eme. acte, le plus plein, le plus chaud, le plus rapide qu'il y ait peut-être au théâtre.

5°. Enfin il n'est pas digne de la prudence du pere de marier sitôt son fils, avant d'être sûr de la sincérité de son retour & de sa persévérance ; mais on conçoit que cet hymen ne se conclut si brusquement, que pour completer la satisfaction du spectateur; comme il n'est qu'accessoire de l'action principale, il ne rompt pas l'unité des 24 heures, & l'on peut supposer très bien que cet événement n'a lieu que plusieurs mois après.

Quant au style, on y critique des négligences, des incorrections, même des fautes de grammaire ; cela se peut : mais, il est, en général, clair, facile, sans affectation.

20 *Juin* 1787. Enfin les Chambres ont été assemblées hier, & l'on leur a présenté une partie du résultat des plans du nouveau Conseil Royal des finances & du commerce, d'après les délibérations de l'Assemblée des Notables: ils consistent en six objets.

1º. Etablissement des Assemblées Provinciales.

2º. Abolition du droit d'ancrage en faveur de l'Amiral.

3º. Impôt du Timbre.

4º. Etablissement d'une prestation en argent pour les Corvées.

5º. La libre exportation des Grains hors du royaume.

6º. Augmentation de six millions sur les Tailles pour gages de l'Emprunt dernier en viager; impôt qui diminuera en proportion que les rentes s'éteindront.

Le Parlement a enregistré cet Edit, suite nécessaire de l'enregistrement de l'Emprunt; ensorte que le projet de M. de Calonne annoncé de diminution d'impôts pesans sur le pauvre peuple, se tourne en un accroissement.

Pour conserver les droits du Parlement, il a été ajouté dans l'enregistrement: „ sans „ que l'énonciation de la Déclaration du „ Roi du 13 Février 1780 non régistrée en „ la Cour, puisse tirer à conséquence

,, ni suppléer au défaut d'enregistrement en
,, la Cour."

Du reste, Messieurs ont arrêté que les Princes & les Pairs seroient invités de venir prendre leurs places en la Cour, tant pour aviser à l'enregistrement des Loix proposées, que pour avoir les lumieres plus précises de ceux qui ont été de l'Assemblée des Notables.

La Séance remise à vendredi 22 Juin.

20 *Juin* 1787. Quelqu'un réclame pour M. *d'Echeverry* l'honneur de l'expédition des Moluques, dont il fut le vrai Jason. Elle avoit été confiée aussi à M. *de Trémigon*: chacun avoit une corvette du Roi; le premier eut assez de bonheur & en même tems assez de cœur & de tête pour réussir au gré des idées & des desirs de M. Poivre.

Ce fut M. le Prince de Nassau qui ensuite le présenta au Ministre: M. *d'Echeverry* obtint la Croix de St. Louis avec une Pension; on lui promit en outre une Gratification annuelle, selon le succès éventuel des arbrisseaux dont il avoit apporté les plants. Cependant il est mort sans en recevoir aucune; il a laissé un fils qui sert dans la marine Royale: il étoit Basque.

20 *Juin* 1787. M. *Patrat* a fait jouer avant-hier sur le théâtre Italien une piece qui étoit tombée en 1781 sous le titre *des deux Morts*, & qui donnée comme nouveauté n'a pas mieux réussi. Son titre aujourd'hui

est *Isabelle & Rosalvo*, comédie en un acte & à ariettes ; c'est une piece d'intrigue, mais d'intrigue triviale & sans beaucoup de vraisemblance. Dans le principe elle étoit en vaudevilles & est aujourd'hui mêlée d'ariettes.

La musique est d'un M. *Propiac*, jeune amateur qui promet : plusieurs morceaux ont été très applaudis & auroient soutenu le drame, s'il en eût été susceptible. Mlle. *Rinaud* a chanté un air de bravoure, où elle imite le rossignol, avec une perfection unique.

20 *Juin*. On publie un volume ayant pour titre *Oeuvres posthumes de M. Turgot* : elles roulent principalement, dit-on, sur les Assemblées Provinciales & elles sont suivies d'Observations vigoureuses, mordantes, écrites avec beaucoup de chaleur, qui ressentent furieusement le *Condorcet*.

21 *Juin* 1787. Le 28 Mai le Maréchal de Castries a adressé aux Echevins & Députés de la Chambre du Commerce de Marseille des ordres relatifs à la prorogation du privilege de la Compagnie de la gomme du Senegal, jusques au mois de Juillet 1796, à la charge qu'elle a prise des dépenses locales de la Colonie.

En outre le Roi comprend dans son privilege la Traite des Noirs, de l'Or, du Morphil, de la Cire & de tous les articles dont cette partie est susceptible.

Comme l'Arrêt rendu à ce sujet le 10 Novembre 1785, fixe les limites du Privilege entre le Cap Blanc & le Cap Verd; que d'un autre côté les bâtimens de la Compagnie ne pourront se montrer que dans la partie entre le Cap Verd & le Cap Tagrin, que pour traiter des vivres, & qu'indépendamment de la nouvelle charge qu'elle a prise, il lui est prescrit par le même Arrêt d'importer annuellement 400 Noirs à Cayenne.

En conséquence des dispositions ci-dessus, les Négocians & Armateurs sont prévenus qu'ils ne peuvent plus expédier leurs Navires que pour les Côtes de cette portion d'Afrique, depuis le Cap Verd jusques au Cap Tagrin, & que dans ces limites même il ne leur est pas permis de traiter de la gomme.

21 *Juin* 1787. On annonce une *Défense de M. Necker*, brochure assez bien faite, où le Comte de Mirabeau est infiniment maltraité: on l'attribue à un Chevalier *Goudar*, l'auteur de *l'Espion Chinois*, &c.

21 *Juin* 1787. Madame la Marquise *de Gléon* est un nouvel astre qui paroît sur l'horison littéraire. Un éditeur galant offre au public un *Recueil de comédies nouvelles* de la façon de cette Minerve: elles sont au nombre de trois: *l'ascendant de la Vertu*, ou *la Paysanne Philosophe* en cinq actes & en prose; *la fausse Sensibilité*, de même; & le *Nouvelliste provincial*. Le sujet de la premiere est romanesque, bizarre, froid & triste. Celui de la seconde est une peinture

assez vraie de nos femmes à la mode, de nos virtuoses ; il est compliqué, langoissant, plus comique toutefois que le premier. On s'accorde à trouver la troisieme piece sans prétention, vraiment gaie & digne de la scene; comme offrant une action qui pourroit aisément, avec quelques corrections, s'adapter à l'un de nos théâtres.

Du reste, l'auteur est une femme de qualité, qui a été dans sa jeunesse de la cour du feu Prince de Conti, qui étoit belle, remplie de talens & jouoit la comédie avec beaucoup de goût & de graces; aujourd'hui d'une santé misérable, jouet du Mesmérisme pendant longtems, elle s'est amusée à ces compositions, qui ne sont en effet que des délassemens pour elle.

Madame la Marquise de Gléon s'étant particulierement attachée à l'étude des langues étrangeres, a non seulement entrepris de faire connoître par des traductions fidelles l'ancien théâtre Espagnol, mais aussi de faciliter l'intelligence de *Shakespear* par des commentaires françois sur les endroits les plus difficiles que le texte a jusqu'ici présenté aux Anglois mêmes, & aux plus grands admirateurs de ce poëte célebre.

22 *Juin.* Le premier Juin, le Marquis *de Russel*, ancien Capitaine de Vaisseau, a eu l'honneur d'offrir au Roi le tableau qu'il a peint représentant le combat de M. *de la Motte Piquet*, du 18 Décembre 1779, devant

le Fort Royal de la Martinique. Ce militaire s'étoit avant exercé à rendre le combat du Bailly *de Suffren*, donné dans la rade de Prayo le 16 Avril 1781. On ne fait point encore quel est le degré de mérite de ces deux ouvrages.

22 *Juin* 1787. La Reine sensiblement affligée du triste état de la Princesse dont elle est accouchée il n'y a pas un an; s'est sevrée de tout plaisir, durant cet intervalle; & ses tendres soins n'ont pu la ramener à la vie: elle est morte le 19; il y avoit 25 jours que S. M. n'avoit fait de musique.

On parle d'une troupe de bouffons Italiens jouant à Londres; on assure que ces histrions ne tarderont pas à arriver & joueront à Saint Cloud & à Versailles; comme vraisemblablement ils ne gagneront pas plus leurs frais que les troupes déja venues à Paris, sans doute la Reine les soudoyera.

Madame de Polignac, avec les Seigneurs & les Dames de la cour qui l'ont accompagnée à Londres, doit revenir incessamment, si elle ne l'est déja.

23 *Juin.* Encore une nouveauté au théâtre Italien, nouveauté quant à la forme, car le sujet traité dans plusieurs romans & surtout dans les Contes Moraux, n'est rien moins que neuf; mais ce qui n'est pas ordinaire au théâtre, surtout aujourd'hui que les mœurs étant plus corrompues on exige en proportion plus de décence sur la scene;

c'est d'y voir une jeune personne enlevée à son pere & vivant publiquement avec son amant. Il est vrai qu'elle est peinte agitée de remords & déterminée à sortir de ses égaremens. Tel est le sujet de *Pauline & Valmont*, comédie en deux actes, jouée hier aux Italiens. Une critique des jardins à l'Angloise, deux ou trois scenes incidentes d'un assez bon comique, ont empêché la piece de tomber; on a même demandé l'auteur, qu'on a dit être M. *Bodard*, peu connu.

On avoit joint à cette comédie la *Negresse* réduite en un acte, & qu'on a trouvée encore trop longue.

23 *Juin* 1787. M. *Verninac de S*t*. Maur*, jeune Poëte qui s'essaye sous le Sieur de Beaumarchais, a cherché à le dédommager de toutes les mauvaises plaisanteries qui ont abondé contre son opéra, en composant en son honneur la Chanson suivante en trois couplets:

 Méchans disent, Tarare
 Sans doute ratera;
 Pour moi, qui m'en sépare,
 Je dis qu'il flattera:
 Qu'en foule on y viendra.
 Caron de Beaumarchais
 Augmente ses succès;
 C'est l'auteur qui fait rire:
 Par son genre d'écrire
 Du François le délire

Se trouve satisfait.
 C'est fait, c'est fait,
L'opéra, l'opéra fait effet. (*bis.*)

Dans Ormus est la scene:
Atar est grand Sultan:
Il met Tarare en peine
De porter le croissant.
Par un trait bien méchant
Spinette & Calpigi,
Pour calmer le souci
De ce pauvre Tarare,
Dont le sort est bizarre,
Lui disent gare, gare
Ta tête, ou deviens Muet.
 C'est fait, c'est fait,
L'opéra, l'opéra fait effet. (*bis.*)

Il faut plaire à l'oreille,
Comme il faut plaire aux yeux;
Aux cieux on voit la terre,
Rien n'est plus merveilleux:
A bas on voit les cieux,
Illumination
Et décoration:
C'est la plus belle fête,
Qu'un grand Sultan apprête;
S'il a perdu la tête
Pour celle qui lui plait.
 C'est fait, c'est fait,
L'opéra, l'opéra fait effet. (*bis.*)

23 *Juin* 1787. L'Edit portant création des Assemblées Provinciales, donné à Ver-

failles en Juin, le seul qui ait encore été regiſtré hier, précédé d'un Préambule court & qui annonce l'établiſſement comme conforme au vœu unanime des Notables, d'après les heureux eſſais faits depuis quelques années dans les Provinces de la haute Guyenne & du Berry, ne contient que peu de diſpoſitions aſſez vagues : auſſi dans l'Enregiſtrement fait toutes les chambres aſſemblées, les Princes & Pairs y ſéans, a été ajouté ſur l'avis & la rédaction de M. *Ferrand*, l'un des Conſeillers : ,, & ſera le
,, Seigneur Roi très humblement ſupplié
,, de vouloir bien completter ſon bienfait
,, & en aſſurer la ſtabilité, en adreſſant à
,, ſes Cours les Reglemens particuliers que
,, ledit Seigneur Roi ſe réſerve de faire par
,, l'Article 6 du préſent Edit, pour être
,, vérifiés en la forme ordinaire, ſuivant
,, l'Arrêt de ce jour."

Les membres qui ont parlé dans l'aſſemblée, prolongée depuis onze heures juſques à deux, ſont Mrs. l'abbé *Tandeau* Rapporteur, *d'Ammecourt*, *Sabatier*, *le Coigneux*, *Robert de St. Vincent*, *Amelot*, *d'Outremont*, *Deſpech*, *le Mercier de la Riviere*, *Barillon*, *Rolland*, *Dompierre*, *Ferrand*, *d'Epremeſnil*, tous Conſeillers ou Préſidens des Chambres ; & parmi les Princes & Pairs, & Préſidens à mortier, le Duc *de Nivernois*, le Duc *de St. Cloud*, le Duc *de Charoſt*, l'Evêque Duc *de Laon*, le Préſident *de Rozambo*, Monſieur

Deux membres seuls ont prétendu que l'établissement des Assemblées Provinciales étoit inconstitutionnelle ; mais leur avis a été rejeté & combattu à la presqu'unanimité.

La séance a été levée à deux heures & continuée à lundi prochain pour les autres objets, avec les Princes & Pairs.

24 *Juin* 1787. Depuis longtems on annonçoit un Mémoire du Sieur Kornmann en réponse au Mémoire du Sr. de Beaumarchais ; il paroît enfin & voici les raisons du retard.

Le Sr. de Beaumarchais ayant annoncé qu'il avoit déposé au Greffe les Lettres du Sr. Kornmann dont il cite des fragmens ; celui-ci a cru qu'il pourroit facilement en prendre communication. Sur le refus qui lui en a été fait, il a présenté requête à M. le Lieutenant Criminel, & après plusieurs délais il a su que ce Magistrat avoit rendu une ordonnance, portant que sa requête seroit jointe à la procédure commencée par son adversaire ; & ce, sur les conclusions du Procureur du Roi.

En conséquence M. Kornmann a cru devoir, sans attendre une époque si éloignée, publier toujours sa Justification : c'est ce qu'il annonce dans un court avertissement qui la précède.

Cette Justification mérite plus de détail, quand on l'aura bien approfondie.

4 Juin 1787. Extrait d'une Lettre de Vienne du 6 Juin... M. *Petzeli*, Ecclésiastique Hongrois qui cultive les lettres & surtout la poësie avec succès, vient de publier à Comorre une traduction de la *Henriade* de *Voltaire*, en langue hongroise; il a envoyé un exemplaire de cette traduction, dont on dit beaucoup de bien, au Comte de Palfy, Chancelier de Hongrie & de Transilvanie, qui a promis de mettre cet ouvrage sous les yeux de l'Empereur à son retour.

24 *Juin*. Les six articles de l'Edit portant création des Assemblées Provinciales confirment ce qu'on savoit déjà être convenu avec les Notables; comme, que le nombre des personnes choisies dans les deux Ordres ne surpassera pas celui des personnes choisies pour le Tiers Etat; que ces Assemblées seront chargées, d'après les Etats arrêtés au Conseil, de l'assiette & de la répartition des impôts, suivront aussi les dépenses pour les chemins & autres ouvrages publics; que la Présidence sera toujours confiée à un membre du Clergé ou de la Noblesse, & ne pourra jamais être perpétuelle; que lesdites Assemblées pourront adresser au Roi tels projets qu'elles jugeront utiles au bien de ses Peuples, sans cependant que l'assiette & le recouvrement des impositions puissent éprouver aucun obstacle ou délai.

Du reste, le Roi se réserve de déterminer, par des Reglemens particuliers, ce qui

qui regarde la premiere convocation desdites Assemblées, leur composition & celle des Commissions intermédiaires, ainsi que leur Police & tout ce qui peut composer leur organisation & leurs fonctions.

24 *Juin*. Afin de satisfaire l'impatience du Public, l'Architecte de M. le Duc d'Orléans, le Sieur Louis, vient de faire composer & imprimer une *Lettre sur le Cirque qui se construit au milieu du Jardin du Palais-Royal*, avec de longs détails sur les plans, coupes & élévations de ce bâtiment. Sans entrer dans ces descriptions qui ne sont bonnes & intelligibles que pour les gens de l'art, le résultat est une arene uniquement consacrée à des exercices équestres & particuliers à la maison du Prince & aux fêtes qu'il lui plaira d'y donner: après la saison de ces jeux & fêtes, elle sera convertie en un jardin d'hiver, en y transplantant les arbustes qui seront sur la terrasse formant le pourtour supérieur de ce monument. Ce cirque sera enfoncé de plus de treize pieds, & il s'élevera au dessus du sol du jardin de près de dix pieds: du reste une galerie couverte & tournante, des colonnes, des bustes des grands hommes de la nation, avec des inscriptions, des avant-corps, des salles de verdure, des eaux vives & jaillissantes, des vases, des portiques, des balustres, des glaces, & des *boutiques* sans doute, dont on ne parle pas.

De la droite des bâtimens du Palais-Royal, on pratiquera une route souterraine qui viendra, par une pente douce & tournante, aboutir à l'arene de maniere qu'on puisse y arriver en voiture.

Cette nouvelle construction doit être entierement achevée au commencement de 1788.

25 *Juin* 1787. M. Kornmann commence sa Réponse au S^r. de Beaumarchais par des observations préliminaires.

1°. Quand le S^r. Kornmann auroit été un mari jaloux & féroce, tel que le peint le S^r. de Beaumarchais; quel droit avoit-il pour s'interposer entre l'autorité & l'époux, & soustraire sa femme à son inspection, ou à celle de la propre famille de la Dame Kornmann?

2°. Quand il auroit eu un titre, une mission pour jouer ce rôle, a-t-il véritablement fait ce qu'il devoit faire? s'est-il occupé de rapprocher la mere de ses enfans, l'époux de l'épouse? Ne l'a-t-il pas remise, au contraire, aux mains de son séducteur; au lieu de la confier du moins, soit aux parens de la femme, soit à ceux du mari?

3°. Le Sieur de Beaumarchais représente la maison des Dames Douzi où étoit la Dame Kornmann, comme destinée aux folles & aux prostituées: mais c'étoit une maison choisie par M. le Lieutenant de Police: le reproche s'adresseroit donc à ce Magistrat uniquement.

4°. Suivant le Sr. de Beaumarchais, la Dame Kornmann se trouvoit dénuée dans cette maison des choses les plus nécessaires à son entretien : mais il est prouvé que le mari envoyoit à sa femme en abondance tout ce dont elle avoit besoin; ces secours devroient passer par la police : le Sr. de Beaumarchais s'en prend donc encore mal-adroitement à elle : le fait est que la Dame Kornmann s'y trouvoit si bien, qu'après en être sortie, elle a demandé à rentrer dans cette maison à titre de pensionnaire.

5°. Depuis, si le Sr. de Beaumarchais, à l'entendre, n'étoit venu au secours de cette épouse infortunée, elle seroit morte de misere; le Sr. Kornmann lui avoit toujours fait une pension de 6000 livres, dont chaque quartier payé d'avance : mais il n'a pas cru devoir fournir aux dépenses folles dans lesquelles le Sr. de Beaumarchais a engagé cette Dame de se constituer, & c'est pour y subvenir que le Sr. Kornmann convient que sa femme doit beaucoup d'argent à ce perfide ami.

6°. Enfin le Sr. de Beaumarchais connoissoit la Dame Kornmann longtems avant sa détention; ce qui est attesté par témoins : il ment donc impudemment en soutenant le contraire.

7°. Pour entendre les lettres citées par le Sr. de Beaumarchais, il faut rappeler, ou pour mieux dire, dévoiler une anecdote honteuſe de la Dame Kornmann, pardonnée & oubliée. Il s'agit d'un jeune Hollandois, pour lequel elle s'étoit priſe de belle paſſion, avant d'avoir été ſéduite par le S^r. *Daudet.*

La connoiſſance de ce fait éclaircit à merveille la correspondance avec le S^r. Daudet, & ce qui prouve la mauvaiſe foi du S^r. de Beaumarchais; c'eſt qu'il ne pouvoit l'ignorer: c'eſt donc ſciemment qu'il appuye ſon ſyſtême de défenſes ſur des lambeaux de lettres écrites il y a environ ſept à huit ans; & pour en tirer le parti le plus avantageux à ſa cauſe, il intervertit l'ordre de leurs dates. Au moyen de cet artifice, les actions & les démarches les plus innocentes du S^r. Kornmann deviennent criminelles; il a l'air d'avoir été le premier auteur des déſordres de ſon épouſe, & tous les maux dont il ſe plaint ſont ſon ouvrage.

Le défenſeur du S^r. Kornmann fait plus; c'eſt qu'il prouve que, ſans la connoiſſance de cette anecdote, pluſieurs phraſes des Lettres ſont inintelligibles au Lecteur. Au contraire, par elles ces lettres deviennent claires; en outre elles fourniſſent la preuve la plus évidente que le S^r. Kornmann étoit ſincerement attaché à ſon épouſe, qu'il étoit vivement affligé de n'en être pas aimé, & que ſans ceſſe il s'occupoit de la ramener à ſon devoir.

Enfin, pourquoi ne produit-on ces lettres qu'en ce moment? Pourquoi la Dame

Kornmann n'en parle-t-elle pas dans sa prétendue Requête au Parlement ? Pourquoi n'en a-t-elle pas fait mention, dans le Procès qu'elle a intenté en séparation ? Comment se fait-il que le Sr. Daudet déja décrété de prise de corps, & la Dame Kornmann décrétée d'assigné pour être ouïe, restent dans le silence avec des pieces aussi victorieuses, & que le Sr. de Beaumarchais descende seul dans l'arene ?

On assure que dès que le premier Mémoire du Sr. Kornmann a paru, le Sr. de Beaumarchais a dépêché un exprès au Sr. Daudet, lequel étoit dans la Principauté de Saarbruck, & vraisemblablement c'est cet exprès qui a rapporté lesdites lettres.

Ce Mémoire nouveau, de pure discussion, fait à la hâte, est peu oratoire : il n'y a que la peroraison très belle & digne de la plume de M. Bergasse.

25 *Juin* 1787. On assure que M. *Ethis de Corny*, Procureur du Roi de la ville, est arrivé vendredi de Londres, où il avoit été remplir une mission secrette, laquelle consistoit à retirer un manuscrit injurieux à la gloire de la Reine ; cette anecdote mérite d'être éclaircie.

25 *Juin.* Encore une facétie contre le Sr. de Beaumarchais ; c'est une lettre toute récente, puisqu'elle est datée du 23 Juin, d'un écrivain des Charniers, qui offre ses services au Sr. de Beaumarchais, en cas qu'il

veuille répondre au second Mémoire du Sr. Kornmann: il lui donnera du *Style à Cousin*, c'est-à-dire, du pareil à celui dont est écrit son premier: c'est celui que les écrivains des Charniers emploient pour les cuisinieres.

Comme l'on apprend toujours quelque chose en passant dans les plus mauvaises plaisanteries, celle-ci fait connoître les quatre Styles dont se servent les écrivains du Palais: 1°. *Style Royal*, c'est-à-dire, pour les placets au Roi; il se paye 30 sols par rôle: 2°. *Style de Ministre*; il se paye 24 sols: 3°. *Style pour les Gens d'affaires*; il se paye 12 sols: enfin *le style à cousin*; qui se paye cinq sols.

26 *Juin* 1787. *Réponse au Requisitoire du* 11 *Août* 1786. *Introduction*: cette premiere piece des quatre que M. Dupaty a publiées depuis environ un mois, est une déclamation, une fougue oratoire, où il maltraite fort M. Séguier & le Parlement entier: il prétend que sur la Requête des trois accusés en cassation, le Conseil du Roi s'étant hâté d'ordonner l'*apport* des charges, il falloit que cette Cour restât dans un silence respectueux.

Quoi qu'il en soit, un Magistrat osa dénoncer la Justification des trois accusés au Parlement assemblé, comme un ouvrage rempli d'impostures & de calomnies, & digne de toute la sévérité de la Justice.

L'accusateur public reçut ordre d'en rendre compte.

L'accusateur public rendit compte au bout de plusieurs mois ; il présenta aux chambres assemblées un Requisitoire terrible ; un Arrêt reçut sa plainte, lui permit d'informer contre l'auteur, & la Justification de ces malheureux fut condamnée à être lacerée & brûlée par le bourreau.

L'Arrêt reproche au Mémoire de contenir un exposé faux des faits, un extrait infidele de la procédure, des textes de loix aussi faussement rapportés que faussement appliqués ; d'être calomnieux dans tous les reproches hazardés contre les Tribunaux, & injurieux aux Magistrats.

Voilà de cruelles imputations, tant contre la défense que contre son auteur : M. Dupaty néglige en ce moment sa propre justification, pour ne s'occuper que de celle de ses cliens.

Il y a des morceaux très éloquens, très chauds, très véhémens dans cette piece purement de parade.

La seconde est *Résumé du Mémoire justificatif de Bradier, Simare & Lardoise, de leurs moyens de Droit, de leurs différentes Requêtes ; & leur Réponse manuscrite au Requisitoire.*

L'Avocat y rappele d'abord tous les moyens que dans leur Requête au Conseil, dans leur Mémoire justificatif, & surtout dans leurs moyens de droit, ses cliens ont présentés au Roi, à l'appui de leurs différentes demandes, & successivement il réfute toutes les assertions & tous les argumens du Requisitoire relatifs à chacun d'eux.

Il prouve qu'un grand nombre de faits qui sont contraires à l'intérêt de ses cliens, avancés dans le Requisitoire comme *vrais*, sont *faux*.

Il démontre que le Requisitoire a interprété plusieurs articles essentiels de l'Ordonnance, contre le vœu de la Raison, le vœu de la Justice, & la lettre de la Loi.

Il présente toutes les conséquences funestes qui résulteroient pour la sûreté du Public, d'un Arrêt du Conseil, qui, en rejetant la demande de ses cliens, la plus importante qui ait jamais été soumise à la décision de ce tribunal, consacreroit irrévocablement la procédure monstrueuse & ses principes desastreux que l'Arrêt du 20 Octobre 1785, & le Requisitoire & l'Arrêt du 11 Août 1786, ont adoptés & légitimés & même imposés comme des modeles à tous les tribunaux du Ressort.

La troisieme piece est *Réponse au Mémoire apologétique des Officiers de Troyes, contre Bradier, Simare & Lardoise.*

Ces Officiers terminent leur Mémoire, sous le titre d'*Observations*, par espérer que l'Arrêt à intervenir, en canonisant leur procédure, dissipera tous les nuages que les fausses inculpations dont ils sont chargés par les deux Mémoires répandus dans le Public, peuvent laisser sur leur compte.

Par la Réponse on prétend montrer dans leur Mémoire une foule de contradictions, de faits faux, de sophismes, de mauvaises excuses, en un mot tous les efforts de l'artifice, & en même tems toute la mauvaise foi, tout l'embarras d'une Justification impossible.

Les accusés persistent donc plus que jamais dans la demande de la cassation de la procédure prévôtale, & dans celle qu'il leur soit permis de prendre à partie les Officiers de la Prévôté.

Peroraison vigoureuse, où l'orateur s'éleve avec force contre notre Législation Criminelle & en demande la réforme.

Enfin la quatrieme piece contient de *Nouveaux moyens de cassation contre la procédure prévôtale de Troyes*, &c. Elle se termine par une nouvelle conclusion plus violente, & où l'orateur révele une anecdote de prévarication en matiere criminelle dans un tribunal subalterne qu'il ne nomme pas & qu'il faudroit le forcer de nommer.

26 *Juin* 1787. Hier dans l'assemblée de la Cour des Pairs on a enregistré la Déclaration concernant la libre Exportation des grains, en date du 17 Juin.

Il ne transpire de cette séance aucune

autre anecdote, sinon qu'il a été fait de nouveau une sortie violente contre les Intendans & leur administration: elle avoit déja été vivement critiquée vendredi par l'abbé le Coigneux, qui l'avoit jugée inconstitutionnelle, tyrannique, révoltante.

27 *Juin* 1787. La Déclaration concernant la libre exportation des Grains est absolument dans le syſtême des Economistes; elle est générale, illimitée & perpétuelle; sauf sur la demande ou des Etats, ou des Assemblées Provinciales, ou des Commissions intermédiaires, de la retirer, mais seulement pendant un an.

27 *Juin.* Le Sr. *Diller*, démonstrateur de physique à la Haye, a donné lundi dernier 25 de ce mois, au Panthéon le spectacle tout-à-fait neuf, d'un feu d'artifice à air inflammable, sans fumée, sans odeur, & qui efface l'éclat des feux d'artifice connus.

L'Académie des Sciences avoit été invitée à ce nouveau genre d'expériences, & cette Compagnie, quoique bien familiarisée avec les phénomenes de la physique & de la chymie, a singulierement applaudi au talent de l'artiste, à l'élégance de ses machines, & à la perfection de ses moyens.

Les personnes qui aiment le bruit accompagnant un feu d'artifice, ont trouvé celui-ci un peu silencieux; mais aussi n'offre-t-il aucun des inconvéniens des autres: d'ailleurs on peut y joindre des fusées volantes, des bombes, des pétards, comme accessoires.

27 Juin. Le Gouvernement trouvant que la somme de deux millions deux cens mille livres auxquels se monte jusqu'à présent la Charité des Parisiens pour les nouveaux hôpitaux proposés, n'est pas proportionnée à beaucoup près, au capital qu'exigeroit la dépense des bâtimens & édifices de ces grands établissemens, a imaginé d'en prendre toujours de vieux, & en conséquence a choisi pour la partie du Levant & celle du Couchant, le couvent des sœurs hospitalieres de la Roquette, & l'abbaye Royale de Ste. Perine à Chaillot.

Tout cela se voit détaillé dans un Arrêt du Conseil du 22 Juin, où l'on a eu soin d'insérer que ce choix étoit fait *de l'avis de l'Académie Royale des Sciences.*

On juge par cette précipitation combien M. le Baron de Breteuil desire que le projet conçu sous ses auspices s'effectue.

28 Juin 1787. On savoit déja que dans le Délibéré, à l'occasion du procès du Negre prétendu, réclamant sa liberté, il y avoit eu dix voix contre sept pour le rendre à sa maîtresse, sur le Rapport de M. Robert de St. Vincent: enfin Arrêt conforme a été prononcé à l'audience d'hier. M. l'Avocat général en a été indigné & tous les Magistrats jaloux de l'honneur de la compagnie ont gémi de cet Arrêt inique.

28 Juin 1787. Madame de Polignac & sa Suite sont de retour d'Angleterre. La Duchesse a été très accueillie & très fêtée de la Reine, qui a voulu la dédommager des placards injurieux de Londres: elle a repris ses fonctions auprès de ses augustes élèves.

28 Juin 1787. Dans une Note de sa *Réponse au Mémoire apologétique*, M. Dupaty rapporte une anecdote de l'Assemblée des Notables que l'on ignoroit. Il prétend que M. le Marquis *de la Fayette* dans le Bureau de M. le Comte d'Artois a fait une motion contre notre Code Criminel; qu'il a été puissamment secondé par M. *de Castellon*, ainsi que par le Maréchal *de Beauvau*, les Ducs *du Châtelet* & *de la Rochefoucault*.

28 Juin 1787. Depuis trois semaines on varie sur la nouvelle du Cordon-bleu redemandé à M. de Calonne & qu'il portoit en qualité de Grand Trésorier de l'Ordre; il paroît constant aujourd'hui qu'il l'a rendu & voici comme on raconte l'anecdote.

M. le Garde des Sceaux, M. le Prévôt des Marchands, M. le Contrôleur général, M. d'Ormesson le Président, ayant desir d'être bardés du Cordon bleu, on a imaginé de proposer à M. de Calonne la démission de sa charge de Trésorier; mais il n'a pas le tems de possession suffisante pour en conserver les honneurs.

Le Chevalier de Coigny, un des courtisans envers lequel M. de Calonne a le plus prodigué ses faveurs utiles durant son Ministere, s'est hâté de le prévenir par un courier des mouvemens que se donnoient les concurrens à cette occasion, & de la crainte qu'ils ne réussissent; il lui conseilloit en conséquence d'envoyer volontairement au Roi la démission de sa Charge, en suppliant en même tems S. M. de lui permettre de porter le Cordon. Malheureusement, avant l'arrivée de ce Courier, M. de Calonne avoit reçu l'ordre fatal; ensorte que le voilà absolument dépouillé de cette décoration.

29 *Juin* 1787. M^e. *de Mirbeck*, Avocat au Conseil, vient de composer & de publier une *Requête au Roi*, au nom des Banquiers *Tourton & Ravel*, dans laquelle il s'appuye de la réclamation presque universelle des Banquiers de l'Europe contre le jugement de la Commission du Châtelet dans l'affaire des Lettres de change; jugement qui mettroit les Banquiers les plus honnêtes à la merci du premier faussaire.

Les S^{rs}. Tourton & Ravel prétendent dans ce Mémoire, que si la Commission avoit jugé d'abord les falsifications, on auroit tiré de grandes lumieres de la procédure faite à cet égard sur les véritables auteurs du faux, & que le jugement subséquent de la validité des lettres surchargées, auroit une base plus certaine.

Les plaignans concluent à ce que le jugement soit réformé pour l'utilité & la sûreté générale de la Banque & du Commerce.

29 *Juin* 1787. Encore une chanson contre le Sieur de Beaumarchais & son opéra, sur l'air *vous m'entendez bien*.

 Le créateur de Figaro
 Contre les clameurs de haro
 Tout frais de Saint Lazare,
  Eh bien!
 Enfante aussi Tarare;
  Vous m'entendez bien!

 Survient un malheureux Cornard
 Qui vous le traite de pendard;
 Caron dans la bagarre,
  Eh bien!
 Fait chanter son Tarare;
  Vous m'entendez bien!

 Daudet, Le Noir & Beaumarchais,
 Trio fameux par vos hauts faits,
 Que rien ne vous sépare,
  Eh bien!
 Triomphez par Tarare,
  Vous m'entendez bien!

30 *Juin* 1787. Les défenseurs de M. *Poivre* justifient sa mémoire contre l'attaque faite en faveur de M. *d'Etchevery*: ils nous rappelent avec quelle intrépidité cet Administrateur citoyen brava dans deux voyages les périls d'une navigation dangereuse sous tous les aspects, & triompha des difficultés

innombrables qu'il avoit à vaincre avant, pendant & après cette étonnante expédition; au retour d'un voyage à Manille, à Timor, il remit au Conseil Supérieur de l'Isle de France le 8 Juin 1755, (c'est à dire quatorze ans avant le voyage de M. *d'Etchevery*) les plants précieux qu'il avoit enlevés & qui furent reconnus pour être des épiceries fines; & dans un voyage précédent en 1753, il avoit déja rapporté cinq plants de muscadiers enracinés.

30 *Juin*. Dans ce moment de fermentation générale il se répand une requête au Parlement de Paris par le Marquis *de Saint Huruge* contre des calomniateurs & autres gens mal intentionnés, qui ont, pendant sept ans, abusé de l'autorité pour lui faire un mal inouï.

Cette Requête imprimée à Londres, où, sans doute, réside l'auteur, est accompagnée d'une Lettre datée de la même ville le 10 Mai 1787, adressée à M. d'Epremesnil. On ne sait qui distribue cette Requête; mais elle est destinée à une grande publicité, puisqu'on en a envoyé des exemplaires non seulement aux Magistrats de toute espece, aux Avocats & aux autres gens de robe; mais encore dans les Clubs & dans les Caffés. On reviendra sur une piece aussi importante.

1er. *Juillet* 1787. Ceux qui ont connu M. *de Villedeuil* avant qu'il fût Contrôleur général, sont tout surpris de la métamorphose qui s'est opérée en lui: nagueres il étoit accessible, riant, ouvert; il devient aujourd'hui triste, sauvage, taciturne; il a l'air tout honteux du pauvre rôle qu'il joue: dernierement les Receveurs généraux des finances, inquiets de leur sort, ont été à son audience pour être rassurés, ou du moins savoir à quoi s'en tenir; M. *Blondel*, le Maître des Requêtes chargé du Département des impositions, les a présentés en cette qualité; M. de Vaines l'a harangué au nom de sa compagnie. Plusieurs fois M. Blondel, ou l'orateur, ont cherché à tirer quelques paroles de M. de Villedeuil: il est resté constamment dans le silence & il est rentré dans son cabinet sans leur avoir dit un mot.

1er. *Juillet* 1787. On dit ce soir le Prince de Soubise frappé d'une apoplexie subite; on le croit même mort.

1er. *Juillet.* Le Marquis *de Saint Huruge*, après avoir servi depuis l'âge de 13 ans, voulut voyager pour son instruction, en France & dans les différentes cours de l'Europe: en 1778 il fit connoissance à Lyon d'une comédienne qui, sous le nom de *Laurence*, joüoit les rôles de Reine: il en devint amoureux & l'épousa.

Venu à Paris avec Mlle. *Mercier*, nom de famille de sa femme, il apprit par les livres de la police & par plusieurs personnes qu'elle n'y étoit que trop connue, ainsi qu'à

Brux-

Bruxelles, à Spa, & dans beaucoup d'autres endroits; cependant ce ne fut qu'au bout de deux ans que M. de St. Huruge eut lieu de se repentir absolument de sa sottise. Sa femme jeune & jolie se livra sans mesure au libertinage, & les remontrances de son mari lui devenant insupportables, elle profita de quelques bruits calomnieux semés avec adresse contre M. de Saint Huruge, pour faire parvenir un Mémoire au Ministre & obtenir une Lettre de cachet. Les deux griefs principaux étoient un assassinat & un infanticide, & cette accusation étant souscrite de nombre de signatures il ne fut pas difficile de réussir: il le fut d'autant moins que M. de St. Huruge avoit eu à Dijon une tracasserie avec Madame Amelot, dont le mari étoit alors Intendant de Bourgogne; que celui-ci avoit pris fait & cause pour sa femme, & en avoit conservé du ressentiment.

Le Marquis de St. Huruge, malade d'une fievre-quarte, fut donc arrêté à Macon au commencement de Janvier 1781, lié, garotté & arraché en plein jour de la ville, en criant hautement que c'étoit pour crime de Leze-Majesté. Il est amené à Charenton, où il reste depuis le 14 Janvier 1781 jusques au 7 Décembre 1784, & durant presque tout ce tems sans voir personne & dans une salle commune des fols, des épileptiques, des mauvais sujets, de toutes sortes de gens.

M. Amelot ayant quitté le Ministere, le prisonnier trouva moyen de faire passer à l'un de ses amis une lettre, qui lui apprenoit sa triste situation. Cet ami généreux travailla si efficacement à faire revenir de leur erreur tous les gens dont on avoit surpris la signature, que beaucoup en eurent des remords & qu'il s'éleva un cri d'indignation dans toute la province de Bourgogne. Les sœurs de M. de St. Huruge, après avoir concouru, sans le savoir, au sort affreux qu'il éprouvoit, vinrent à Paris solliciter sa liberté. Elles furent un an à essuyer des rebuffades: enfin, après trois ans & huit mois de détention dans la salle pestilentielle où il étoit, le Marquis de St. Huruge, par un premier adoucissement fut transféré dans un autre lieu commun, où sont les prisonniers pour dettes & les prisonniers d'Etat.

Mlle. Mercier, après avoir feint de prendre beaucoup de part au malheur de son mari, l'avoir visité dans la prison, avoir versé à ses yeux des larmes perfides, s'étoit enfin démasquée en se faisant donner par le Parlement un Arrêt qui lui accordoit l'administration arbitraire des biens: administration dont elle avoit abusé de la façon la plus scandaleuse; elle redoutoit le compte qu'il faudroit rendre de la gestion & le courroux d'un mari si indignement persécuté, & ne pouvant plus l'empêcher de sortir, elle en fit exiger trois choses pour prix de sa liberté;

1º. de signer un acte assurant 6000 livres de pension à sa femme: 2º. qu'il se rendroit en exil dans ses terres & qu'il resteroit toujours sous la main de l'autorité: 3º. que Mlle. Mercier resteroit toujours parfaitement libre, continueroit de vivre à sa maniere & où bon lui sembleroit.

Le premier usage que M. de St. Huruge fit de sa liberté fut, en descendant de voiture à Châlons sur Saône, le 17 Décembre 1784, de protester contre l'acte du 7 du même mois: du reste, il trouva ses biens absolument dévastés par sa femme & ce fut une raison de plus pour se refuser à la pension qu'on avoit exigée pour elle; il prétend que c'est son obstination qui lui valut le refus d'aller aux eaux d'Aix la Chapelle, permission qu'il sollicitoit pour sa santé. Il cite les lettres du Baron de Breteuil & de M. le Noir en date du 20 Juin 1785, surprises sans doute à leur religion, par lesquelles ils s'expliquent très clairement sur cet objet. Enfin ayant reçu l'avis très formel qu'il n'y avoit pas à balancer entre le silence le plus profond, ou la prison la plus sévere; le Marquis de St. Huruge prit le parti de se refugier en Angleterre, où il vit sans crainte, où sa santé s'est rétablie, mais où il se trouve privé de ses revenus dont son épouse s'est emparée de nouveau.

Dans cette circonstance M. de St. Huruge, ayant vainement cherché les moyens de faire parvenir ſes plaintes au trône, prend le parti de s'adreſſer à la cour, tant pour faire ceſſer ſon exil, que pour avoir communication des Mémoires calomnieux répandus contre lui & en obtenir réparation.

Tel eſt le réſumé de cette requête, écrite d'un ſtyle ſimple, même plat quelquefois; ce qui diſpoſe encore mieux à croire le plaignant dont on ne peut que louer la modération envers M. le Baron *de Breteuil*; mais qui ſe plaint amerement du Sr *Robinet*, de M. *Amelot* & ſurtout de M. *le Noir*.

2 *Juillet* 1787. Quoiqu'on critique, non ſans raiſon, la cupidité ſordide qui ſemble diriger le grand nombre des opérations financieres de M. le Duc d'Orléans, on ne peut diſconvenir que ſa maiſon ne ſoit parfaitement bien adminiſtrée, ſurtout depuis que M. le Marquis *du Creſt* eſt Chancelier de ce Prince. On aſſure que le Roi lui a fait demander un Mémoire ſur la maniere dont en venant à la tête de cette adminiſtration il étoit parvenu à faire rentrer les ſommes dues au Prince par les gens qui ſe prétendoient, au contraire, être en anticipation. Le Mémoire a été envoyé, lu au Conſeil & généralement approuvé. On ne ſait pourquoi l'on differe à ſuivre un plan confirmé par un ſuccès prompt & ſoutenu.

2 *Juillet* 1787. Voici la lettre de M. le Marquis de St. Huruge à M. d'Epremeſnil, que ſa brièveté permet de rapporter.

„ Monsieur.... Depuis sept ans je suis
„ le jouet & la victime d'une persécution
„ cruelle : on m'a tenu pendant trois ans
„ & onze mois renfermé avec les fous &
„ les épileptiques de Charenton. Je n'en
„ suis sorti que pour être exilé, sous con-
„ dition de ne pas me plaindre. Le besoin
„ d'être libre & la nécessité de soigner ma
„ santé, m'ont fait passer en Angleterre, où
„ je suis depuis deux ans.

„ Je donnerois inutilement des Mémoires
„ au Ministre pour démontrer qu'il est juste
„ de faire cesser mon exil; car j'en ai déjà
„ donné qui ont été rejetés ou mal lus. Il
„ ne me reste qu'une seule voie, c'est de
„ recourir à la Protection du Parlement,
„ que la Loi & un long usage ont posé &
„ maintenu entre l'Autorité surprise & le
„ Citoyen opprimé.

„ Parmi les Magistrats qui composent cet
„ Auguste Tribunal, il m'est facile de
„ choisir un Défenseur; j'en connois beau-
„ coup qui sont autant distingués par leurs
„ talens que respectables par leurs vertus.
„ Chacun d'eux m'inspire une égale con-
„ fiance; mais puisqu'il m'est libre de faire
„ un choix, permettez-moi, Monsieur,
„ de le faire tomber sur vous. Réunissez,
„ s'il vous plaît, votre zele à celui de vos
„ honorables Confreres : continuez d'ap-
„ prendre aux calomniateurs que l'homme
„ juste trouve, au milieu de vous, un asyle

„ assuré & une prompte satisfaction. J'ai
„ rédigé une Requête contenant les faits de
„ ma cause ; je vous supplie, Monsieur,
„ d'en faire usage, & d'y ajouter la partie
„ des moyens ; j'ai laissé cette partie à trai-
„ ter, parcequ'il n'y a qu'un orateur qui
„ puisse s'en acquitter dignement.
„ Je ne dirai rien de plus pour exciter
„ votre zele, parceque vous vous faites
„ un devoir de venir au secours de celui
„ qui en a besoin. Vos talens sont en vous
„ un dépôt précieux, que la nature vous
„ a confié pour le bonheur de vos freres.
„ Je me bornerai donc à me féliciter de
„ vous avoir pour Avocat & à attendre
„ avec confiance le succès de vos généreux
„ efforts.
„ J'ai l'honneur d'être respectueusement,
„ &c."

2 *Juillet* 1787. Le Sr. *Dupont*, l'auteur des Mémoires sur la vie & les ouvrages de M. *Turgot*, réclame contre un *Mémoire sur les Assemblées Provinciales, ou sur les différens degrés de Municipalités dont l'établissement peut concourir à l'administration du Royaume,* publié comme ouvrage posthume du Ministre. Il prétend que les idées sont à ce grand homme, mais qu'il est impossible d'y reconnoître son style: enfin il déclare modestement que c'est lui Dupont qui, d'après les ordres de son Protecteur, a rédigé ce Mémoire qui n'a jamais été présenté au Roi vers la fin d'Août 1775.

A quoi revient tout ce bavardage inféré aujourd'hui dans *le Journal de Paris*? Vraisemblablement le Sr. Dupont, après avoir laissé imprimer ce Mémoire sous le nom de *Turgot*, dans l'espoir d'exciter davantage la curiosité, a pris la tournure hypocrite de l'humble aveu qu'il fait, quant au style, pour se réintégrer dans sa propriété. Quand on aura lu l'ouvrage, l'on pourra mieux juger si l'amour-propre de l'auteur est bien ou mal fondé.

3 *Juillet* 1787. Graces au zele de quelques Grands indignés de l'Arrêt du Parlement contre le pauvre *Julien*, l'on a obtenu de M. le Garde des Sceaux un sursis pour empêcher la Maîtresse de ce Negre prétendu de le faire embarquer & retourner aux Isles. Aux termes de la Loi même, la requête, afin de se pourvoir en cassation contre un Arrêt infecté d'autant d'illégalités, a déja produit son effet, & l'abbé *Royer*, Maître des Requêtes, est nommé Rapporteur de la demande.

3 *Juillet*. Depuis longtems on parloit beaucoup d'un Mémoire adressé aux Notables sous le titre piquant: *ni Emprunt, ni Impôt*. On l'attribuoit, on ne sait pourquoi, à l'Evêque de Nevers; il en perce enfin des copies imprimées &, suivant un *Avis de l'Editeur*, il est du Comte de Kersalaun, déja fameux par ses Observations sur le premier Discours de M. de Calonne, qui lui

ont attiré la persécution dont on a rendu compte.

Ce Mémoire, en forme de discours adressé au Roi, établit deux propositions: l'une, que le *Déficit* momentané peut être soldé *sans Emprunt*; l'autre, que la dépense peut être mise au niveau de la recette *sans Impôt*.

Pour remplir la premiere, l'auteur propose une Chambre de Justice, dont l'objet seroit de vérifier les dettes, d'en régler les intérêts, de faire rendre tous les comptes arriérés: il prétend que l'Etat retireroit un avantage immense de ce retour à l'ordre, & qu'on y trouveroit, non seulement de quoi faire face à la dette pressante, mais encore des sommes assez considérables pour éteindre de gros capitaux.

Une réforme dans toutes les classes de l'Etat, surtout dans les plus élevées, dans celles des grands qui participent le plus aux bienfaits du Souverain, suffiroit seule pour remplir la seconde proposition. Le sacrifice du superflu de ces personnages puissans conserveroit au Peuple le nécessaire, dont le dépouilleroit la ressource de l'Impôt. L'auteur voudroit qu'on établît un Conseil de finances *ad hoc*.

Il faut convenir que ce Mémoire très bien écrit, très bien vu, très sagement déduit, n'est pourtant pas assez arithmétiquement calculé pour décider si le résultat en seroit
aussi

aussi complet, aussi satisfaisant que le présume son auteur.

On trouve à la fin une *Addition au Mémoire* contenant *des Réflexions sur le véritable état des finances*, qui seroient fort consolantes, si elles portoient sur un apperçu moins vague & plus vraisemblable. On y veut que s'il existe quelque *Déficit*, il soit peu considérable, & l'on le porte au plus à 27 millions. M. de Calonne n'auroit si fort exageré la crise de l'Etat, que pour se procurer par de nouveaux impôts de quoi fournir à ses profusions. Tout cela n'est rien moins que prouvé; & certes, M. de Calonne n'auroit pas assemblé les Notables, s'il eût été en situation de pouvoir s'en passer.

3 *Juillet* 1787. Hier, l'Assemblée des Princes & Pairs continuée à ce jour au Parlement, a eu lieu à l'occasion de l'Impôt du Timbre: elle a été longue & vive: plusieurs membres ont opiné avec beaucoup de force; les têtes s'étoient exaltées & l'on croyoit voir une petite image du Parlement d'Angleterre Le résultat a été que S. M. seroit suppliée de vouloir bien faire communiquer au Parlement les 63 Etats de recette & de dépense dont a eu connoissance l'Assemblée des Notables: préliminaire indispensable pour connoître le montant du déficit & l'étendue des ressources à trouver.

L'on reviendra sur cette séance intéressfante, quand on aura mieux recueilli & constaté les anecdotes.

4 *Juillet*. Il paroît que le reglement proposé concernant les Mémoires a été adopté de la plupart des colonnes & qu'il aura lieu. Les Avocats jaloux de l'honneur & de la liberté de l'ordre, gémissent du joug qu'on va lui imposer: ils maudissent la foiblesse de M^e. *Gerbier*, le Bâtonnier nouveau, dont la Présidence sera marquée par cette dégradation.

4 *Juillet* 1787. Le Clergé n'a pas encore renoncé à l'honneur du Préceptorat de M. le Dauphin : il se remue beaucoup, afin d'y faire nommer un Evêque, & la Reine désire toujours faire tomber le choix sur *M. de Fontanges*, l'Evêque de Nancy. Le Duc d'Harcourt persiste à ne point vouloir de collegue pris dans l'ordre épiscopal, & menace de donner sur le champ sa démission. C'est le seul obstacle, en ce que ce Seigneur est fort agréable au Roi.

Du reste, M. le Dauphin semble prendre de l'attachement pour le *Pere Corbin*. On raconte qu'un jour la Reine qui vient fréquemment assister aux instructions que reçoit le jeune Prince, en fit, en riant, des reproches au Doctrinaire: ,, Pere, lui dit-elle, ,, il me semble que mon fils se plaît plus en ,, votre compagnie qu'en la mienne & celle ,, des Dames de la cour: *Madame*, répon- ,, dit-il, *il n'y a pas grand mal à cela*.

Répartie peu galante, qui ne sent en rien le courtisan & que certainement n'auroit pas faite un Jésuite.

Quoiqu'il en soit, M. le Dauphin a, quant à présent, peu de goût pour l'étude: il folâtre en s'instruisant, & le Roi ayant égard à son jeune âge, lui a fait mettre un petit billard dans son cabinet d'étude, & le Pere *Corbin* y joue avec son pupille; ce qui n'empêche pas qu'il ne profite de ses leçons, & l'on est tout étonné que le Prince, lorsqu'il semble le moins s'en occuper, retienne & répete à merveille ce qu'on lui apprend: on en conclut qu'il a une grande facilité.

4 *Juillet* 1787. Il faut savoir que la parodie du *Discours de Theramene* passe pour être de deux mains, quelque médiocre qu'elle soit. Le premier auteur dont elle est très digne, est M. *de Champcenets*, fils d'un premier Valet de Chambre du Roi; le second est le Comte *de Rivarol*, qu'on prétend fils d'un Cuisinier. Il est très en état de faire mieux, & vraisemblablement s'est contenté de corriger le thême de son associé. Quoiqu'il en soit, le Sr. de Beaumarchais, contre qui est dirigée cette facétie, leur a répondu par le Quatrain suivant, *in utrumque feriens*, quatrain, au surplus, qui n'est pas véritablement une réponse, mais une méchanceté dure & grossiere:

Au noble hôtel de la vermine
L'on est reçu très proprement:
Rivarol y fait la cuisine,
Et *Champcenets*, l'appartement.

5 Juillet. On ne croiroit jamais que l'*Epreuve Villageoise*, niaiserie qui ne se soutient sur le théâtre Italien que par une ariette, en pût engendrer une autre & que l'auteur de *la Femme jalouse* eût une pareille conception. Quoiqu'il en soit, cette seconde niaiserie a été jouée hier sous le titre des *Promesses de Mariage*, comédie nouvelle en deux actes en vers, mêlée d'ariettes. Le plus merveilleux, si quelque chose en ce genre pouvoit l'être sur cette scene, c'est qu'elle a eu beaucoup de succès.

Il est vrai que ce succès doit s'attribuer uniquement à la musique, qui a excité les plus vifs applaudissemens & dont deux morceaux au premier acte ont surtout enlevé tous les suffrages: c'est le début d'un jeune compositeur nommé *le Breton*, qui n'étoit encore connu qu'au Concert Spirituel. Il donne les plus grandes espérances en ce genre.

5 Juillet 1787. La Chambre des Comptes qui étoit en grande fermentation sur le projet du Ministere de lui enlever la connoissance de la discussion des biens de M. *de Serilly*, ancien Trésorier général de la guerre, & de l'attribuer à la Cour des Aides, l'a enfin emporté.

5 Juillet. On parle dans le monde d'une *Lettre remife à Frédéric-Guillaume II, Roi regnant de Pruffe, le jour de fon avénement au Trône, par le Comte de Mirabeau.* On a prétendu que c'étoit un Mémoire fatyrique contre le Roi défunt. Les amis de l'auteur annoncent que, pour détruire l'imputation, il va publier inceffamment ce Mémoire: on l'attend à chaque inftant.

5 Juillet 1787. Le bruit a couru depuis quelques jours que M. de Calonne avoit rompu fon exil & étoit en fuite. Voici ce qui lui auroit fait prendre ce parti défefpéré. Cet Ex-Miniftre avoit écrit à M. l'Archevêque de Touloufe pour le prier d'engager S. M. à lui conferver les honneurs du Cordon Bleu. Certaines expreffions y ayant déplu au Prélat, il lui a répondu fechement que le Roi étoit toujours difpofé à continuer fes bontés, même à fes Miniftres difgraciés, lorfqu'ils n'avoient péché que par ignorance, par ineptie, par étourderie, par légéreté; mais que, lorfqu'ils s'étoient rendus coupables de délits, S. M. étoit inexorable. Ce mot de *délit* avoit tellement effrayé M. de Calonne, qu'il s'étoit cru perdu. Quelqu'un lui a fait fentir le danger de fon évafion & il eft revenu, fi l'on en croit fes partifans: d'autres gens affurent qu'il eft toujours hors du royaume; que c'étoit un projet combiné dé longue main, puisqu'il a rendu tous ses biens à sa bonne amie, Madame *d'Harvelai*, qui s'est chargée d'arranger ses affaires.

6 Juillet. La Lettre du Comte *de Mirabeau* au Roi de Prusse actuel a paru en effet aujourd'hui, & a peu après été saisie. On n'en sera pas surpris en lisant le portrait suivant, qui a dû déplaire infiniment à la cour & surtout à la Reine. ,, Vous avez des ,, rivaux en puissance," dit-il au nouveau Monarque: ,, & pas un voisin qui soit vrai- ,, ment à craindre. Celui qui paroissoit ,, s'annoncer pour redoutable, a menacé ,, trop longtems pour frapper: il apprit à ,, vous connoître; il entreprit avec préci- ,, pitation; il renonça de même à ce qu'il ,, avoit entrepris: il renoncera encore à ,, ses nouveaux projets. Il convoitera ,, tout, il n'obtiendra rien; & ne sera ,, jamais qu'un aventurier irrésolu, à charge ,, aux autres & à lui-même. Pour se pré- ,, server de lui, il ne faudra que le laisser ,, s'agiter de ses conceptions qui s'opposent ,, entre elles."

Du reste, dans une préface l'auteur se défend de l'accusation d'avoir remis au Roi de Prusse regnant une Satyre contre l'immortel *Frédéric II*; il raconte, à cette occasion, comment ce Monarque l'appella pres de lui de son propre mouvement, daigna l'accueillir, le distinguer; comment aucun étranger, depuis lui, ne fût admis à sa conversation : comment, la derniere fois qu'il le manda, il venoit de se refuser à l'empressement des Seigneurs François attirés à Berlin par ses manœuvres militaires. L'écrivain nous apprend enfin comment depuis deux ans il s'efforce d'élever à la mémoire de ce grand Prince un monument, ouvrage considérable qui verra le jour dans le cours de cette année.

Quant à celui-ci, l'auteur après avoir fait envisager au nouveau Roi ses avantages réels & acquis; après lui avoir peint l'esprit des courtisans, la force de l'habitude & la nécessité par conséquent d'en prendre une bonne; il l'exhorte à ne pas trop gouverner; il lui indique les opérations qui peuvent avoir lieu sur le champ, telles que l'abolition de l'esclavage militaire, de la défense de s'expatrier, l'abolition des traites foraines & du droit d'aubaine, la liberté à la bourgeoisie d'acquérir des terres nobles, la protection du peuple contre la noblesse, le rapprochement des fonctions civiles, la justice gratuite, l'établissement d'atteliers publics pour le travail, la liberté de l'instruction & de la presse, la proscription du *Lotto*, la tolérance générale, même à l'égard des Juifs.

Après ces opérations préliminaires, il vient à celles qui demandent à être préparées ; il trouve le système politique du prédécesseur profondément vicieux. Il établit combien la position de son successeur est différente : il l'engage à mettre en circulation le trésor accumulé par *Frédéric* II; à distribuer ses domaines en propriétés particulieres ; à modérer les impôts indirects ; à favoriser le commerce & le *transit*; à abolir le monopole ; à affranchir l'industrie, les arts, les métiers ; à faire des commutations des droits ; à former des spéculations sur les fonds publics étrangers..... Rien de neuf dans tout cela qu'une grande hardiesse de style & plus encore d'idées ; que la présomption incroyable de politiquer sur le gouvernement & les mœurs d'un pays, où l'on est à peine depuis quelques mois.

6 *Juillet* 1787. Il paroît aujourd'hui les *Observations du Sr. Kornmann, en réponse au Mémoire de M. le Noir.* Elles consistent en inductions plutôt qu'en faits ; c'est une espece de commentaire de la déclaration très ambigue, très suspecte de M. *d'Epremesnil.*

Au surplus, le Sr. Kornmann se plaint que M. *le Noir* l'ait réduit à la nécessité de lui répondre ; il déclare qu'il n'a pu le faire sans rendre plainte directement contre lui au Parlement : il s'exprime avec beaucoup de modération sur ce Magistrat & semble plutôt attribuer à la surprise & à la foiblesse les coups d'autorité qu'il lui reproche, qu'à la méchanceté.

Dans un *Postscriptum* M. *Kornmann* annonce

qu'il vient de rendre plainte contre le propriétaire, le rédacteur & le censeur du *Courier de l'Europe*, à cause des articles insérés contre lui dans cette feuille les 8, 12 & 15 Juin derniers.

Il déclare attendre avec impatience le nouveau Mémoire que fait rédiger le Sieur de Beaumarchais, à ce qu'on assure, par un écrivain très connu.

Il attend avec la même impatience le Mémoire de la Dame Kornmann & celui du Sr. Daudet qu'on annonce.

6 *Juillet*. Plusieurs membres ont en effet opiné avec beaucoup de force dans l'Assemblée du 2 de ce mois, mais celui dont l'avis a été adopté surtout est un Conseiller honoraire de Grand' chambre, M. *Mercier de la Riviere*, Economiste distingué dans le parti.

Un Conseiller de Grand' chambre (M. *Fretteau*) a observé que précisément à ce jour, il y avoit 800 ans, que la Race des Capetiens étoit montée sur le trône, & que depuis ce tems la Nation avoit été grévée d'impôts sans cesse accrus & de toute espece: mais qu'il n'avoit pas encore été question d'un si onéreux, si embrouillé, si susceptible d'extension, &, par conséquent, si dangereux.

Un autre (M. *Robert de S^t. Vincent*) a profité de l'occasion pour déclamer contre M. de Calonne, qu'il a qualifié des épithetes les plus dures: il a témoigné sa surprise qu'avant de s'occuper de l'Impôt, l'on ne s'occupât pas de son auteur; il a déclaré qu'il travailloit à ramasser les matériaux propres à faire une dénonciation en regle contre ce Ministre prévaricateur; qu'il en avoit déja plus qu'il ne falloit pour cet objet; mais que dans le dessein de la rendre plus complette, il avoit besoin encore de quelques renseignemens.

Un Membre des Enquêtes (M. *d'Epremesnil*) s'est étendu spécialement sur l'excès des dépenses: il a osé discuter même celles de la famille royale, comme portées à un point dont il n'y avoit point d'exemple chez aucun Souverain; il s'est recrié contre les différentes Maisons des Freres du Roi, de leurs Augustes Compagnes; il a dit spécialement qu'il étoit *immoral* & *impolitique* que la Reine eût une Maison séparée de celle du Roi.

Cette digression a produit une sensation telle que M. le Comte *d'Artois*, bouillant dans sa place, vouloit sans cesse se lever & ouvrir la bouche pour arrêter l'effervescence de l'Orateur; mais *Monsieur* plus calme le tiroit par la manche, le contenoit & l'empêchoit d'éclater.

Un autre Membre des Enquêtes (l'Abbé *Salomon de Foncrose*) a observé que cet Edit du Timbre n'étoit pas aussi nouveau qu'on le croyoit; qu'il en avoit été question sous

Louis XIV; mais qu'on en avoit si énergiquement représenté le danger à ce Monarque, que, tout absolu qu'il étoit, il y avoit renoncé.

Un autre qu'on ne nomme point, a soutenu le principe établi dans l'assemblée des Notables, que le Roi n'avoit pas le droit d'établir des Impôts perpétuels.

Un dernier a prétendu que les Notables, ni le Parlement, ni la Cour des Pairs, ne pouvoient consentir les Impôts; qu'il falloit l'Assemblée des Etats Généraux.

Le résultat a été que l'Edit du Timbre extrêmement diffus, compliqué, détaillé, ayant une foule d'articles & de très longs, de très fatiguans à concevoir, méritoit une discussion sérieuse & particuliere, & que ce soin devoit être confié à des Commissaires: mais qu'avant tout il falloit, comme on a dit, faire au Roi une supplication, pour avoir les Etats de recette & de dépense, ainsi que les autres renseignemens dont S. M. avoit bien voulu donner communication aux Notables.

La séance qui a duré plus de six heures, continuée au vendredi 6.

Il faut ajouter que M. *d'Outremont de Miniere*, Conseiller de Grand' chambre, qui s'étoit jusques ici distingué par des avis vigoureux & patriotiques; qui, même dans les séances précédentes des Pairs, avoit soutenu sa réputation, a fait un discours long, discuté, motivé, fort de choses & de raisonnemens, pour démontrer que le Parlement n'avoit pas le droit de demander au Roi la communication des pieces d'administration qui n'étoient nullement de sa compétence; que la demande étoit indécente, irréguliere, inconstitutionnelle. Cette résipiscence de sa part a paru si extraordinaire, qu'il a été presque hué; cependant beaucoup de Membres ont eu la même opinion, surtout M. le Comte *d'Artois* a été pour obéir aveuglement & sur le champ au Roi, son frere.

7 Juillet. S. M. voulant que l'Académie Royale des Sciences continue à donner ses idées sur l'établissement des nouveaux hôpitaux, à examiner les projets fournis sur cet objet, a nommé des Commissaires chargés spécialement de cette partie; & deux d'entre eux (M^{rs}. *Tenon* & *Coulomb*) sont partis pour aller en Angleterre & en Hollande, y visiter les hôpitaux, en remarquer les avantages & les inconvéniens, afin de se procurer les premiers & d'éviter les autres.

7 Juillet. M. le Maréchal, Prince *de Soubise*, mort presque subitement dimanche dernier dans sa petite maison rue de l'Arcade, a été enterré jeudi à la Merci, sépulture de sa famille. Le convoi qui a traversé tout Paris à l'entrée de la nuit, formoit un spectacle & a mis en mouvement le peuple & les habitans de cette capitale. Le Prince *de Condé*, gendre du défunt; le

Duc *de Bourbon*, son petit-fils, & le Duc *d'Enghien*, son arriere-petit-fils, étoient à la cérémonie, où l'on assure avoir vu rire le Prince de Condé. Tout se ressentoit au surplus de l'indécence du Maréchal qui, concentré dans les filles, depuis longtems avoit quitté son palais de représentation pour se livrer entierement au libertinage & à la crapule, dans un vuide-bouteille, à l'extrêmité de la ville.

Ce même jour a été donné un spectacle d'un autre genre; ç'a été l'enterrement de M *de Ste. James*: ce *Lucullus* qui nagueres rendoit tout Paris témoin & envieux de son luxe & de sa somptuosité, succombant enfin à ses chagrins, est mort presque à l'aumône & n'a eu qu'un convoi de pauvre.

Au reste, ce dénouement rétablit un peu sa réputation, s'il est possible, en ce qu'il prouve que du moins ce financier étoit de bonne foi dans sa banqueroute & n'avoit rien soustrait à ses créanciers.

7 *Juillet*. Hier l'Assemblée a été très courte au Parlement. On a lu deux Arrêtés concernant la supplication à faire au Roi; l'un de M *Pasquier*, plus doux: l'autre de M. *d'Epremesnil*, plus vigoureux. Quand on est allé aux voix, l'on a été surpris d'entendre M. le Comte *d'Artois* opiner longuement & ouvrir l'avis qu'on refondît les deux Arrêtés en un, & que l'on fortifiât le premier de toute l'énergie qu'offroit le second,

Cet avis a paru si lumineux qu'il a sur le champ été adopté par un *Omnes*.

Depuis M. le Duc *d'Orléans* a demandé à M. le Comte *d'Artois*, comment le lundi ayant été d'avis d'obéir au Roi purement & simplement; le vendredi il avoit tout de suite changé ? Son Altesse Royale a très bien rendu compte de sa conduite nullement inconséquente: elle a répondu que, forcée de suivre la pluralité & de se conformer à la voie des supplications, elle avoit pensé ensuite que pour réussir par cette voie, on ne sauroit employer trop de moyens actifs & déterminans pour obtenir ce qu'on demandoit à Sa Majesté.

Au surplus, voilà cet Arrêté, qui cependant n'offre rien de trop véhément.

„ SIRE !

„ Votre Parlement délibérant sur la Dé-
„ claration du Timbre, a reconnu dans le
„ préambule que V. M. ne s'est détermi-
„ née qu'à regret à présenter cette charge
„ si onéreuse pour ses Sujets, comme une
„ ressource nécessaire pour couvrir le *Défi-*
„ *cit* qu'on a cru appercevoir dans l'état des
„ finances.

„ Animé du désir de donner à V. M. des
„ preuves de son zèle & de son dévouement,
„ & obligé par devoir de représenter les
„ intérêts du Peuple inséparables de ceux
„ de V. M., votre Parlement ne peut
„ s'empêcher de croire qu'il lui est impossi-

,, ble, après cinq années de paix, de se con-
,, vaincre de la nécessité de l'impôt sans
,, avoir vérifié le *Déficit* qu'on a présenté
,, à V. M.

,, Pénétré des vues de justice & de bonté
,, que V. M. ne cesse de manifester, lors-
,, qu'il est question du bonheur de ses
,, Sujets, Votre Parlement supplie très
,, respectueusement V. M. de lui faire re-
,, mettre les Etats de recette & de dépense,
,, ainsi que l'Etat des retranchemens, éco-
,, nomies, bonifications que V. M. a eu la
,, bonté d'annoncer dans sa Déclaration.

,, C'est avec d'autant plus de confiance
,, que Votre Parlement porte cette suppli-
,, cation respectueuse au pied de votre
,, trône, que V. M. a daigné annoncer à l'As-
,, semblée des Notables, & renouveller dans
,, le préambule de la Déclaration sur le
,, Timbre, l'engagement de rendre public
,, à la fin de cette année l'état des recettes
,, & dépenses : elle en a même expliqué les
,, motifs : son intention est que les Peuples
,, soient convaincus de la nécessité des
,, moyens avec les besoins réels de l'Etat.
,, Mais s'il est vrai que les Peuples doi-
,, vent être convaincus après l'enregistre-
,, ment, il paroît indispensable que votre
,, Parlement le soit auparavant : la convic-
,, tion ne devant pas seulement suivre la
,, vérification, mais la déterminer."

NB. On assure que cette derniere phrase
est de M. le Comte d'Artois.

8 *Juillet* 1787. *Tarare*, comme on l'avoit prévu, malgré ses énormes défauts, continue à jouir d'un succès qui s'accroît à chaque représentation. Après le compte très détaillé qu'on en a rendu, quant au plan, à la composition, à la marche, aux accessoires de toute espece, on s'étoit proposé d'entrer dans quelques détails de critique ; mais la découverte que l'Abbé *Aubert* a faite d'un Conte Persan, traduit en Anglois d'abord & ensuite en François sous le titre de *Sadak & Kalastrade*, où se trouvent, non seulement le fond, mais tous les incidens de l'opéra de *Tarare*, ôtant à l'auteur le seul mérite de l'invention, dispense d'en dire davantage.

8 *Juillet*. On assure que le Comte *de Mirabeau* instruit de la sensation vive qu'avoit produit à la cour son dernier pamphlet, & de l'indignation générale qu'il avoit excitée, a pris le parti de s'en mettre à l'abri par la fuite.

8 *Juillet*. Les Gens du Roi ayant écrit à M. le Garde des Sceaux pour l'instruire que la Cour les avoit chargés de savoir de S. M. le jour, le lieu & l'heure où il lui plairoit recevoir la Députation qui devoit lui porter ses supplications ; le Garde des Sceaux leur a répondu de la part du Roi, que S. M. recevroit les représentations demain dimanche à 6 heures du soir à Versailles, par le Premier Président & deux Présidens à mortier seulement.

8 *Juil-*

8 Juillet 1787. Il paſſe pour conſtant que M. de Calonne n'eſt point revenu, qu'il eſt à Londres, d'autres aſſurent plus poſitivement en Hollande : qu'il a écrit, en partant, une lettre au Roi, pour lui rendre compte de ſa conduite & lui dire qu'il avoit été forcé de chercher cet aſyle, afin de ſe ſouſtraire à la perſécution de ſes ennemis. Il a adreſſé cette lettre au Maréchal *Duc de Duras*, premier Gentilhomme de la chambre, qui, ſans être de ſervice, s'eſt chargé de la remettre au Roi ; ce qu'on blâme fort.

9 Juillet 1787. Le bruit s'étoit déja répandu que les Freres du Roi avoient déclaré à la Compagnie, dans la ſéance du 25 Juin, que S. M. n'entendoit pas donner communication au Parlement des divers Reglemens qu'elle ſe propoſoit de faire pour les Aſſemblées Provinciales ; & en effet, il paroît imprimé un *Reglement fait par le Roi* ſur la formation & la compoſition des Aſſemblées, qui auront lieu dans la Province de Champagne, en vertu de l'Édit portant création des Aſſemblées Provinciales ; lequel n'eſt revêtu d'aucune ſanction légale : ce qui ſemble donner beaucoup d'humeur aux Magiſtrats.

9 Juillet. Il ſe donne furtivement une facétie manuſcrite contre pluſieurs Seigneurs & Femmes de la cour, qu'on dit très méchante ; car, quoiqu'elle ne ſoit pas extrêmement récente, elle eſt encore exceſſive-

Tome XXXV. O

ment rare par la longueur des copies qu'il faudroit prendre. Ainsi l'on n'en parle que sur parole. Elle a pour titre *les Conseils ou les parce que*.

10 *Juillet*. Une nouvelle tracasserie s'éleve dans l'ordre des Avocats. On a dit que Me. *le Grand de Laleu* n'avoit pu réussir à faire convertir son décret avant les vacances, & depuis il n'a pas été plus heureux. On a jugé de son peu de résipiscense, parce qu'il avoit signé le second Mémoire de M. *Dupaty* depuis son décret.

M. *Seguier* avoit bien promis qu'il ne s'opposeroit point à ce que cet Avocat fût sur le tableau de cette année qui, suivant l'usage, se renouvelle périodiquement au mois de Mai; il avoit même offert de solliciter pour cela, ce que cet Avocat général a fait. Mais la Députation plus sévere a cru indispensable que ce Membre, étant dans les liens d'un décret suspensif, fût supprimé du tableau; ce qui a eu lieu & fait la matiere de la contestation actuelle.

Les Avocats prétendent que Me. *le Grand de Laleu*, en ayant appellé à une assemblée générale de l'Ordre, elle seule pouvoit infliger cette punition, & que la Députation a outre-passé ses pouvoirs: c'est sur quoi les Colonnes vont délibérer.

10 *Juillet* 1787. Voici les paroles sacramentales de la réponse du Roi, sur laquelle a été pris l'Arrêté suivant, après beaucoup

de débats & une très longue séance qui a duré jusques à trois heures.

Réponse du Roi, du 8 Juillet.

„ Je recevrai toujours les représentations
„ de mon Parlement, lorsqu'elles seront
„ dictées par le désir d'accélérer le retour de
„ l'ordre que je veux établir & maintenir
„ dans l'administration de mes finances.

„ Les Etats que mon Parlement me de-
„ mande ont été mis sous les yeux des No-
„ tables de mon Royaume, parmi lesquels
„ étoient plusieurs membres de mon Parle-
„ ment.

„ Ils ont constaté la disproportion qui
„ existe entre mes Revenus ordinaires & les
„ Charges annuelles. Je leur ai aussi an-
„ noncé la somme à laquelle je me propose
„ d'élever au moins les retranchemens &
„ bonifications.

„ Un nouvel examen ne procureroit pas
„ plus de lumieres ; & d'ailleurs il n'est pas
„ dans l'ordre des fonctions qui sont con-
„ fiées à mon Parlement.

„ Il ne peut se dissimuler mes résolutions,
„ encore moins se permettre des doutes sur
„ leur accomplissement. Si l'engagement que
„ j'ai pris de rendre public à la fin de cette
„ année l'état des recettes & des dépenses en
„ est un gage, il indique en même tems que
„ ce n'est qu'à cette époque qu'il sera pos-
„ sible de publier les états avec toute la
„ précision que je désire leur être donnée.

„ Je vous charge de dire à mon Parlement
„ que mon intention est qu'il soit procédé
„ sans délai à l'enregistrement de ma Décla-
„ ration: le bien de mon service, l'intérêt
„ de mes sujets, celui des créanciers de
„ l'Etat & la considération si nécessaire à
„ conserver à un grand royaume l'exigent &
„ lui en font un devoir.
„ Si l'expérience offre des adoucissemens
„ conciliables avec la nécessité des Impôts
„ auxquels je suis forcé de recourir, je
„ n'aurai pas besoin d'être excité pour les
„ procurer à mes Peuples."

Arrêté du 9 Juillet.

„ Qu'il sera fait registre du récit fait par
„ M. le Premier Président, &, en délibé-
„ rant sur la Déclaration du timbre, qu'il
„ sera fait au Roi de très respectueuses &
„ itératives représentations à l'effet d'obtenir
„ de sa bonté qu'il soit remis à son Parle-
„ ment les Etats de recette & de dépense,
„ ainsi que celui des économies, retranche-
„ mens & bonifications que son Parlement
„ lui a demandés par son Arrêté du 7 de ce
„ mois, & qu'il sera nommé des Commissai-
„ res pour rédiger lesdites supplications."

Les détails qui ont transpiré jusques à présent, c'est qu'il y a eu environ 40 voix pour la cour, c'est-à-dire, pour obéir purement & simplement; 80 environ pour faire d'itératives représentations; qu'il y a eu des voix pour demander l'Assemblée des

Etats Généraux comme seuls compétens pour consentir aux impôts.

On dit que pour faire voir qu'il existoit encore au Parlement, malgré ses liaisons honteuses avec les Sieurs *de Beaumarchais* & *Daudé de Jossan*, malgré le rôle infâme qu'il joue dans le Mémoire de M. *Kornmann*, & malgré l'indignation des hommes honnêtes & austeres de la compagnie qui voudroient le voir suspendu jusques à ce qu'il se fût justifié, l'Abbé *Sabbathier*, qui avoit déja peroré dans une des séances précédentes d'une façon assez saugrenue, l'a fait encore dans celle-ci & a été presque hué.

On dit que M. le Comte *d'Artois* est revenu à son premier avis d'obéissance passive & aveugle; mais que *Monsieur*, avec sa modération & sa sagesse ordinaires, a été de l'avis des supplications de demander les renseignemens désirés, & a très bien discuté son avis & prouvé qu'une résistance respectueuse aux ordres du Souverain n'étoit point blâmable & qu'on pouvoit combattre l'autorité par des raisonnemens; la forcer, en quelque sorte, de s'éclairer, sans lui manquer en rien.

11 *Juillet* 1787. On voit en effet, par une copie manuscrite de la Lettre de M. de Calonne au Roi, que ce Ministre ne s'est point cru en sûreté en France. Voici cette piece singuliere.

„ Sire !

„ Les persécutions que j'éprouve, la dé-
„ gradation dont on m'a flétri, l'horreur
„ qu'on n'a que trop inspirée pour ma per-
„ sonne, &, plus que tout cela, la douleur
„ d'avoir perdu les bontés de V. M. me for-
„ cent à m'expatrier; & je serai hors des
„ Etats de V. M. quand elle recevra cette
„ Lettre. Je me retire dans un pays où je
„ pourrai en sûreté travailler à ma justifica-
„ tion."

11 *Juillet.* Samedi dernier 7 de ce mois, les comédiens Italiens ont joué pour la seconde fois *les promesses de mariage,* dont le succès a été encore plus marqué à raison de la musique & de son jeune compositeur. En effet, de la légéreté, de la grace, de la finesse, un orkestre bien entendu; voilà ce qui caractérise le coup d'essai de M. *Berton,* auquel on ne reproche qu'un style trop relevé pour une bagatelle villageoise. On l'exhorte à mieux ménager ses richesses harmoniques & à ne prodiguer les ressources de son art que dans les grandes compositions, ou dans les pieces héroïques.

Quoiqu'il en soit, l'enthousiasme du Parterre a été tel qu'il a demandé encore une fois l'auteur de la Musique. Le S^r. *Chesnard* a amené sur le théâtre M. *Berton* qui n'a que vingt ans, est très petit & a l'air d'un enfant. Le Public semblant douter que ce fût le véritable auteur, l'acteur l'a pris entre ſes bras, l'a ſoulevé & montré ainſi de droite & de gauche au peuple aſſemblé. Cette farce fort indécente envers l'auteur & envers le public, n'a pourtant point attiré à l'hiſtrion la correction qu'il méritoit.

11 *Juillet* 1787. On a commencé le 10 Juin dernier à battre les pieux du bâtardeau du nouveau pont alligné vis à vis de la place de Louis XV. Ce monument qui ſera nommé *Pont de Louis XVI* eſt conſtruit par la Ville de Paris, d'après les deſſins de M. *Perronnet*. Il ſe propoſe de ſurpaſſer la beauté du pont de Neuilly & même celle du pont St. Maxent.

12 *Juillet* 1787. Les amateurs ont tellement crié contre le ſtatut ridicule qui empêchoit la capitale de jouir d'une production jouée, admirée & courue depuis près d'un an aux portes de Paris, qu'on y déroge enfin. L'Académie Royale de muſique répete actuellement *le Roi Théodore à Veniſe*, repréſenté devant leurs Majeſtés à Fontainebleau le 28 Octobre & pour la premiere fois à Verſailles le 18 Novembre 1786; opéra héroï-comique en trois actes, muſique del Signor *Paéſiello*.

On ne ſait encore ſi l'on préférera les paroles imitées de l'Italien par M. *Dubuiſſon*, ou la traduction de M. *Moline*, en trois actes & en vers.

12 *Juillet* 1787. On a parlé déja de la mort de M. *Nadau*, & l'on l'a flétri de l'opprobre qu'il méritoit. On ne lit pas ſans

étonnement dans les *Affiches de la Rochelle* une espece d'oraison funebre de ce militaire, où passant sous silence le jugement du Conseil de guerre contre lui, on le place au rang de nos héros : voici ce paragraphe incroyable :

,, On rappelera ici les services rendus à
,, la France par M. *Nadau*, lors du siege de
,, la Guadeloupe par les Anglois, comman-
,, dés par le Chef-d'Escadre *Moore*, qui avoit
,, sous ses ordres 12 vaisseaux de ligne, 4
,, galiottes à bombes, 80 navires de trans-
,, port, 6000 hommes de troupes réglées,
,, non compris les Milices & les Negres
,, travailleurs des Isles voisines, qui donne-
,, rent l'attaque le 22 Janvier 1759, bom-
,, barderent la basse-terre, le fort, & firent
,, une descente au bourg St. François. La
,, garnison abandonna le fort, & ce fut
,, alors que feu M. *Nadau*, le premier qui
,, ait établi un ordre général de service &
,, un plan de défense pour les colonies, les
,, mit en pratique & défendit cette isle avec
,, 150 hommes de troupes & 2000 mili-
,, ciens, presque sans munitions & sans
,, secours de la Martinique, pendant trois
,, mois & demi. Cette résistance lui fit
,, obtenir une capitulation aussi glorieuse
,, pour les armes de France, qu'avantageuse
,, aux insulaires ; c'est ce qui a mérité à
,, M. Nadau les suffrages les plus flatteurs
,, de la part de tous les Généraux & autres
,, Offi-

,, Officiers en place dans les Colonies, ainſi
,, que de pluſieurs Miniſtres. Le Roi
,, *Louis XV* voulant perpétuer à la poſtérité
,, les ſervices ſignalés d'un ſi brave guerrier,
,, ſur le rapport qui lui en fut fait par
,, M. *de Boines*, lui fit expédier un brevet
,, honorifique donné à Verſailles le 31 Dé-
,, cembre 1771, regiſtré au Conſeil Supé-
,, rieur de l'Iſle de la Guadeloupe le 8 No-
,, vembre 1777."

Vivat in Aeternum Victurus.

13 *Juillet* 1787. Dans les *Affiches de Senlis*
on lit deux périodes muſicales qu'un Italien prétend avoir tracées d'après le chant
du Roſſignol & ainſi écrites & accentuées:

,, Tiùu, tiùu, tiùu, tiùu,
,, Spè tiù z' qua;
,, Quorror pipi
,, Tiò, tiò, tiò, tiò; tix;

,, Qutiò, qutiò, qutiò, qutiò,
,, Zquò, Zquò, Zquò, Zquò,
,, Zi, Zi, Zi, Zi, Zi, Zi, Zi, Zi,
,, Quorror tiù; z quà pipi qui."

Il eſt fâcheux qu'on ne puiſſe peut-être
plus vérifier dans cette ſaiſon, ſi le chant
du Roſſignol eſt exactement conforme à ces
deux périodes muſicales, parceque, ſelon
les Naturaliſtes, cet oiſeau ne chante plus
dès la fin de Juin. On ſera pourtant frappé
de la juſteſſe du réſultat, ſi l'on fait ſurtout
lire ces paroles par une femme qui ait la voix

douce & harmonieuse, & qui se conforme à la prononciation Italienne, différente de la nôtre. C'est par cette observation que termine le journaliste qui, sans doute, a imaginé de tenter cette expérience.

13 *Juillet*. Extrait d'une Lettre de Tours du 7 Juillet.... Le Cardinal *de Rohan* est toujours à Marmoutier, assez maléficié: il avoit demandé à aller aux eaux; on le lui avoit permis, mais avec des conditions si onéreuses qu'il a préféré de rester. Au reste, il ne se conduit pas mieux que ci-devant, & il a près de lui une Angloise, à laquelle il trousse le cotillon, au grand scandale, ou, à la grande jalousie des moines.

Vous vous rappellez un Notaire de Londres nommé *Jones Dubourg*, qui a expédié différentes pieces rapportées dans les Mémoires du Cardinal: ce Notaire François & Breton d'origine, est venu en ce royaume pour raison que je vous dirai dans l'instant, & a visité depuis peu son Eminence: je ne sais à quoi ils ont travaillé ensemble; mais en partant il est échappé au Notaire *Dubourg* de dire qu'ils alloient chauffer M. le Baron *de Breteuil*. Je ne crois pas que ce Ministre craigne la brûlure. Il est certain que le Cardinal est ulceré contre lui & voudroit bien trouver moyen de se venger.

Pour en revenir au Notaire Dubourg, vous ne croiriez jamais que ce fût lui que le Maréchal *de Castries* eût été chercher à Londres pour venir réformer nos trois grands Ports. Cela n'est pas vraisemblable; il est pourtant vrai que ce François Anglisé vient de visiter, par ordre du Ministre de la Marine, Toulon, Rochefort & Brest. Il prétend que dans son étude ayant eu occasion de reconnoître différentes fripponneries de ces ports, il en donna avis au Maréchal & que le Maréchal lui fit proposer cette tournée. Le plus singulier c'est que ce Dubourg est fort lié avec M. *Pitt*; qu'il a dans son étude, en ce moment, un des neveux de ce Ministre, & que celui-ci n'aura jamais une si belle occasion de faire espionner ce qui se passe dans nos ports, avec autant de sécurité que de facilité.

13 *Juillet* 1787. Hier 12, les Princes & Pairs assemblés, on a fait lecture des nouvelles supplications rédigées par M. *d'Eprémesnil*, & qui ont été adoptées sans beaucoup de difficulté; car la séance n'a duré que trois quarts-d'heure : elles ne sont gueres plus longues, ni gueres plus vigoureuses que les premières.

13 *Juillet*. Un plaisant, en attendant que Madame *Kornmann* publie une défense légale, a composé *Mémoire pour la Dame Kornmann contre le Sr. Guillaume Kornmann, son époux*. Ce pamphlet, qui n'est pas sans sel, où l'on persiffle tour à tour toutes les parties, non seulement est vague & dénué de faits nouveaux, d'anecdotes piquantes, mais n'a ni

toute la gaieté, ni tout le farcafme dont il feroit fufceptible: le ftyle n'en eft pas ême merveilleux.

13 *Juillet* 1787. On ne ceffe de plaifanter fucceffivement fur M. Kornmann & fur le Sieur de Beaumarchais. Voici une chanfon fur le dernier. *Air de Figaro*:

> L'étrange auteur de Tarare
> Pour un bon mot, l'an dernier,
> De l'Ordre de faint Lazare
> Fut fait fimple Chevalier :
> Le procès qu'il fe prépare,
> Pourroit bien, cette fois,
> Lui mériter la Grand' croix.

14 *Juillet* 1787. Les fupplications arrêtées le 12 aux chambres affemblées, tranfpiroient dès hier & en voici une copie:

„ SIRE!

„ Le zèle du bien public, un dévouement „ fans bornes aux intérêts de V. M., la „ confiance & le refpect ont dicté les pre- „ mieres fupplications de votre Parlement „ au fujet de la Déclaration fur le Timbre: „ les mêmes fentimens le ramenent au pied „ du trône.

„ Lorfqu'il a pris la liberté de demander à „ V. M. les Etats néceffaires pour éclairer „ fa Délibération, il ne penfoit qu'à remplir „ fon devoir, fans s'écarter de l'ordre de „ fes fonctions dont il n'a jamais fenti plus „ fortement le poids.

„ Il doit à V. M. de concourir au main-

„ tien de la tranquilité publique & de la
„ considération extérieure de son royaume;
„ il lui doit encore de mériter la confiance
„ des Peuples pour que V. M. en recueille
„ les heureux fruits. Organe de V. M.
„ auprès de ses Sujets, votre Parlement,
„ SIRE, est garant auprès d'elle de leur
„ fidélité & de leur obéissance.

„ Mais comment remplira-t-il ce double
„ ministere, si les peuples pouvoient douter
„ de la confiance de V. M. dans son Parle-
„ ment, ou des lumieres & de la liberté
„ de votre Parlement dans ses délibérations?

„ Les Notables ont obtenu les éclaircisse-
„ mens que demandoit leur zèle. V. M. ne
„ les refusera pas à la Cour des Pairs. Obli-
„ gée de donner son suffrage où les Nota-
„ bles ne proposoient qu'un simple avis,
„ votre Parlement ne se permettra jamais
„ des doutes sur l'accomplissement des réso-
„ lutions de V. M. Les Etats seront pu-
„ bliés à la fin de cette année; les bonifi-
„ cations, les retranchemens & les écono-
„ mies seront réalisés.

„ Cette idée seule soutient l'espérance
„ & le crédit; mais elle n'empêcheroit
„ pas que la vérification d'un impôt ef-
„ frayant, dont la nécessité n'est pas dé-
„ montrée, dont la durée est incertaine &
„ la quotité inconnue, ne parût anticipée,
„ & n'opérât un effet contraire à l'intention
„ de Votre Majesté.

„ La premiere condition de tout impôt
„ est sa nécessité. Votre Parlement, SIRE, ne
„ pense point à jeter un regard imprudent
„ sur les secrets de votre administration;
„ mais il se croit permis de demander à
„ V. M. la certitude, qui seule pourroit
„ justifier aux yeux des Peuples l'enregistre-
„ ment d'un impôt.

„ Daignez, SIRE, votre Parlement vous
„ en supplie par la fidélité qu'il vous a jurée,
„ l'honorer de votre confiance; il n'en abu-
„ sera jamais. Elle est nécessaire au bien
„ de votre service : elle assurera celle de
„ vos Peuples. Le langage de la confiance
„ fut toujours pour nos Rois le moyen le
„ plus sûr d'être aimés & obéis."

14 *Juillet* 1787. Encore du *Kornmann*.
C'est aujourd'hui une chanson sur l'air : *oui,*
Noir n'est pas diable.

   Kornmann envain rabache,
   Qu'il soit donc convaincu
   Qu'un cocu qui se fâche
   N'est pas moins cocu;   (*bis.*)
   Et quand un cocufié
   Se plaint de sa moitié,
   Chacun voudroit, je gage,
   Etre dans ce ménage
   La cause du tapage,
   Que fait le pauvre époux.
   Cou, cou, cou, cou,
   Est le sort d'un jaloux.

14 *Juillet*. *Teſtament du pere de Figaro*. Au titre de cette piece datée du 29 Juin 1787, on ſe doute bien que c'eſt encore une facétie contre le Sieur de Beaumarchais.

Ce Teſtament commence par un préambule moral, où l'on peint les remords dont on ſuppoſe le teſtateur dévoré au moment où il réfléchit ſérieuſement ſur ſa vie paſſée, ſurtout ſur la poſition où il ſe trouve aujourd'hui que tous les yeux ſemblent deſſillés ſur ſon compte; qu'il ne lui reſte preſque plus de partiſans; que ſon dernier Mémoire l'a perdu de réputation, même auprès de ſes anciens admirateurs, fait douter s'il eſt auteur des premiers qui firent une ſi grande fortune & dont le ſuccès étoit moins dû à leur mérite réel qu'aux circonſtances; ce qu'on lui fait avouer humblement dans ce véridique & burleſque quatrain:

> Si c'étoit un *Goezman*
> Que j'euſſe encore en face;
> Mais, hélas! c'eſt *Kornmann*,
> Appuyé de *Bergaſſe*.

Enſuite le Sr. de Beaumarchais entre en matiere, & fait ſes différens legs qui tous ont rapport à des anecdotes ſcandaleuſes de ſa vie, dont pluſieurs étoient ignorées, dont quelques-unes ne ſont pas aſſez éclaircies & excitent une curioſité qui n'eſt point ſatisfaite.

Cette production, courte & ſerrée de

faits, est peut-être la plus méchante qui ait encore paru dans cette guerre littéraire qu'on déclare de tous côtés à l'auteur de *Figaro*.

14 *Juillet* 1787. La requête présentée au Parlement contre M. le Noir par M. Kornmann, a été renvoyée au Châtelet comme au tribunal de premiere instance.

14 *Juillet* 1787. M. *Marduel*, Curé de Saint Roch, est mort, il y a peu de tems, âgé de 87 ans. Il est fort regretté, & plusieurs institutions de bienfaisance qui lui survivent dans la paroisse, lui ont mérité de la part de M. *Caraccioli* l'épitaphe suivante, plus vraie que ne le sont communément ces pieces funéraires:

Ici la Piété pleure un Pasteur fidele,
Dont les murs de ce Temple attestent les vertus,
Et dont les indigens, tendre objet de son zèle,
Reçoivent des secours lors même qu'il n'est plus.

On raconte, entr'autres choses, que lorsque le gouvernement entreprit de détruire la mendicité, les Curés invités de donner une note des mendians de leur paroisse; M. Marduel répondit qu'il n'y en avoit aucun dans la sienne. Cependant deux de ses paroissiens ayant été enlevés sous ce prétexte, il court à la Police, il les réclame; il vole au dépôt de St. Denis, où ils avoient été transférés, répond d'eux & les ramene dans sa voiture.

15 *Juillet*. Un *Postscriptum du Public Parisien à Pierre Augustin Caron de Beaumar-*

chais enchérit encore fur cet autre pamphlet & révele des anecdotes plus atroces. Il y eft queftion auffi de détails particuliers rélatifs à la liaifon du S^r. de Beaumarchais avec la Dame Kornmann & le S^r. Daudet.

On fait mention dans une Note d'une *Requête des Scélérats de Bicêtre*, qui réclament le S^r. de Beaumarchais pour leur camarade: méchanceté fi cruelle qu'on ne la vend que très clandeftinement.

A la fin il s'agit auffi d'un petit Abbé dénoncé à la Police, & arrêté fur les plaintes du S^r. de Beaumarchais. On ne fait quel eft cet écrivain qui fe difpofoit à faire imprimer la vie du moderne *Tigillin*.

16 *Juillet* 1787. C'eft actuellement M. *Savalette*, garde du tréfor royal, qui eft l'objet de la méfiance du public & de la jaloufie des financiers en banqueroute. On a intercepté à la pofte nombre de lettres anonymes qui prédifoient la fienne; ce qui a fait juger l'exiftence d'une cabale déterminée à le faire fauter. Depuis le commencement du mois on a retiré peut-être dix millions de fa caiffe & l'on n'y a pas porté un fols. Il eft depuis huit heures du matin jufques à neuf heures du foir à fon bureau, occupé à répondre à tous ceux qui fe préfentent & à faire face. Heureufement l'on affure qu'il n'a point de fonds dans aucune entreprife particuliere.

16 *Juillet*. Les gens du Roi ayant rendu

compte avant-hier aux chambres assemblées que S. M. recevroit les itératives représentations de son Parlement hier à sept heures du soir; elles ont dû lui-être portées par le Premier Président & deux Présidens à mortier seulement, suivant l'ordre du Roi.

Les Princes & Pairs ont dû se rassembler ce matin en la cour pour entendre la réponse de S. M. & délibérer dessus.

On a su quelques détails sur les itératives représentations : elles ne sont pas seulement de M. *d'Eprémesnil*, qui n'a fait que les renforcer comme les premieres; le fonds est de M. *Pasquier* & de M. *Silliers de la Berge*, le Doyen de la chambre des Requêtes.

L'Assemblée du 9 a été partagée entre trois Avis : l'un, pour demander l'Assemblée des Etats Généraux, 25 voix en sa faveur; l'autre pour rejeter absolument l'impôt comme inadmissible, 27 voix; le dernier qui l'a emporté pour les itératives supplications, 60 voix.

16 *Juillet.* Le Sr. de Beaumarchais fait en ce moment une seconde livraison du Voltaire de Kehl: celle-ci est de 21 volumes. Il se presse, afin de prévenir l'Assemblée du Clergé. Il a d'autant mieux raison, que le plus grand nombre de ces volumes contient sous le titre de *Philosophie générale, Métaphysique, Morale & Théologie*, les ouvrages de l'auteur les plus anathématisés & les plus dignes de l'être par les deux Puissances: il

y a peu de nouveau. Les principaux morceaux sont :

1°. *Traité de Métaphysique*, que les éditeurs nous assurent n'avoir jamais été imprimé. Il avoit été composé pour Madame la Marquise du Châtelet, à qui Voltaire l'offrit avec cet envoi peu digne de lui :

> L'auteur de la Métaphysique,
> Que l'on apporte à vos genoux,
> Mérite d'être mis dans la place publique ;
> Mais il ne brûle que pour vous.

Les éditeurs prétendent que ce manuscrit n'étant point destiné à l'impression, renferme la véritable pensée de l'auteur. On y voit, suivant eux, qu'il étoit fortement persuadé de l'existence d'un Etre Suprême, & même de l'immortalité de l'ame ; mais sans se dissimuler les difficultés qui s'élevent contre ces deux opinions, & qu'aucun Philosophe n'a encore parfaitement résolues.

2°. *Histoire véritable de l'établissement du Christianisme*. Ce dernier écrit n'a jamais été publié. Une partie seulement en étoit imprimée à la mort de l'auteur ; le reste s'est trouvé dans ses papiers écrit de sa main. Les éditeurs assurent qu'on peut regarder cette histoire comme son dernier ouvrage & son testament de mort.

16 *Juillet* 1787. Suivant ce qu'on écrit de Nanci, le 1er. du mois M. *Blanchard* y a fait sa 24eme. ascension qui n'a offert rien de

nouveau pour la direction. Le lendemain il la réitera, & ce jour manifesta de plus en plus l'excellence du parachûte : un petit chien jeté de plus de 500 toises de haut, tomba, malgré la violence du vent, lentement à terre, à l'aide de cette machine, sans se faire mal.

On parle encore d'un nouveau gaz fait par M. Blanchard, simplement avec de l'eau en ébullition & de la limaille de fer : procédé plus facile, plus prompt & infiniment moins dispendieux que celui de M. *Charles*.

Du reste, grande affluence d'étrangers pour ce spectacle; même enthousiasme qu'ailleurs ; mêmes honneurs rendus à l'aëronaute; applaudissemens universels à la comédie: force vers à sa louange, & une Dame de la plus haute distinction le couronne de lauriers.

17 *Juillet* 1787. On a coulé à Cherbourg au commencement de ce mois, le dernier cône, qui étoit le cinquieme préparé pour cette année. Les cônes sont aujourd'hui au nombre de 15; mais les cinq derniers embrassent autant d'espace que sept à huit des autres. On prétend que le port de Cherbourg peut recevoir dès aujourd'hui une escadre.

17 *Juillet* 1787. Hier, les chambres assemblées, les Princes & Pairs y séant, il a été rendu compte de la réponse du Roi.

„ Il est évident qu'il existe dans les finan-

„ ces de mon royaume un *Déficit* qui ne
„ peut être rempli par les seuls retranche-
„ mens & bonifications: il n'est pas moins
„ évident que sans les 40 millions de retran-
„ chemens & de bonifications dont j'ai pris
„ l'engagement & qui, au surplus, sont déjà
„ portés à plus de vingt, & passeront mes
„ premieres espérances, les impôts auxquels
„ je me suis déterminé seroient insuffisans.
„ Enfin il est certain que les Emprunts su-
„ périeurs à ceux que j'ai annoncés, aggra-
„ veroient les charges de l'Etat, & nui-
„ roient tôt ou tard à la fidélité de mes
„ engagemens.

„ Il est donc impossible de douter que
„ les Impôts ne soient malheureusement
„ indispensables, & tout retardement à leur
„ enregistrement ne seroit pas moins préju-
„ diciable à la confiance & au crédit public,
„ qu'aux mesures que je prends pour la meil-
„ leure administration de mes finances.

„ Je veux bien cependant prendre en
„ bonne part les nouvelles instances de mon
„ Parlement; mais elles doivent être les
„ dernieres, & ma volonté est qu'il procede
„ sans délai à l'enregistrement de ma Décla-
„ ration.

„ Je vous charge de lui faire connoître
„ mes intentions, & je ne veux pas douter
„ de son obéissance."

Sur quoi il y a eu de longs débats, des
avis très vigoureux, des dire longs & peu

propres à plaire à S. M.: soixante voix même ont été d'avis de demander l'assemblée des Etats Généraux, & 63 pour l'avis qui a passé.

Arrêté du 16 Juillet 1787, quatre heures de relevée :

„ Arrêté qu'il sera fait au Roi de très
„ humbles & très respectueuses Remontran-
„ ces, à l'effet de supplier ledit Seigneur Roi
„ de retirer sa Déclaration sur le Timbre;
„ & que, pour les rédiger, des Commissai-
„ res s'assembleront, lesquels prendront
„ pour base les différentes réflexions pro-
„ posées dans le cours des opinions, pour
„ établir que ladite Déclaration est entiere-
„ ment inadmissible, & notamment le vœu
„ qui a été exprimé de voir la Nation assem-
„ blée par le Roi, préalablement à tout
„ impôt nouveau.

17 *Juillet* 1787. M. *Diller*, Physicien Hollandois, inventeur des nouveaux feux d'artifice dont on a rendu compte, le 10 de ce mois a fait une démonstration particuliere de son expérience & de son procédé en présence de leurs Majestés & de la famille royale.

Après l'expérience le Roi ayant examiné en détail les procédés physiques & mécaniques de la machine imaginée par M. Diller, en a témoigné sa satisfaction à l'auteur.

17 *Juillet*. Les Bouffons annoncés n'ont pas tardé à suivre Madame la Duchesse *Jules*.

Ils doivent ouvrir aujourd'hui leur spectacle à Versailles par *il Marchese Tulipano*, musique de *Paësiello*. Ils doivent donner trente représentations dans le cours de trois mois sur le Théâtre des Sieur *de Neuville* & Demoiselle *Montansier*, entrepreneurs des spectacles suivant la Cour. La souscription est de quinze Louis par place particuliere gardée à l'orkestre ou aux premieres loges. La Reine daigne solliciter elle-même les Seigneurs & Dames de la cour pour souscrire.

18 *Juillet* 1787. Me. *Linguet* qui veut écrire sur tout, même sur les matieres qui sont les plus hors de sa portée, n'a pas manqué de nous donner aussi sa *Théorie sur l'impôt territorial, ou la Dixme royale avec tous ses avantages*; mais comme il ne fait que reprendre le Système de M. *le Trône*, Système établi par ce grand Economiste d'une maniere infiniment plus méthodique, plus précise, plus étendue & plus lumineuse, on ne fera mention que pour mémoire de cette brochure de Me. *Linguet*, & l'on lui donnera en cette occasion acte de bon citoyen, d'écrivain patriotique.

18 *Juillet* 1787. La Marquise *d'Anglure*, fille d'un pere Protestant & d'une mere Catholique, faute d'acte de célébration de mariage entre eux a été déclarée bâtarde au Parlement de Bordeaux; quoique Me. *de Seize*, alors Avocat au barreau de cette Cour, l'eût défendue avec beaucoup de logique,

d'éloquence & de zele. Elle en a appellé au Conseil, où l'affaire est pendante actuellement.

M^e. *Target*, sans qualité à ce tribunal, puisqu'il n'est qu'Avocat au Parlement, a jugé à propos de saisir l'occasion de cette grande affaire pour y publier une Consultation très volumineuse en date du 20 Juin. Elle a 164 pages. Il y traite la matiere en grand & généralisant la cause,

1º. Discute de la nature & des loix du mariage & de l'état des hommes:

2º. Etablit que les Loix du royaume sur les mariages n'ont point été faites pour les Sujets du Roi de la religion prétendue réformée & ne leur sont point applicables:

3º. Que les Loix Françoises reconnoissent qu'il y a des Protestans en France:

4º. Agite la question particuliere du mariage d'un Hérétique avec une Catholique:

5º. Enfin, après un résumé de ses principes, en fait l'application au cas dont il s'agit.

On reviendra sur cette Consultation, excellent Traité en faveur des Protestans, moins d'un Jurisconsulte que d'un Philosophe; écrit avec une simplicité noble, dégagé de l'enflure, de l'obscurité qu'on reprochoit au style de M^e. Target. Il y regne même une pureté dont il n'avoit jamais fait profession, & qu'on doit attribuer à ses conférences accadémiques.

18 *Juil.*

18 Juillet 1787. Samedi dernier le Conseil des dépêches a prononcé sur la demande du Comte *de Cagliostro* contre le Marquis *de Launay*, Gouverneur de la Bastille, & le Commissaire *Chesnon*. Elle a été absolument rejetée, à ce que l'on assure; voilà en gros la nouvelle; il faut attendre les détails ultérieurs.

18 Juillet. On parle d'une réclamation imprimée de Madame *Kornmann* contre le Mémoire fictif répandu en sa faveur, qu'on attribue à M. *Suard*, & en conséquence il court une autre facétie: c'est une *Lettre* non moins fictive *d'une Madame de Launay*, appareilleuse très renommée de cette capitale, à ce membre de l'Académie Françoise. On croit reconnoître dans celle-ci la main du Sr. de Beaumarchais qu'on sait en vouloir à la mort à M. *Suard*, & d'ailleurs être très lié avec la Dame de Launay: on assure même les avoir vus ensemble, il n'y a pas longtems.

19 Juillet. Malgré tous les efforts que M. de Calonne sembloit faire afin d'anéantir l'agiotage, il ne le desiroit pas sérieusement, puisqu'il relevoit d'une main ce qu'il détruisoit de l'autre; au point d'avoir donné du trésor public des fonds aux chefs de ce jeu scandaleux pour les empêcher de succomber: exemple plus salutaire que toutes les prohibitions.

Le Gouvernement actuel, plus sincerement

occupé de remédier aux abus, au désordre & aux suites funestes de l'agiotage, a pris les deux seuls moyens véritablement efficaces; celui de renvoyer aux tribunaux ordinaires la connoissance des contestations fréquentes occasionnées par la cupidité de ces spéculateurs avides & malhonnêtes; & celui de désavouer ce trafic honteux en interdisant aux journaux & papiers hebdomadaires la publication du cours que peuvent avoir les effets des compagnies & associations particulieres sur lesquels il est principalement fondé.

C'est ce qu'on voit dans un Arrêt du Conseil du 14 de ce mois, qui révoque la Commission établie contre l'agiotage par l'arrêt du 22 Septembre 1786, & n'admet comme négociables à la bourse ouvertement & dans la forme ministeriellement admise, aucuns autres papiers que les effets royaux, & les actions de la caisse d'escompte: du reste, ainsi que les citoyens dont les actions, sans être contraires aux Loix, sont contraires aux mœurs, on abandonne les agioteurs employant des moyens illicites aux remords, à la honte & aux malheurs que, malgré quelques exemples rares, entraînent, tôt ou tard, des spéculations auxquelles une extrême avidité ne permet pas de mettre de mesures.

19 *Juillet* 1787. On a appris par un vaisseau de la Compagnie des Indes Angloise,

parti de Macao le 15 Janvier dernier, qu'il y a laissé le Comte *de la Péyrouse* occupé à faire radouber ses deux vaisseaux qui paroissent avoir beaucoup souffert. Cet Officier se proposoit de remettre à la voile aussitôt que ses bâtimens seroient prêts & ses Equipages raffraîchis. Il compte être de retour en Europe à la fin de Janvier 1788.

19 *Juillet.* Quoique les freres du Roi depuis 1774 soient déja venus siéger plusieurs fois au Parlement, il paroît que le cérémonial à leur égard n'étoit pas parfaitement réglé, puisque dès le premier jour des séances de cette année il s'est élevé une contestation qui, assoupie alors, a repris plus de force à celle du lundi 16, & telle qu'il a fallu recourir au Roi. S. M. en avoit référé à la décision du Premier Président & du Procureur général, qui n'ont pas voulu prendre la chose sur eux, & mardi en ont rendu compte aux chambres assemblées. On ne sait si le *mezzo termine* qu'on y a pris contentera les Princes. On en rendra compte plus en détail, quand on s'en sera bien éclairci.

19 *Juillet* 1787. Les Comédiens Italiens, toujours infatigables dans leur activité pour bien servir le public en nouveautés, ont joué aujourd'hui *Renaud d'Ast*, opéra comique dont le sujet est tiré du conte de la Fontaine. Il est en deux actes. Le premier a mal pris; le second a mieux réussi. Les

Les paroles sont de Mrs *Barré* & *Radet* ; & la musique de M. *d'Alleyrac.*

20 *Juillet.* On a parlé de la *Défense de M. Necker* par le Chevalier *Goudar*, & l'on n'en a dit qu'un mot, parcequ'elle n'en méritoit pas davantage. On ne fera que citer aussi une *Réponse* à cette Défense, datée du 22 Juin. Elle n'apprend rien & est fort ennuyeuse.

20 *Juillet.* Les Comédiens François ont donné hier la premiere représentation des *Amis à l'épreuve*, comédie en un acte & en vers. Ils avoient joué pour grande piece *Iphigénie en Tauride*, & ce n'étoit pas sans doute sans dessein. La seconde est une parodie de celle-ci: en effet dans la tragédie *Oreste* & *Pylade* combattent à qui périra l'un pour l'autre: dans la comédie nouvelle deux amans d'une femme veulent la sacrifier réciproquement à leur amitié, &, quoique cette dispute ne soit pas aussi importante que l'autre, elle est encore moins vraisemblable. Quoiqu'il en soit, cette piéce dont le fonds est très léger, s'est soutenue par quelques incidens heureux, par des parties de dialogue assez bien faites & par un style sans prétention & naturel, mais surtout par le jeu des acteurs qui seul y jette quelque gaieté. Cette production est de M. *Pyeire.*

20 *Juillet* 1787. *Le Désaveu de la Dame Kornmann d'un Mémoire distribué sous son nom* est très légal ; puisqu'il est signé de son

Procureur Me. *de Bruge.* du reste il est noblement écrit & avec beaucoup de modération. Elle y annonce que c'est malgré elle qu'elle se détermine à paroître sur la scène; que son intention étoit de ne rien faire imprimer & de n'instruire que les Magistrats de ses griefs contre son mari, mais qu'elle ne peut s'empêcher de dénoncer aux Magistrats & au public un attentat à sa tranquilité & à l'honneur des citoyens, un attentat dont l'audace n'a point eu d'exemple.

Ce Préambule est suivi de sa plainte en date du 11 Juillet contre tous auteurs, imprimeurs, colporteurs & distributeurs de ce libelle; leurs fauteurs, complices & adhérens, qu'elle se réserve de poursuivre, requérant même la fonction de M. le Procureur du Roi pour la vindicte publique.

Il sera, sans doute, si l'on le veut bien, aisé de remonter à la source de cette méchanceté, puisque le Mémoire fictif se vendoit assez ouvertement chez les marchands de nouveautés: ce qui a fait croire beaucoup de gens qu'il y avoit une permission tacite.

20 *Juillet.* Deux nouvelles brochures relatives au Sr. de Beaumarchais: 1º. *le Mannequin, dédié à MM. du Caveau,* facétie qui n'est pas sans esprit, mais n'apprend rien. 2º. *Réponse de P. A. C. de Beaumarchais à tous les Libellistes & Pamphlétistes passés, présens & futurs,* encore plus vuide & plus platte.

21 *Juillet.* La *Lettre de Madame de Launay, appareilleuse, à M. Suard de l'Académie Françoise,* étant courte, mérite d'être rapportée pour en mieux faire connoître la méchanceté atroce.

„ Permettez, Monsieur, je vous prie,
„ que je vous remercie de la bonté & de
„ l'honnêteté que vous avez eues dans votre
„ Mémoire pour Madame Kornmann de
„ prendre la défense de nos *maisons* &
„ d'en faire une *Apologie séduisante.* Depuis
„ la publication de votre écrit, mes *pratiques*
„ sont augmentées de moitié. En effet,
„ nul n'est honteux de venir dans un lieu
„ approuvé par un de nos plus érudits
„ Académiciens; qui joint à une *probité*
„ *intacte,* autant de *goût* que de *délica-*
„ *tesse.* Toutes mes Demoiselles lisent
„ votre ouvrage avec un véritable plaisir;
„ je suis fâchée seulement qu'il soit un peu
„ long; s'il eût été plus court, je l'aurois
„ fait graver en lettres d'or dans mon anti-
„ chambre.

„ Si, par hazard, vous en donnez une
„ nouvelle édition, oserois-je vous proposer
„ une nouvelle épigraphe plus convenable
„ que celle des *Pensées détachées;* la voici:
„ elle s'ajuste merveilleusement au cadre
„ que vous avez rempli si ingénieusement:

Moi, je sais compatir à l'humaine foiblesse,
Et Ninon, à mon gré, l'emporte sur Lucrece.

,, Je ne puis, Monsieur, vous prouver
,, ma reconnoissance en même monnoie que
,, votre éloge; mais, dans ce monde, cha-
,, cun paye à sa manière. Quoiqu'un peu
,, vieux, il est possible que vous vous res-
,, souveniez encore de votre jeunesse; &
,, comme M. *Garat* remplit vos fonctions
,, auprès de Madame *Suard, que j'ai l'hon-*
,, *neur de connoître,* je vous offre, Mon-
,, sieur, de vous fournir dans le nombre des
,, *Demoiselles* qui sont sous mes ordres, celle
,, qui vous conviendra le mieux; vous en
,, userez *gratis*. Je sais très bien qu'un
,, Académicien *jettonnier* n'est pas dans le
,, cas de faire beaucoup de libéralités aux
,, femmes.

,, Je suis &c. *de Launay*, rue croix des
,, petits champs, au grand balcon. Ce 14
,, Juillet 1787.

,, P S. Il vient de m'arriver une jolie
,, Lyonnoise."

21 *Juillet* 1787. Me. *Target*, dans sa Consultation pour la Marquise *d'Anglure*, fait lui-même le résumé des principes émanant des diverses questions qu'il agite, & tous amenant des résultats extrêmement favorables aux Protestans.

1°. Le mariage, aussi ancien que le monde, est le premier des contrats. Il existe par la volonté, & le consentement mutuel en constitue l'essence.

2°. Les cérémonies instituées chez les

Nations pour la solemnité des mariages, ne sont point liées à leur nature, & l'inobservation des cérémonies ne porte aucune atteinte au lien formé par la volonté des époux.

3°. Tel a toujours été le mariage chez les Grecs, chez les Romains : parmi les Chrétiens, même en France, jusques au milieu du seizieme siecle, le mariage étoit indépendant des formes. La bénédiction sacerdotale étoit commandée par l'Eglise, mais les Tribunaux ne l'exigeoient pas ; un simple acte devant Notaire, & à défaut d'acte, la preuve testimoniale suffisoit pour constater le mariage, & pour assurer l'état des époux & celui de leurs enfans.

4°. Depuis ce tems le Concile de Trente a exigé, les Ordonnances du Royaume ont voulu que les mariages fussent bénis par les propres curés des Parties; & quoique la nullité n'ait pas été prononcée, on a regardé cette forme comme essentielle; mais les Juges ont rejeté souvent la réclamation des Époux, presque toujours celle des Collatéraux; de maniere que les solemnités observées ou négligées ont été ordinairement sans influence, lorsqu'il s'est agi de régler l'état des enfans.

5°. Nos Loix nouvelles sur le mariage n'ont été faites que pour les Catholiques : ceux qui sont engagés dans les erreurs de l'hérésie n'y sont point assujettis, & ne peu-

peuvent l'être fans profanation & fans facrilege.

6°. Il y a dans le fait un grand nombre d'hérétiques en France, &, dans le droit, leur exiftence eft reconnue. Le préjugé qui fe la diffimule eft déraifonnable, injufte, barbare, & démenti par toutes les loix bien entendues.

7°. Le Mariage entre Hérétique & Catholique eft valable felon le droit naturel, felon les loix de l'Eglife, felon les loix de France pendant cent vingt ans; & l'Edit de 1680 tombé en défuétude univerfelle & conftante, ne peut recevoir d'exécution, fans bouleverfer toutes les Provinces du royaume : il eft furtout impoffible de l'appliquer à l'état des Enfans, après la mort de l'un des deux époux.

Il y a grande apparence qu'en compofant ce Mémoire M^e. Target ne s'eft pas flatté de faire gagner à la Comteffe d'Anglure une caufe évidemment jugée par la Loi. Mais fon objet plus étendu & plus patriotique, feroit de faire abroger cette loi, cette fiction abfurde & barbare, *il n'y a point de Proteftans en France*, lorfqu'on y en compte plufieurs millions ; feroit de faire corps avec la réclamation de M. *de Bretinieres* en 1778 & avec celle de M. *Robert de Saint Vincent* plus récente & de cette année. Membre de l'Académie Françoife, il veut prendre rang enfin parmi les Ecrivains Philofophes qui depuis longtems combattent en faveur de la

Tolérance, & tôt ou tard obtiendront le rappel des Protestans dans le royaume.

21 Juillet 1787. Les Editeurs du nouveau Voltaire ont compris sous le titre général de *Dictionnaire Philosophique* les *Questions sur l'Encyclopédie*, le Dictionnaire philosophique réimprimé sous le titre de la Raison par Alphabet, les articles de l'auteur insérés dans l'Encyclopédie; tout cela étoit connu, & n'a changé de forme que pour être mieux classé; ce qu'on remarque de neuf, c'est un Dictionnaire intitulé *l'Opinion en Alphabet* qui étoit resté manuscrit, & plusieurs articles destinés pour le Dictionnaire de l'Académie Françoise. On trouve beaucoup de répétitions & de rabachage dans cette partie qui embrasse sept volumes, & que le Marquis de Condorcet n'a pas manqué d'enrichir de ses notes virulentes contre la religion, les prêtres, les magistrats, les journalistes, &c.

22 Juillet 1787. Ce qu'on avoit prévu, est arrivé: depuis quelques jours on publie un in 4°. de 222 pages, ayant pour titre: *Observations présentées au Roi par les Bureaux de l'Assemblée des Notables, sur les Mémoires remis à l'assemblée ouverte par le Roi à Versailles le 22 Février 1787*, & l'on y voit que ce n'est point le procès verbal en regle, comme on auroit dû le donner; que non seulement les avis de chaque opinant n'y sont point détaillés, mais qu'on y passe tout-à-fait sous silence, les incidens & les scances les plus remarquables; en un mot, que tout y est tronqué, altéré, déguisé. Au surplus, ce récit n'embrasse que les deux premieres divisions.

22 *Juillet* 1787. Il y a quinze jours environ qu'on vit la Reine venir de Versailles se rendre dès le matin chez Madame la Princesse de Lamballe avant neuf heures: on jugea qu'il y avoit des affaires de très grande importance entre S. M. & la Surintendante: peu de tems après l'on apprit que Madame de Lamballe étoit partie pour l'Angleterre. Des conjectures à perte de vue sur ce voyage: l'opinion la plus générale de la cour est que la Princesse va négocier auprès de M. de Calonne, afin de l'empêcher de rendre publics dans son Mémoire des articles faits pour rester dans le secret; comme des secours d'argent envoyés à l'Empereur par son auguste sœur, &c. &c.

Ce qui contrarie un peu cette opinion, c'est que M. de Calonne est en Hollande; à moins qu'on ne suppose que la Surintendante ait passé d'abord en ce pays-là, ou pour moins d'affectation ait assigné à l'Ex-Contrôleur général rendez-vous dans la Grande Bretagne.

22 *Juillet* 1787. On parle encore de l'assemblée du 16 & l'on en cite de nouveaux détails. On vante beaucoup M. Huguet de Sémonville, jeune membre de la

seconde Chambre des Enquêtes, qui s'est énoncé pour la première fois de maniere à étonner l'assemblée.

Quelqu'un, l'on ne sait si ce n'est pas lui, a observé que l'Impôt du Timbre avoit fait perdre l'Amérique à S. M. Britannique; il a ajouté qu'il voyoit avec effroi un autre Edit du Timbre capable de jeter le trouble dans toute la France.

On veut que ce soit l'Abbé Sabbathier de Cabre qui ait opiné le premier pour demander au Roi la convocation des Etats Généraux, & l'on persiste à croire qu'il a ouvert cet avis moins par zèle patriotique, que pour continuer à se faire remarquer, à faire connoître au public que, malgré la diffamation répandue sur lui par le Mémoire de M. Kornmann, il siege constamment en la Cour.

M. le Duc *de Nivernois*, depuis qu'il est entré dans le Conseil, passe pour avoir absolument dégénéré de la façon de penser qu'il avoit soutenue jusques à présent. On dit que c'est lui qui compose les réponses du Roi; il n'a que des avis mous, & le Parlement en est très mécontent. Sa présence devient désagréable, & l'on raconte qu'un Conseiller en le voyant siéger, a dit assez haut pour en être entendu: *pourquoi est-il ici? Il seroit bien mieux dans son boudoir à imaginer des fables.*

Enfin M. le Comte *d'Artois*, très zélé

pour faire paſſer l'Edit, s'eſt écrié que ſans ce ſecours ſon frere ſeroit obligé de faire banqueroute.

23 *Juillet* 1787. Le *ſecond Recueil des Repréſentations & Réclamations de tous les Ordres de Citoyens dans les Pays-Bas Catholiques, au ſujet des infractions faites à la conſtitution, les privileges, coutumes, & uſages de la Nation & des Provinces reſpectives*, a percé auſſi en France; il eſt diviſé en deux parties.

Dans la premiere on a compris les pieces concernant les changemens introduits par l'Empereur dans les matieres eccléſiaſtiques, dont l'Edit de Tolérance à l'égard des Proteſtans a été la baſe. Après les Réclamations des Evêques, on y voit des *Réflexions* ſur les Edits plus récens du Souverain, diſtribuées à Bruxelles le 19 Décembre 1786 & jours ſuivans: collection appellée *la brochure aux ſix liards*, prix qu'elle ſe vendoit. Ces Réflexions ſont très ameres. Il paroît en général que c'eſt moins aux Proteſtans qu'on en veut, qu'aux Janſeniſtes, fauteurs de tous les arrangemens modernes. *La relation des troubles arrivés au Séminaire de Louvain en* 1786 *&* 1787 eſt une partie hiſtorique traitée fort au long; elle prouve mieux que jamais comment une étincelle peut produire un grand incendie.

Il paroît que l'Ex-Jéſuite *Feller*, auteur du *Journal de Luxembourg*, eſt le dépoſitaire des plaintes du parti Moliniste, & que *l'Esprit des Gazettes* qui s'imprime à Louvain fait la contre-partie.

La *seconde partie du premier Recueil* compose aussi la seconde de celui-ci. Le Rédacteur avertit qu'il a cru devoir interrompre les matieres ecclésiastiques pour reprendre la suite plus urgente des matieres politiques. Entre ces piéces on ne voit de remarquable comme oratoire que *les Repréſentations de l'Etat noble du Comté de Flandre*, qui sont vraiment éloquentes, sans approcher toutefois de l'énergie de celles qu'on a citées précédemment.

Ce volume n'est pas le dernier : il doit être suivi de deux autres.

23 *Juillet*. On assure que M. *de la Reyniere*, qui commence à s'ennuyer dans sa prison, a écrit à Me. *Gerbier*, le nouveau Bâtonnier, une lettre où il s'annonce très répentant, où il promet de ne plus se permettre d'écarts, & gémit amérement de se voir omis sur le Tableau des Avocats de cette année. Il envisage les suites flétrissantes de ce deshonneur dans l'opinion, mais suffisant pour l'empêcher d'être admis dans toute charge de Magistrature : il auroit cependant envie d'en acquérir une, & demande préalablement à être remis sur le Tableau.

23 *Juillet*. Il ne faut point confondre dans cette foule de pamphlets qui naissent

& s'étouffent mutuellement depuis quelque tems, le *Mémoire en réfutation contre Pierre Augustin Caron de Beaumarchais, pour servir de suite au cri public*. Cette seconde partie, quoique aussi véhémente contre le moderne *Verrès*, est moins chargée d'invectives. La discussion en est pleine d'intérêt, nourrie de faits, & très adroite en certains morceaux, pour réparer la prise que donne contre lui M. *Kornmann* dans sa Réponse au Sr. de Beaumarchais. En outre, ce Mémoire excite la curiosité par des anecdotes piquantes ignorées, & que, pour mieux la soutenir, l'auteur ne fait qu'indiquer. Quoique dans ses *Observations préliminaires* il assure ne connoître en rien le scélérat qu'il attaque, il se dément dans le cours de son ouvrage, & en rapporte des détails trop circonstanciés pour le croire. Il paroît qu'il ne connoît pas moins bien le Sr. *Daudet de Jossan*, & il en raconte une aventure très propre à confirmer l'accusation portée contre ce corrupteur par M. *Kornmann*.

Quoiqu'on publie, ce qu'on ne peut croire, que le Comte *de Mirabeau* est raccommodé avec le Sr. de Beaumarchais, on est bien tenté de lui attribuer cette nouvelle diatribe. La maniere honnête, décente & pleine d'intérêt dont il parle de M. *le Noir* auquel il a des obligations, est une raison de plus pour le croire. Elle empêche, au contraire, de l'attribuer à M. *Bergasse*, comme certaines gens l'ont imaginé, qui, certes, n'auroit pas eu ce ménagement. Au reste, ce Mémoire en est digne pour le style, & même pour la chaleur avec laquelle la cause de M. Kornmann est défendue.

24 *Juillet* 1787. Le Bâtonnier des Avocats, avant d'avoir aucun égard à la Lettre de M. de la Reyniere, a cru devoir en faire part à M *de Malesherbes*, son oncle. On veut que ce Magistrat ait renvoyé la lettre à M^e. Gerbier, sans un seul mot de sa main. Celui-ci en a inféré que ce silence éloquent vouloit dire que le Magistrat n'ajoutoit point de foi à la résipiscence de son neveu; & en conséquence il a regardé cette lettre comme non avenue.

24 *Juillet*. Les Remontrances pour la rédaction desquelles il avoit été nommé vingt Commissaires étant prêtes, il doit en être fait lecture aujourd'hui en la maniere accoutumée. Les curieux se proposent d'aller en foule au Palais, pour voir ce qui se passera relativement aux freres du Roi. On assure que sur la décision des chambres assemblées, les chefs de la maison militaire de ces Princes en ont conféré entre eux, & ont dû faire des représentations à leurs Altesses Royales. Ils prétendent que leurs troupes ne peuvent figurer en rien vis-à-vis de la garde du Palais, de la Robe-courte, qui n'est qu'un assemblage d'archers. On ajoute qu'ils ont déclaré ne pouvoir aller au

palais, si leurs augustes maîtres ne les soutenoient. Il paroît que *Monsieur*, qui desire de plus en plus se rendre agréable à la Nation & au Parlement, auroit voulu éluder cette contestation ; mais que le Comte d'Artois, qui n'a pas les mêmes raisons & n'est pas aussi politique, a déclaré qu'il ne pouvoit se départir du droit de sa naissance & a déterminé son frere à se joindre à lui : en conséquence le bruit court que ces Princes arriveront *in fiocchi*, avec plus de pompe, plus de cortege & une garde plus nombreuse que de coutume, en état de faire face partout.

25 *Juillet*. Dans l'assemblée générale de la Caisse d'escompte du 19 de ce mois, le Dividende des actions pour les six premiers mois de 1787 a été porté à 360 livres. Il faut songer que le principal de l'action, d'abord de 3000 livres, puis de 3500 liv., est encore augmenté & doit être aujourd'hui de 4200 livres.

25 *Juillet*. Effectivement les freres du Roi sont arrivés hier au Palais, non seulement avec une garde plus nombreuse que de coutume, mais avec un cortege considérable de gentilshommes ; en outre ils avoient obtenu du Roi que les Gardes Françoises & Suisses fussent sur pied ; en sorte qu'à leur arrivée l'on eût dit qu'il étoit question d'assiéger le Temple de la Justice. La Robe courte a été repoussée de tous les postes, & les archers ont été contraints de se pale-

tonner dans les détours & loin des regards de la garde militaire des Princes. Leurs officiers humiliés avoient repris l'habit bourgeois, & le seul M. *Brice*, Lieutenant criminel de robe courte, chef de la compagnie, quoique se promenant tristement aussi, cherchoit à faire bonne contenance.

Bien des gens pensoient que le Parlement auroit dû lever la Séance sur le champ & déclarer qu'il ne pouvoit siéger & opiner, tant que le Palais seroit investi de gardes étranges & sous l'empire de la force : on ne sait ce qu'il a arrêté à cet égard, ni même s'il a fait des protestations ; mais on a procédé à la lecture des Remontrances. Il s'en est trouvé de deux espèces ; les unes de M^r. *d'Éprémesnil*, & les autres de M^r. *Ferrand*. On est allé aux voix & la cabale du Président *Rolland* en faveur de ce dernier Conseiller qui est son gendre, l'a emporté de trois voix seulement. Les Remontrances de M^r. Ferrand ont été arrêtées sur le champ & les gens du Roi chargés de se retirer par devers le Roi, à l'effet de savoir de S. M. le jour, le lieu & l'heure où il lui plairoit les recevoir.

26 *Juillet* 1787. A ce qu'on a dernierement rapporté de M. *de la Peyrouse* & de son Escadre, il faut ajouter que les voyageurs autour du monde ont mis 113 jours à se rendre de Monterey à Macao. Leur traversée a été fatiguante & même périlleuse ;

cependant ils n'ont pas eu un seul malade: ils devoient quitter les parages de la Chine à la fin de Janvier dernier pour aller visiter la Nouvelle Hollande.

26 *Juillet*. On a parlé de l'art imaginé par quelques Allemands de modeler avec certaines compositions les personnages de façon à les rendre vivans en quelque sorte ; c'est ainsi qu'on a vu depuis quelque tems au Palais Royal le feu Roi de Prusse : le plus curieux c'est la garde-robe de ce Monarque, offerte aussi par l'artiste. Elle est composée de trois habits uniformes, dont un de gala, qui n'a été porté que trois fois depuis dix-huit ans, & les autres sont dans un tel état de négligence & de vetusté qu'on prendroit celui qui les montre pour un imposteur, s'il ne s'étoit muni d'attestations authentiques. Il est vrai que le grand FRÉDÉRIC n'a pas eu besoin d'assembler les *Notables* pour aviser un moyen de payer ses dettes ; qu'il a laissé ses coffres pleins & 300,000 hommes toujours prêts à marcher.

27 *Juillet* 1787. M. *de Saint Aubin*, Graveur du Roi, a terminé depuis quelque tems le portrait du Marquis *de Condorcet* : on a mis au bas ces vers, qui flattent l'original pour le moins autant que le burin :

    D'un Sage, voici le modèle,
    En même tems que le portrait :
    La Vérité n'a point, dit-elle,
    De Secrétaire plus fidèle
    Et de confident moins discret.

27 Juillet 1787. On assure que la Reine a signé avant-hier la réforme de sa maison, qui à force de soins, de recherches & de lésinerie monte à un million.

On ajoute que le même jour la Reine a signé le projet d'une fête pour Fontainebleau, qui coûtera seule peut-être autant que l'économie, & que S. M. a dit ensuite en riant à l'ordonnateur : ,, mais il faut avant ,, savoir si Mr. *d'Eprémesnil* nous en donnera ,, la permission."

27 Juillet. Dans le volume des Poëmes de *Voltaire* sous le N°. 12 on trouve *l'hôte & l'hôtesse*, divertissement, 1776 : morceau neuf absolument. Il faut se rappeler que durant l'automne de cette année *Monsieur* eut l'honneur de donner à la Reine une fête dans son château de Brunoi, dont il venoit de faire l'acquisition.

Mr. *Cromot*, Surintendant des finances de S. A. Royale, imagina de consulter là-dessus le Vieillard de Ferney qui avoit alors 82 ans, & qui tant bien que mal composa pour ce sujet. Rien de plus fade que tout ce divertissement, si ce ne sont les Lettres au Surintendant, que Voltaire appelle Mr. *de Cromot*: aussi lui recommande-t-il soigneusement le silence dans cette correspondance qui n'est connue qu'en cet instant. On ne sait si l'esquisse de Voltaire a été adoptée; il y a grande apparence que non, car tous les journaux n'auroient pas manqué d'en parler & n'en ont rien dit.

Dans le volume des facéties fous le N°. 44, on diftingue *Avis à tous les orientaux*, efpece de Manifefte que les Editeurs déclarent n'avoir jamais été imprimé. Cet écrit, qui n'a que deux pages, eft tout ce qu'on peut dire de plus violent contre la religion chrétienne.

28 *Juillet* 1787. La fanté de Mr. l'Archevêque de Touloufe eft dans un état miférable; il eft au lait pour toute nourriture: on fait qu'il eft tourmenté de dartres violentes. L'on affure que ce Miniftre ayant déplu à la Reine, ou plutôt à ceux qui entourent S. M., à raifon des refus du Prélat, dont l'efprit économique eft trop contraire à leur voracité; ils ont infpiré des craintes à la Souveraine d'une maladie de peau qui peut fe gagner par le feul attouchement: la Reine alarmée pour fon augufte Epoux, lui a recommandé là-deffus le plus grand foin, l'a fupplié de ne pas même toucher des papiers qui euffent paffé par les mains de l'Archevêque. Sans doute l'on n'a pas laiffé ignorer à Mr. de Brienne cette répugnance, & il y auroit bien de quoi le dégoûter. Mais après avoir afpiré toute fa vie à des places qu'il occupe, il ne peut les quitter fi promptement; fon ambition le foutient & fans doute auffi fon patriotifme: il fait tête de fon mieux à l'orage qui groffit journellement.

28 *Juillet*. A l'efcarmouche qu'il y a

déja eu entre Mr. *Kornmann* & le Sieur *Seguin*, il en succéde une seconde sous le titre de *Réponse des propriétaires associés dans l'acquisition des Quinze-vingts, aux Réflexions du Sr. Kornmann.* Malgré ce titre & quoiqu'il semble la suite d'une Délibération générale du 28 Juin dernier, il est aisé de voir que c'est plutôt une complaisance qu'un vœu réel des propriétaires. C'est donc uniquement le Sr. Seguin qui entre en lice, comme le seul attaqué. Au reste, cette contestation étant purement pécuniaire, elle est trop peu intéressante pour s'y étendre. Il suffit de dire qu'on y attaque fortement la probité de Mr. Kornmann : sans doute il se justifiera contre un adversaire comme le Sr. Seguin, dont la réputation est fort équivoque.

28 *Juillet* 1787. Le zele charitable pour les nouveaux hôpitaux diminue d'une maniere alarmante : la 4eme. liste imprimée comprenant les dons ou souscriptions depuis & compris le 22 Mai jusques & compris le 21 Juin 1787, n'offre que 13 souscripteurs & un total d'environ 14000 livres : les Numeros des enrégistremens se montent aujourd'hui en tout à 390, & la masse des fonds à fournir à 2,226,807 livres, 12 sols, 4 deniers : le No. 386 entr'autres, le plus modique, n'est que de vingt-quatre sols ; c'est sans doute le denier de la veuve ; aussi la personne est anonyme.

28 *Juillet* 1787. Hier les chambres assemblées M. le Premier Président a dit qu'il avoit eu l'honneur de porter les Remontrances au Roi, & que le Roi lui avoit répondu qu'il feroit savoir ses intentions à son Parlement.

On s'attend à un Lit de justice. Le Maréchal de Biron a écrit à tous les officiers aux gardes de ne point s'absenter jusqu'à nouvel ordre.

29 *Juillet.* Tous les membres du Conseil des parties ont reçu l'invitation de se trouver lundi 30 à Versailles à 9 heures & demie, pour y juger l'appel des trois hommes condamnés à la roue par le Parlement de Paris.

Les Decrets de M^rs. *Dupaty* & *Grand de Laleu* ne tarderont pas à être jugés ensuite: on croit que cet autre procès est porté au Conseil des dépêches.

C'est vraisemblablement ce qui va retarder l'assemblée générale de l'Ordre des Avocats au sujet de M^e. le Grand de Laleu, c'est sa Colonne qui a trouvé mauvais de le voir omis sur le Tableau de cette année, qui en a porté plainte aux autres Colonnes & les a déterminées à s'ébranler: toutes s'accordent à décider que la Députation a trop pris sur elle, en préjugeant ce membre qui avoit demandé l'assemblée générale.

29 *Juillet* 1787. M^e. *Gerbier* qui fait successivement toutes sortes de métiers, est revenu à son ancien & plaide aujourd'hui

pour la premiere fois une caufe d'Etat à la Tournelle. L'importance de la queftion & la réputation de l'orateur avoient attiré beaucoup de monde: c'eft Me. *de Bonnieres* qui eft fon adverfaire.

29 *Juillet*. L'air *lan laire*, ou *le Cahos*, parodie de l'Opéra de *Tarare*, avoit attiré beaucoup de monde vendredi aux Italiens; mais cette facétie affez gaye dans le commencement eft devenue platte & ennuyeufe: il n'y a pas d'apparence qu'elle reparoiffe.

29 *Juillet* 1787. Extrait d'une Lettre de Nanci du 18 Juillet.... M. *de la Reynière* dont la captivité eft adoucie, vient fouvent en cette ville voir le fpectacle, ce dont les comédiens fe pafferoient bien; car il les critique impitoyablement, & profite du Journal de cette ville pour y mettre fes réflexions: ce qui les défole.

On affure que M. de la Reynière a écrit au Bâtonnier des Avocats de Paris & à Mᵉ *Joly*, le Chef de fa Colonne, pour fe plaindre d'avoir été omis fur le Tableau moderne; mais on ajoute que fa famille en eft fort aife & ne fe foucie pas qu'il y foit rétabli, dans la crainte qu'il ne profite du privilége de l'Ordre pour faire imprimer encore quelque diatribe.

30 *Juillet*. Tandis qu'on fupprime des places d'un côté, de l'autre l'on en recrée; il eft grandement queftion d'établir des Sous-intendans: ces places feroient occupées par

de

de jeunes Maîtres des Requêtes. Leurs fonctions seroient, tandis que l'Intendant résideroit dans le chef-lieu auprès des assemblées provinciales, durant leur tenue, d'aller aux extrémités de la Généralité faire les visites & prendre les renseignemens nécessaires. Au demeurant, cet établissement n'est encore qu'en projet.

30 *Juillet* 1787. Il paroît sans relâche de nouveaux pamphlets contre le Sr. de Beaumarchais: le plus remarquable en ce moment est la confession d'un homme qui sort de St. Lazare. Elle est en vers, qu'on dit n'être point mal faite & l'on y a joint des notes contenant des anecdotes très piquantes.

30 *Juillet*. Les Remontrances arrêtées le 24 de ce mois aux chambres assemblées sont déja imprimées; elles n'ont gueres plus d'énergie que les Supplications: elles sont seulement plus étendues & portent en gros sur les vices principaux de la Déclaration du timbre. Mr. *d'Eprémesnil* leur reproche de ne pas embrasser la totalité des objets & faisoit valoir ce défaut pour qu'on préférât les siennes. Quoiqu'il en soit, voici l'analyse de celles de Mr. *Ferrand*.

L'orateur peint d'abord la consternation profonde de la Nation, au bout de cinq années de paix, lorsque les Revenus de l'Etat ont éprouvé en moins de treize ans une augmentation progressive de 130 millions, d'entendre parler, non de la diminu-

Tome XXXV. Q

tion des Impôts, comme on devoit s'y attendre & comme le promettoient toutes les réponses du Roi, tous les discours des Ministres depuis que Sa Majesté est sur le trône; mais d'un Impôt nouveau & plus désastreux que tous les précédens. Il faut sans doute que l'état des finances soit bien déplorable, & telle est la suite de la derniere Administration sous laquelle le Roi n'a jamais voulu voir la vérité, que le Parlement offroit à ses regards : telle est la suite de ces choix contredits par un sentiment universel : tel est le grand, mais triste exemple, qui apprend aux Souverains jusqu'à quel point ils doivent respecter l'opinion publique. S. M. offre pour premier remede des économies, des retranchemens, des bonifications : le Parlement donne assez à entendre au Roi qu'il n'y croit pas ; il l'exhorte à s'armer contre sa propre bonté ; il lui dévoile le manege des courtisans pour empêcher que ses salutaires intentions ne se réalisent ; car il n'en doute pas, & certes si l'on n'eût déguisé à Sa Majesté la situation fâcheuse des finances, elle n'eût point entrepris ces bâtimens immenses ; elle n'eût point fait ces acquisitions onéreuses ; elle n'eût point permis ces dons ruineux, déguisés sous le nom d'échanges, ces libéralités excessives, qui ont indigné la nation depuis quelque tems ; elle n'eût point toléré la facilité terrible des acquits compant, ce poison mortel pour toute Administration ; encore moins eût-elle consenti à ces murs élevés à grands frais autour de la capitale, à ces palais érigés pour des commis. Au reste, le Parlement indique au Roi la maniere de parvenir aux économies désirées & promises, & l'assure que bien dirigées elles peuvent monter non seulement à 40 millions, mais au double. Le Souverain n'en est que plus grand, quand les sujets sont heureux: c'est le plus beau, le plus formidable spectacle qu'il puisse offrir à ses voisins.

Ici se trouvent quelques principes sur l'Impôt & c'est le morceau le plus fort des Remontrances: il n'est dû qu'à l'Etat, le Souverain n'en est que le dispensateur ; tout ce qui n'est pas employé à la chose publique, appartient toujours au contribuable.

D'après ces données l'on discute le nouvel Impôt & l'on fait voir qu'il attaque la tranquillité universelle, qu'il nuit à la bonne foi, base de la sûreté publique; que la Déclaration, vicieuse dans presque toutes ses dispositions, offre la facilité d'une exécution arbitraire, que certains articles en sont captieux, en un mot qu'elle est inadmissible & au fonds & dans la forme.

Ici le Parlement fait l'humble & trop tardif aveu de son insuffisance; il déclare que la Nation seule, réunie dans ses Etats Généraux, peut donner à un impôt perpétuel un consentement nécessaire; que chargé par le Souverain d'annoncer fa volonté aux peuples, il n'a jamais été chargé par ces derniers de les remplacer : en conféquence il supplie S. M. & de retirer fa Déclaration du timbre & d'affembler les Etats Généraux.

30 *Juillet* 1787. Malgré tous les efforts des Banquiers au Confeil pour faire caffer le jugement de la Commiffion du Châtelet, leur requête a été rejetée. La veille il eft encore arrivé plus de cent fignatures de Banquiers étrangers, réclamant contre le nouveau fyftême introduit en ce genre par Me. *de Seize*, qui a ébranlé & féduit les Juges, & l'on ne peut gueres douter en effet que fans la logique adroite & l'éloquence entraînante de cet orateur, les adverfaires des porteurs n'euffent fait prévaloir leur défence.

30 *Juillet.* On annonce un nouveau Mémoire de M. *Dupaty* dans une affaire femblable à celle des Roués, plus criante même encore ; il s'agit en gros de fept hommes condamnés au Parlement de Metz, dont plufieurs ont été exécutés & tous parfaitement innocens. Cette affaire a été envoyée à M. Dupaty par le Duc *de Wurtemberg*, tant fa réputation s'eft étendue chez l'étranger !

30 *Juillet* 1787. *Lettre de M. Morande, auteur & rédacteur du Courier de l'Europe, à M. de Beaumarchais*, datée de Londres le 6 Juillet. On fe doute bien que c'eft encore une fiction ; elle roule fur la plainte de M. Kornmann, dont on a fait mention dans le

tems. Elle n'est ni plaisante ni instructive: on y apprend seulement que le *Courier de l'Europe* a 4000 souscripteurs en France, qu'il craint de les perdre si cette gazette est reconnue un libelle diffamatoire, dans lequel pour de l'argent on fait imprimer tout ce que l'on veut.

30 *Juillet.* On sait déjà la réponse du Roi, qu'on a publiée aujourd'hui même avant que les Princes & Pairs fussent rendus au Parlement; la voici, en date du dimanche 29: ,, J'examine avec attention les repré-
,, sentations de mon Parlement sur le timbre
,, & je lui ferai connoître incessamment mes
,, volontés: mais comme je desire à ne pas
,, laisser d'incertitude sur l'étendue & les
,, bornes des séances que les circonstances
,, exigent, j'ai donné ordre que l'on présen-
,, tât demain à mon Parlement l'Edit sur la
,, subvention territoriale que je lui ai annon-
,, cée. C'est aux seuls besoins réels que je
,, veux proportionner les Impôts & il est un
,, terme que je mettrai toujours à leur durée,
,, la fin de ces mêmes besoins.

,, L'Etat que je ferai publier tous les ans
,, ne laissera aucun doute à ce sujet.

,, J'attends du zele & de la fidélité de
,, mon Parlement qu'il procédera sans délais
,, à l'enregistrement de mon Edit."

31 *Juillet.* Les reglemens faits par le Roi sur la formation & la composition des assemblées qui, en vertu de l'Edit portant

création des Assemblées Provinciales, auront lieu dans la Province du Limousin, les Duchés de Lorraine & de Bar, les Provinces d'Alsace, du Poitou & dans la Généralité d'Auch, sont du 12 de ce mois. L'Assemblée provinciale de la premiere s'ouvrira à Limoges le 11 Août; celles des Duchés de Lorraine & de Bar & de la Province d'Alsace le 18 du même mois, l'une à Nanci & l'autre à Strasbourg; & celles du Poitou & de la Généralité d'Auch, le 25, la premiere à Poitiers, la seconde à Auch.

Le Reglement pour la premiere Assemblée de la Province de Hainaut est de la même date. S. M. ayant pris connoissance du régime suivi anciennement dans cette Généralité & voulant connoître si ce régime devoit être remplacé par celui qu'elle a préféré pour les autres Provinces du Royaume, ou s'il étoit possible de le modifier de maniere que le retour à ses anciens usages ne nuisît point à ses intentions, Elle a déterminé qu'il seroit convoqué dans la ville de Valenciennes, une Assemblée Consultative, à l'effet de prendre une connoissance particuliere & approfondie des Admininistrations Provinciales, & de s'occuper, en même tems, de l'examen attentif des formes anciennes de l'administration du Hainaut, & de celles qui subsistent encore, à l'effet de voir les rapports qui pourront exister entre cet ancien régime & celui desdites Administrations provinciales, & les avantages respectifs de ces deux formes d'administration. Lorsque cet examen aura été fait, les Mémoires en résultant seront envoyés à S. M., qui statuera sur la forme à établir dans la Généralité, &c.

31 *Juillet* 1787. Point de projet bizarre dont ne s'avisent nos auteurs pour satisfaire leur cupidité ou leur amour-propre. Un M. *Viel de St. Maux*, auteur de *Lettres sur l'architecture des Anciens & celle des Modernes*, ayant peine, sans doute, à trouver des acheteurs, a imaginé de proposer une souscription pour ces Lettres, qui formeront deux volumes. D'une partie du bénéfice il fera frapper une Médaille d'or du prix de 800 livres & cette Médaille sera donnée à l'écrivain qui, au jugement de certains Commissaires dont on donnera incessamment la liste, aura célébré la Centénaire ou fait l'Eloge le plus digne de *Claude Perrault*.

On imprimera la Liste des souscripteurs, & le nombre des exemplaires de l'ouvrage sera fixé à 400.

1er. *Août.* On a fait mention dans le tems du portrait de *Marie-Angelique Corneille*, que Mr. *Gault* a la générosité & l'humanité de vendre au profit de cette fille d'un petit-neveu du pere du théâtre; puisqu'il est le premier qui ait établi en France la tragédie, la comédie & l'opéra, on croyoit que cet exemple exciteroit le zele des Comédiens François: ils n'ont encore rien fait pour

Marie-Angelique Corneille réduite à la plus grande indigence. Mais un M. *Tournon*, de l'Académie d'Arras, Auteur des *Promenades de Clarisse*, donne avis que d'ici au 1er. Septembre prochain, un tiers du produit des souscriptions de cet ouvrage, périodique apparemment, sera remis à l'infortunée descendante du grand Corneille.

1er. *Août* 1787. Le *Cousin Jacques*, qui ne fait rien comme les autres, vient de dédier à Made. *du Gazon* ses *Délassemens ou Etrennes lyriques pour l'année* 1787. A la fin de son Epître en vers il lui dit:

Ce qui nous plaît, ce qui te rend si belle,
C'est la nature, & c'est la vérité
    Avec laquelle
Je suis pour la vie, *Nina*, ton très humble serviteur & cousin, &c.

1er. *Août* 1787. Lundi 30 du mois passé l'Arrêt contre *Bradier, Lardoise & Simarre* a été cassé; l'on rendra compte plus en détail du Jugement.

1er. *Août*. Lundi dernier aussi en délibérant sur la réponse du Roi, il a été arrêté au Parlement que la Cour ne pourroit enregistrer aucun Impôt sans l'assemblée préalable des Etats Généraux. On en parlera plus au long. Il est question de diverses dénonciations qui ont été faites ce jour-là; en sorte que la séance a duré jusqu'à cinq heures & demie du soir.

1er. *Août*

1er. Août 1787. Des plumes foudoyées sans doute par le Sr. de Beaumarchais commencent à répandre des pamphlets en sa faveur: *Réponse d'un homme impartial à l'auteur anonyme d'une brochure, intitulée le Public, à Pierre Augustin Caron de Beaumarchais*: & *le Public désavouant les libelles atroces répandus sous son nom contre M. de Beaumarchais, & déclarant ne plus prendre d'intérêt au Sr. Kornmann, dont il a reconnu l'hypocrisie & le mensonge.* Tels sont les titres de deux: le premier daté du 15 Juin 1787, par mandement exprès de la Raison & de l'Equité, est signé *Char* ***. On seroit fâché que ce fût Mr. *de Charnois* qui se fût rendu ainsi le Chevalier du Sr. de Beaumarchais & l'on ne le peut croire, étant lui-même de la grande bande & ayant plus de raison que tout autre de faire cause commune avec M. Kornmann. Quant au second, on juge au titre du dégré d'impartialité de l'écrivain.

1er Août 1787. On raconte à l'occasion de l'Impôt du timbre une anecdote qu'il ne faut pas oublier; elle est plus propre que toutes les Remontrances du monde à faire sentir combien il est odieux.

M. *de Calonne*, en parlant de cet Impôt aux Notables, avoit prétendu qu'il ne rendroit que vingt millions; M. *de Fourqueux*, son successeur, le portoit plus bas & le réduisoit à quinze. Dans un des Bureaux des Notables on voulut savoir à quoi s'en tenir : l'on fit venir l'un des traitans qui s'offroient pour en être les régisseurs ou les fermiers. On lui demanda ce que rendroit cet impôt en régie ? Il assura qu'il rapporteroit 91 millions. Interrogé ce qu'il en donneroit comme fermier ? Il répondit qu'il en donneroit bien cinquante millions net.

1er. *Août*. La tragédie nouvelle jouée hier aux François sous le titre d'*Antigone*, ou *la piété fraternelle*, ne pourroit avoir beaucoup d'intérêt aujourd'hui : aussi n'a-t-elle pas eu de succès. Il faut voir si elle se relevera comme tant d'autres ; elle est de Mr. *Doigny du Ponceau* & c'est son début dans la carriere.

2 *Août* 1787. Il court une chanson sur le Sr. de Beaumarchais dont la facture est assez correcte, elle embrasse sa vie entiere malheureusement trop connue pour faire anecdote ; elle est en neuf couplets & sur l'air de l'opéra de *Tarare* que chante *Calpigy*, espece de *Figaro*, ou de *Beaumarchais* dans son genre, en rendant compte de ses aventures. Comme on n'y trouve aucun fait nouveau, l'on se dispensera de la rapporter.

2 *Août* 1787. Depuis quelques années l'Empereur a tiré dans ses Etats la Chirurgie de la dégradation dont elle n'étoit pas encore sortie. A Vienne il a établi une Faculté de Chirurgie, qui distribuera des dégrés, qui formera des hommes doctes & ensuite les recevra Docteurs. Il a établi six chaires publiques au milieu des hôpitaux qu'il a faits

construire; en sorte que le précepte & l'exemple seront continuellement l'un auprès de l'autre.

Mr. *Brambilla*, Chevalier du St. Empire Romain, premier Chirurgien de S. M. I., à l'ouverture de l'Académie Impériale de Chirurgie-Médecine fondée à Vienne en 1785, a prononcé en Latin un discours sur la prééminence & l'utilité de la Chirurgie.

Me. *Linguet*, qui cherche à se réhabiliter en France par des ouvrages dont les journaux puissent entretenir le public, qui desire les rendre précurseurs de ses cheres Annales qu'il vient ressusciter pour la dixieme fois peut-être; après avoir parlé de la Lumiere, de l'Impôt territorial, nous parle aujourd'hui de Chirurgie. Il a traduit en françois le discours de M *Brambilla*, qu'il nous apprend dans une Epitre dédicatoire du 25 Juillet 1786 être son ami: il a enrichi l'ouvrage d'un avertissement intéressant & curieux, où il rend compte en détail des hôpitaux Civils & Militaires fondés à Vienne par Joseph II, de la Tour des Fous, de la Maison de Correction de cette Capitale, monumens dignes de servir de modeles à toute l'Europe. L'éloge qu'il fait de l'Empereur en ce genre, ne peut être contesté & l'humanité entiere doit applaudir à cette partie de son discours.

2. *Août* 1787. Extrait d'une Lettre de Toulouse du 24 Juillet. Notre Parlement a justifié *Catherine Estines*, dont les Mémoi-

res ont été répandus à Paris il y a un an; elle languissoit depuis deux ans dans les prisons, sous une accusation d'empoisonnement & de parricide. L'arrêt casse la procédure faite précédemment contre cette infortunée, & condamne le Procureur du Roi de Cazaux, & son pere, Contumaces, le Juge & le Greffier, en 4000 livres de dommages & intérêts envers l'accusée; en outre condamne à dix ans de galere les Contumaces, & les autres à dix ans de bannissement; ordonne la rayure & biffure de la sentence des Officiers de la Riviere basse &c.

2 *Août* 1787. Extrait d'une Lettre d'Abbeville le 26 Juillet.... Le Comte d'Artois a formé dans cette ville un hôpital pour les enfans-trouvés: il y a établi des Prix accordés aux plus anciens Laboureurs & Pêcheurs des marais pestilentiels desséchés, & fait ouvrir des Canaux pour le commerce.

2 *Août*. L'infatigable défenseur de M. Kornmann est à tout; il fait face de toutes parts aux nombreux & cruels ennemis de son client: il publie aujourd'hui ses *Observations sur un Ecrit signé Seguin & Dubois*. On a dit un mot de ces écrits; les Observations ne méritent pas plus de détail: on y voit ce dont on se doutoit bien, que c'est le Sr. Seguin qui combat seul sous le nom des propriétaires des Quinze-vingts & que c'est ensuite Beaumarchais qui fait agir & pousse Seguin. Du reste, M. Kornmann nie les

faits avancés par son adversaire, les uns comme faux en totalité, les autres comme dénaturés : il le somme & le défie de rapporter aucune délibération de la société, il lui demande à quel tribunal il adresse ses Mémoires ? Le fait est que le Procureur au Châtelet de M. Kornmann a refusé de signer ces Observations, attendu qu'il n'existoit au Châtelet aucune contestation entre le Sr Seguin & lui : son Avocat aux Conseils lui a fait le même refus parcequ'il se compromettoit en autorisant une Réponse à un Mémoire illégal ; en conséquence le Mémoire de M. Kornmann se publie sous sa seule signature & il déclare qu'il ne répondra plus au Sr. Seguin, qu'il ne lui ait déclaré par devant quel tribunal il l'attaque.

3 *Août*. La Séance de lundi 30 n'a duré si longtems, que parce que l'on n'a point voulu perdre de tems ; que les Représentations y ont été arrêtées sur le champ & les gens du Roi mandés pour aller savoir de S. M. le jour, le lieu & l'heure où il lui plairoit recevoir la Députation de son Parlement.

Avant-hier les gens du Roi ont rendu compte aux chambres assemblées que S. M. ne vouloit point de Députation ; qu'elle vouloit que les représentations lui fussent portées à l'ordinaire par le Premier Président & deux Présidens à Mortier, à Versailles, à midi.

Ce n'est que samedi qu'il sera rendu

compte en forme aux Chambres assemblées de cette réponse. Ce retard est motivé sur le desir que *Monsieur* en a témoigné au Premier Président. Du reste, lui & ses deux collegues ne dissimulent pas qu'ils ont été fort mal reçus. Le Roi devant sa cheminée, d'un air courroucé, leur a dit: *je vous ferai savoir mes volontés*; puis leur a tourné le dos, est rentré dans la piéce suivante & a refermé la porte avec humeur. Messieurs s'attendent à un Lit de justice pour la semaine prochaine.

On a vu qu'il étoit question de ce coup d'autorité dès la semaine derniere; des gens bien instruits assurent même avoir lu le samedi une réponse toute prête, fort laconique: ,, *je saurai sans vous faire le bien de mes* ,, *Peuples*." Les Ministres changerent dans les vingt-quatre heures; ils pourroient changer encore, car on juge par les réponses vagues qu'ils font faire au Roi, qu'ils sont très embarrassés: d'autant plus qu'on assure que tous les Parlemens de Province sont ligués & dès qu'il sera question d'Impôt doivent faire la même démarche que celui de Paris, demander l'assemblée des Etats Généraux.

Ceux de Normandie & de Bordeaux viennent déja de donner un petit échantillon de leurs dispositions peu favorables, à l'occasion de l'Edit des Assemblées Provinciales. Ayant observé qu'on s'étoit moqué de celui de Paris, ils ont déclaré qu'ils n'enregistreroient cet Edit que lorſque Sa Majeſté leur enverroit en même temps les divers Reglemens qu'elle y annonce.

3 *Août* 1787. Le Jugement du Conſeil annoncé rendu ſur le rapport de Mr. *Blondel*, a été unanime: il caſſe toute la procédure concernant *Bradier*, *Lardoiſe*, & *Simarre*, ſauf la *Plainte* & le *Décret*: ils ſont renvoyés pour être jugés par tel autre tribunal inférieur que nommera M. le Garde des Sceaux. On dit qu'il eſt auſſi nommé & que par appel le Procès doit aller au Parlement de Rouen. Les trois condamnés ſont libres de prendre à partie les Juges de Chaumont. Le Garde des Sceaux en opinant a fait connoître la néceſſité d'opérer une réforme dans la Procédure Criminelle.

Le Parlement de Paris n'eſt pas abſolument mécontent de ce jugement, en ce qu'il ne porte ſur aucune des nullités articulées dans les gros Factums de M. *Dupaty*, mais ſur un manquement à l'Ordonnance dans la minute, dont n'avoient eu connoiſſance ni le Parlement de Paris, ni M. *Dupaty*.

4 *Août* 1787. Le véritable énoncé du nouveau Mémoire de M. *Dupaty*, eſt: *Juſtification de ſept hommes condamnés en 1769 par le Parlement de Metz ſur les ſeules dépoſitions de Juifs plaignans*; les quatre premiers à la queſtion préalable & à la mort, & les trois autres à la queſtion préparatoire & aux galeres perpétuelles.

Le délit étoit un vol. Des brigands arrêtés dans les Etats du Duc de Wurtemberg pour d'autres crimes, ont déclaré être coupables de celui-ci. Le Grand-Baillif de Sultz, saisi de toutes les preuves de l'innocence des sept condamnés, s'est empressé d'en instruire son Souverain: le Duc de Wurtemberg a ordonné qu'on s'informât s'il restoit des parens de ces infortunés? Il s'en est trouvé encore huit; il leur a fait remettre les Extraits des procès verbaux constatant la vérité; il a fait plus, il a écrit à son Ministre à la Cour de France d'appuyer de son nom la réclamation de ces malheureux: ,, ce ne sont pas mes sujets, lui écrit-il, mais ,, ce sont des hommes." Ils ont, par une Procuration en forme, confié à M. *Dupaty*, le soin de la réhabilitation de la mémoire des suppliciés & du triomphe de l'innocence de celui qui a survécu, ayant eu le bonheur de s'échapper des galeres, où ses deux camarades avoient succombé.

Ce Mémoire, dont le sujet est encore plus intéressant que celui du premier, est aussi plus éloquent. Point de déclamation, point d'enflure, point de verbiage. Le Système de M. Dupaty est:

1o. Qu'il n'existoit point au procès de preuve ni légale, ni morale, que les accusés fussent coupables.

2o. Il existoit une preuve morale que les accusés étoient innocens.

3º. Il est survenu, depuis le procès, une preuve complette de l'innocence des sept condamnés.

4º. La justification de ces innocens est infaillible.

5º. Enfin la cassation de l'arrêt est inévitable.

Toutes ces propositions s'enchaînent & il en résulte une démonstration complette, même aux yeux de la justice.

La digression sur les Juifs; celle sur les témoins nécessaires, envisagée sous un point de vue plus étendu & plus développé; l'histoire de l'admission de témoins chez les Romains & en France; enfin le résumé, sont des morceaux dignes des meilleurs Orateurs, dignes de figurer à côté des plaidoyers de *Cicéron* & de *Démosthene*.

Au défaut de Me. *le Grand de Laleu*, rayé du Tableau en ce moment, c'est Me. *Godard* qui a signé une Consultation raisonnée en date du 20 Juillet 1787. Il trouve surtout une grande ressemblance entre cette affaire & celle de l'Hermite de Bourgogne, dans laquelle il a publié un Mémoire dont on a fait mention dans le tems.

4 *Août* 1787. Voici d'abord l'Arrêté du 30 Juillet: „ la Cour considérant que dans la „ situation difficile où se trouvent les finan- „ ces de l'Etat; pénétrée également du desir „ de prouver au Roi son zéle & sa soumis- „ sion, & de conserver les droits de la „ Nation & la fortune publique; privée des

„ connoissances qu'elle a inutilement solli
„ citées, & réduite, après cinq années de
„ paix, à délibérer sur un Impôt désastreux
„ & les autres qui en sont la suite, dont la
„ nécessité n'est pas prouvée, & dont la
„ proportion avec les besoins de l'Etat
„ n'est pas établie.

„ Considérant que la Nation représentée
„ par les Etats Généraux, est seule en droit
„ d'octroyer au Roi les subsides nécessaires
„ & que la Nation seule peut sans partialité
„ délibérer sur le choix des moyens de pro
„ curer audit Seigneur Roi les secours dont
„ le besoin sera évidemment démontré;
„ persistant dans son Arrêté du 16 de ce
„ mois, a arrêté que ledit Seigneur Roi
„ sera très humblement supplié, en se ren
„ dant au vœu exprimé dans ledit Arrêté,
„ d'assembler les Etats Généraux du Royaume
„ préalablement à tout Impôt nouveau, &
„ qu'à cet effet il sera fait au Roi une
„ Députation en la forme ordinaire, pour
„ faire audit Seigneur Roi les supplications
„ contenues dans le présent Arrêté."

C'est sur cet Arrêté assez mal tourné quant à la forme, mais très pressant au fond, que les Ministres desirant encore du répit, ont dicté au Roi la réponse préparatoire qu'on a rapportée & dont il a été rendu compte en regle aujourd'hui à l'assemblée des chambres.

Ce qui a confirmé le courroux du Monarque, c'est que les Freres du Roi, les Prin ces du Sang, les Pairs Ecclésiastiques ne s'y sont point trouvés, & que des autres Pairs neuf seulement s'y sont rendus.

On a continué d'y rendre compte de la dénonciation de l'agiotage, entamée dès le vendredi 27, continuée le samedi 28 & renvoyée à l'assemblée du 30, en présence des Princes & des Pairs : ce jour la Cour étant très occupée ne pût entrer dans beaucoup de détails, & il paroît qu'elle n'a pris même encore aucun parti définitif, aujourd'hui surtout, à l'égard de la dénonciation contre M. de Calonne, remise à vendredi. Les autres objets sont la Compagnie des Indes nouvelle, les incendies, les eaux *Perier*, les tirages de la lotterie de France, que M. l'Archevêque, pour en étendre le bénéfice, voudroit établir à Strasbourg; enfin la suppression des saintes chapelles.

4 *Août* 1787. L'histoire du prisonnier de 37 ans est un ouvrage nouveau qu'on annonce & qu'on dit être celle de M. *de Latude*. Peu de gens encore en ont eu connoissance.

5 *Août*. On desireroit beaucoup lire les Remontrances de M. *d'Epremesnil*, mais on assure que le Parlement l'a engagé à ne les pas faire imprimer & à les garder dans son porte-feuille en ce moment ; c'est d'autant plus vraisemblable, que dans la derniere séance des Pairs *Monsieur* a témoigné à la Compagnie l'humeur du Roi de savoir impri-

mées déja celles qu'il venoit à peine de recevoir.

Mr. *Huguet de Semonville*, dont l'avis a fait sensation dans le tems, n'a pas eu sans doute beaucoup d'égard à cette discrétion desirée par le Roi, & il vient de faire imprimer son Mémoire lu dans l'assemblée du 16 Juillet.

5 *Août*. L'Abbé *d'Espagnac* est de retour de son exil. Le lundi 30, on le vit dans la grand'Salle du Palais, au moment où se formoit l'assemblée des Princes, des Pairs & du Parlement. Il offroit à chacun un pamphlet couvert d'un papier verd, que les plaisans trouverent bien analogue au bonnet verd. On vit que, prévenu de la dénonciation de l'agiotage, c'étoit un Mémoire apologétique qu'il distribuoit.

5 *Août* 1787. On a craint un moment que l'Archevêque de Toulouse ne succombât & que la Reine ne le rendît désagréable au Roi; mais on assure aujourd'hui que l'Abbé *de Vermond*, son soutien & son protecteur auprès de S. M., lui a ramené la Souveraine; qu'il lui a fait sentir la nécessité de cet excellent personnage à la tête du Conseil; & même qu'il est question de le faire Premier Ministre. On s'entretient à cette occasion de la maniere adroite dont l'abbé de Vermont a poussé l'Archevêque au Gouvernement.

Lors des discussions survenues entre les

Notables & M. de Calonne, la Reine paroissant extrêmement affligée à l'abbé de Vermont, versant même ses inquiétudes au sein de ce confident, lui exposant l'embarras du Roi; l'abbé lui dit: *mais, Madame, il est un homme que tout le monde desire; vous ne pouvez mieux faire que d'engager le Roi à le remettre à la tête de ses finances: c'est Mr. Necker.* La Reine lui déclara l'inutilité de cette démarche; que le Roi avoit une aversion invincible pour le Genevois. Il s'attendoit à cette réponse; il profite de l'ouverture & propose l'Archevêque de Toulouse, comme dans les mêmes principes que M. Necker; comme un personnage rempli de lumieres & de prudence; comme plus doux, plus liant que l'autre, & conséquemment comme plus propre à plaire au Roi. La Reine lui répondit qu'elle en avoit déja touché quelque chose à son époux; mais qu'il lui avoit signifié en termes assez méprisans ne point aimer le prêtraille: c'est alors que pour dernier expédient l'abbé détermina la Reine à mettre en avant les Ministres, ce qui s'effectua & réussit comme on a vu.

6 *Août* 1787. C'est *un Précis pour les actionnaires de la nouvelle Compagnie des Indes* que l'abbé d'Espagnac distribuoit. Il est assez spécieux: après l'exposé de la formation de cette société, son défenseur détaille les plaintes du commerce libre.

1°. Que le privilege de la Compagnie des Indes viole les droits des commerçans.

2º. Qu'il n'a pas été revêtu des formes légales.

3º. Que l'importation des marchandises de l'Inde, pendant qu'il en a été chargé, a été beaucoup plus forte que celle faite par l'ancienne compagnie; qu'ainsi ce privilege est inutile.

4º. Que l'association actuelle a une organisation si défectueuse & des privileges si considérables, qu'il faudroit par-là même la détruire, quand le principe en seroit bon.

L'abbé répond à cela: 1º. que le privilege de l'ancienne Compagnie des Indes n'a jamais été éteint; que la concession de ce privilege faite au commerce libre n'a donc été que provisoire.

2º. Que par conséquent l'enregistrement d'un Privilege qui n'étoit que suspendu, étoit une formalité tout au moins inutile.

3º. Il somme les Armateurs de rapporter leurs factures, & il regarde comme démontré que le commerce libre n'a jamais plus importé que l'ancienne Compagnie; ou que, s'il l'a fait, ce n'a été que de la seconde main.

4º. Enfin, après avoir prouvé que le commerce de l'Inde ne peut se faire que par une Compagnie, il convient; non des Privileges excessifs de la nouvelle, ils sont, suivant lui, plutôt en faveur du consommateur que des vendeurs; mais de son organisation vicieuse, & il déclare que la société même auroit déja demandé une meilleure forme & de meilleures loix, si elle n'eût eu d'abord à combattre pour sa propre existence, & que, pour émonder l'arbre, il n'est pas nécessaire de l'arracher.

On juge par ce zele à défendre la Compagnie des Indes naissante, combien l'abbé d'Espagnac craint pour elle; il est effrayé des coups qu'on vient de lui porter par l'obscurité à laquelle on en condamne les négociations, & il fait tous ses efforts pour entretenir & ranimer l'agiotage dont il s'étoit si bien trouvé & qu'on assure lui être devenu si funeste.

Quant à ses assertions & ses raisonnemens, il seroit fort aisé d'y répondre, mais ce n'est pas ici le lieu.

6 *Août* 1787. C'est samedi au soir que M. le Garde des Sceaux a écrit au Premier Président de rassembler sa compagnie le dimanche à 5 heures pour entendre les ordres du Roi.

A l'heure indiquée le Maître des Cérémonies est venu notifier au Parlement une Lettre de cachet pour se rendre à Versailles aujourd'hui en corps de cour à onze heures du matin.

Sur quoi Messieurs ont délibéré d'obtempérer aux ordres du Roi, ont fait en même temps des protestations & sur le lieu & sur la forme & sur ce qui pourroit s'y passer, notamment sur les Edits du Timbre & de l'Impôt territorial à enregistrer: & ces protestations rédigées en forme d'Arrêté, doivent servir de base au discours du Premier Président: on ne s'est séparé qu'à plus de 6 heures.

On a sçu au surplus que ce Lit de justice n'a été déterminé qu'à l'extrêmité ; on confirme qu'il avoit été question de le tenir beaucoup plutôt & qu'entr'autres une nuit les gardes du corps sont restés tout prêts à marcher.

6 *Août* 1787. On craint que dans ce moment de fermentation le cours des pamphlets qui étoit devenu assez libre, ne soit arrêté & que l'inquisition ne recommence. On parle d'un marchand de nouveautés conduit à l'hôtel de la force ce matin, pour avoir vendu une facétie qui n'est autre chose que le Commentaire de la Lettre de Mad. *Launay* à M. *Suard*: aujourd'hui c'est *Ninon Lenclos* qu'on lui fait écrire des champs élysées. On dit que cette plaisanterie est assez piquante.

7 *Août* 1787. Messieurs du Parlement s'étant rendus hier à Versailles en corps de cour, ont d'abord trouvé un déjeûner de buvette, du pain, du beurre, du vin rouge, du vin blanc & de l'eau.

Entrés au Lit de justice, où l'on a remarqué pour spectatrices, les femmes de chambre de la Reine & des Princesses, le Roi a témoigné son mécontentement de la conduite

de

de son Parlement & a renvoyé la parole à son Garde des Sceaux.

M. *de Lamoignon* a tenu un discours dur & plat; puis a fait faire la lecture des Edits.

Mr. *d'Aligre* a prononcé le discours dont il étoit chargé: ensuite Mr. *Seguier*, après avoir beaucoup décrié dans le sien la Déclaration du timbre & l'Edit de l'impôt territorial, a terminé par conclure pour l'enregistrement.

Après tout le Cérémonial d'usage, le Garde des Sceaux a averti le Roi qu'il n'y avoit plus rien à faire & S. M. a dit: *vous venez d'entendre mes volontés, je compte que vous vous y conformerez.*

Le Lit de Justice a fini à deux heures & demie. Après, Messieurs ont trouvé un couvert neuf & du pain, du beurre, du vin rouge, du vin blanc & de l'eau; se sentant disposés à prendre quelque chose de plus solide, ils se sont dispersés dans Versailles pour dîner & sont convenus de revenir chacun séparément comme bon lui sembleroit; en conséquence il n'y a point eu d'assemblée hier.

Aujourd'hui les Princes & Pairs convoqués en la maniere accoutumée, il ne s'est rendu aucun Prince au Palais, leurs Altesses étoient à la chasse; il n'est venu que 15 Pairs; la séance a duré depuis onze heures du matin jusqu'à près de dix du soir.

Le résultat a été de déclarer provisoirement nul, illégal & comme ne pouvant produire aucun effet tout ce qui s'étoit passé au Lit de Justice & notamment l'enregistrement des Déclaration & Edit. Remis au surplus à délibérer sur le fond, le lundi 19.

Il y avoit beaucoup de monde au Palais: quand Messieurs sont sortis on leur a demandé ce qu'ils avoient arrêté? & les benêts d'applaudir même les Pairs: quelqu'un a crié *Vive ! Luxembourg*; quoiqu'il eût conclu tout bonnement à des remontrances modérées.

On a su que cet Arrêté n'avoit passé que de peu de voix & l'on craint bien que d'ici au lundi Messieurs ne mollissent encore plus. L'avis de rendre arrêt de défense de percevoir a été rejeté bien loin, sous prétexte qu'il ne s'en trouvoit aucun exemple dans les registres du Parlement de Paris, quoique ceux des Parlemens de province en offrent cent exemples.

Mr. *d'Epremesnil* est toujours le principal héros patriotique & est malade; toutes ces contrariétés lui ont fait passer la bile dans le sang: il est jaune comme un coing. Dimanche il avoit la fievre & son médecin alarmé de la séance vouloit que le malade ne sortît point. M. d'Epremesnil lui répondit qu'il se feroit plutôt porter au palais; il s'y rendit en effet & même au Lit de Justice. Quand les femmes spectatrices demandoient à quelqu'un à voir Mr. *d'Epremesnil*, on leur répondoit, *c'est cet homme jaune.*

Aujourd'hui à la sortie on a surtout demandé où est M^r. d'*Epremesnil*, mais il s'est modestement dérobé à l'empressement du public & s'est évadé par les détours.

7 *Août* 1787. *De la nécessité d'assembler les Etats Généraux dans les circonstances actuelles, & de l'inadmission du Timbre*, fragment du discours de M^r. de Semonville de la seconde des Enquêtes dans la séance du 16 Juillet.

M^r. *de Semonville* a commencé par refuter les prétendus dangers des Etats Généraux; il a peint ensuite l'attachement de tous les François à la personne du Roi, l'horreur qu'inspireroit à la compagnie, loin qu'elle se portât à l'adopter, toute idée qui pourroit attenter à l'autorité monarchique. Développant au long ensuite son opinion, il a prétendu que les Etats Généraux étoient nécessaires, qu'ils étoient indispensables dans la crise actuelle.

On remarque dans cet Ecrit plus de zele & d'érudition historique que de raisonnement & de véritable énergie; il sent le jeune homme, il n'est pas lié, fondu & n'a rien de cette éloquence qui entraîne ou qui persuade.

8 *Août* 1787. Voici l'Arrêté du Parlement, du dimanche 5 Août; tout en est précieux: ,, la Cour délibérant au sujet des ordres du Roi, apportés aujourd'hui cinq heures de relevée par le Maître des Cérémonies, a arrêté:

Qu'obtempérant aux ordres dudit Seigneur Roi, la cour se transportera demain à Versailles, en robes rouges & en corps de cour; & cependant attendu le lieu où se tiendra le Lit de Justice, comme aussi dans le cas où seroient portés en ladite séance aucuns Edits, Déclarations, Lettres patentes, ou autres objets qui n'auroient point été communiqués à ladite Cour, pour en être délibéré au lieu & en la maniere accoutumée; ensemble au cas où il seroit introduit au Lit de Justice des personnes étrangeres, & qu'en leur présence il seroit demandé à ladite Cour des suffrages qui ne pourroient être donnés à voix haute & librement, ladite Cour ne peut, ne doit, ni n'entend donner son avis, ni prendre aucune part à ce qui pourroit être fait audit Lit de Justice.

A arrêté en outre que dans le cas où seroient portés audit Lit de Justice les Edit & Déclaration sur lesquels la Cour a déjà fait ses très humbles remontrances, M^r. le Premier Président sera chargé de remettre sous les yeux du Roi les objets y contenus & notamment de lui représenter que les vrais intérêts du Roi, inséparables des intérêts de la Nation, sont les seuls motifs qui ont conduit son Parlement dans toutes ses délibérations.

Que son Parlement se trouvant placé d'une part entre ledit Seigneur Roi, auquel il est attaché par les liens du respect & de l'obéisfance, & dont il aura toujours à cœur de mériter les bontés; & de l'autre part, entre les sujets pour lesquels il doit solliciter sans cesse la justice du Souverain, conçoit difficilement comment on a pu conseiller au Roi de déployer l'appareil de la puissance suprême dans une circonstance où le Parlement avoit lieu d'espérer de ne voir éclater que la bienfaisance & la justice dudit Seigneur Roi.

Que ledit Seigneur Roi est prié de prendre en considération, que dans la crise où se trouve l'État, crise annoncée, avouée & reconnue dans l'Assemblée des Notables, le Parlement ne pouvoit délibérer légalement qu'avec le secours des connoissances & des lumieres qu'il a sollicitées, & qui pouvoient seules guider & déterminer l'assemblée auguste à laquelle ont été adressé de la part du Roi les Edit & Déclaration soumis à sa délibération.

Que son Parlement, affligé d'avoir eu à donner depuis douze ans son suffrage sur des Impôts accumulés, & dont les projets présentés porteroient la masse jusques à plus de deux cents millions d'accroissement depuis l'avénement du Roi à la couronne, n'a pas cru avoir des pouvoirs suffisans pour se rendre garant de l'exécution des Edits vis à vis de ses Peuples, qui ne connoissent point de bornes à leur amour & à leur zele, mais qui voient avec effroi les suites fâcheuses d'une administration dont la déprédation excessive ne leur paroît pas même possible;

Que ledit Seigneur Roi n'ignore pas que le principe constitutionnel de la Monarchie Françoise est que les Impositions soient consenties par ceux qui doivent les supporter ; qu'il n'est pas dans le cœur d'un Roi bienfaisant d'altérer ce principe qui tient aux loix primitives de l'Etat, à celles qui assurent l'autorité, & à celles qui garantissent l'obéissance.

Que si le Parlement a cru, depuis plusieurs années, pouvoir répondre au Roi de l'obéissance des Peuples en matiere d'Impôt, il a souvent plus consulté son zele que son pouvoir, puisqu'il est démontré que le troisieme Vingtieme n'a pu être payé dans plusieurs provinces du Royaume, & que les administrateurs les plus actifs pour la perception, n'ont pas cru prudent d'ajouter la peine de la contrainte au défaut du pouvoir des contribuables.

Que souvent aussi son Parlement, qui a cru connoître le terme de la libération des dettes, l'étendue du secours & de la qualité déterminée de l'Impôt, s'est laissé éblouir par les illusions que lui ont fait successivement plusieurs administrateurs : que l'espoir de la libération prochaine de l'Etat est une perspective si douce pour les Magistrats, & si désirable pour les Peuples, que son Parlement doit être excusé, s'il s'est laissé tromper par les annonces qu'il voyoit insérées dans chaque Edit par un administrateur qui a su desservir le Parlement auprès du Roi, & faire protéger auprès du trône ses dissipations.

Que dans ce moment, où après cinq ans de paix tout espoir de soulagement prochain est perdu, & où les Peuples se trouvent encore menacés d'une surcharge à laquelle ils ne voient plus de terme, les Magistrats ne peuvent accorder un acquiescement que le Parlement donneroit sans qualité, sans fruit & sans effet pour le service du Roi, à des demandes qui excedent évidemment les facultés des sujets.

Que la nature des Impôts proposés a affligé son Parlement au point qu'il a eu peine à se livrer à quelques détails sur les malheurs qu'ils annoncent. Que le Timbre, plus désastreux que la Gabelle que le Roi *a jugée & condamnée*, a excité une consternation générale dans le cœur de tous ses sujets; qu'il tend à établir une sorte de guerre intestine entre tous les ordres des citoyens, qu'il va jusqu'à inquiéter dans leur retraite les laboureurs qui voudroient profiter de la liberté du commerce des grains que le Roi s'est proposé d'établir par une loi récente; que le commerçant en gros ne seroit pas plus tranquille dans ses opérations combinées, que le marchand pauvre, à son comptoir, dans son trafic de détail; que tous auroient à redouter également l'inquisition, la vexation & l'extenſion, caracteres inſéparables du projet ſeul de la Déclaration du timbre, & qui la rendent entierement inadmiſſible.

Que l'Impôt préſenté ſous la dénomination de *Subvention territoriale*, a le même caractere d'immoralité; qu'au lieu de l'impoſition du Vingtieme, qui eſt par ſa nature une impoſition de qualité, dont chaque contribuable eſt quitte quand il a payé une portion fixe & déterminée ſur ſes revenus, on conſeille au Roi une impoſition nouvelle, qui établit entre les Provinces une ſorte de jalouſie au profit du Roi; entre les Elections d'une même Généralité une recherche reſpective, tendante toujours à la ſurcharge; entre les habitans d'une même Paroiſſe, une contribution ſolidaire, qui expoſe chaque citoyen à une diſcuſſion domeſtique, établie & fomentée tous les jours par le gouvernement, diſcuſſion capable de mettre aux priſes les peres & les enfans, chaque membre d'une même famille, les ſeigneurs & les vaſſaux: perſonne ne pouvant ſavoir au juſte à quel terme doit finir la contribution dont il peut être redevable à l'Etat.

Que dans l'impoſſibilité où ſe trouve le Parlement de voter pour des impoſitions auſſi accablantes, il ne peut que réitérer les inſtances les plus vives, à l'effet de ſupplier le Roi, pour le maintien de ſon autorité, pour la gloire de ſon regne, pour le rétabliſſement des finances, qu'il lui plaiſe

accor-

accorder la convocation des Etats Généraux, qui seuls peuvent fonder les plaies profondes de l'Etat, & donner au Roi des conseils utiles fur toutes les parties de l'administration, relatives aux corrections, améliorations & fuppreffions néceffaires à exécuter dans chacun des départemens des finances.

Que fi malgré les fupplications, les inftances & les repréfentations de fon Parlement, le Roi croit encore devoir déployer le pouvoir abfolu, fon Parlement ne ceffera d'employer tout fon zele, & d'élever la voix avec autant de fermeté que de refpect, contre des impofitions dont l'effence feroit auffi funefte que la perception en feroit illégale.

8 *Août* 1787. *Le Pot très pourri*, farce repréfentée à Verfailles par les courtifans comédiens fuivant la Cour. Le fond de ce petit drame eft la difgrace de Mr. de Calonne; il pouvoit être charmant, fi les caracteres euffent été bien faifis, & fi l'auteur eût répandu dans le dialogue, dans la pantomime & dans les airs tout le piquant dont ils étoient fufceptibles; mais on n'y trouve ni fineffe, ni méchanceté, quelque gaieté & une grande platitude: en voici le réfultat. On voit par la qualité des interlocuteurs qu'il y a feulement eu de la hardieffe à l'imaginer; ils font: la Reine, *Monfieur*, le Comte d'Artois, Mr. de Calonne, le Comte de Montmorin, l'Archevêque de

Narbonne, l'Archevêque d'Aix, l'Evêque de Blois, le Duc de Nivernois, Madame le Brun.

A la suite de cette facétie on a imprimé *les Conseils, ou les parce que*, plus méchans, sans être beaucoup plus spirituels : il faut d'ailleurs pour les entendre être au fait des personnages.

9 Août 1787. Le discours de Mr. *de Semonville* est, à proprement parler, le premier ouvrage publié dans cette circonstance qui parle historiquement des Etats Généraux. Il en paroît un second, où la matiere est traitée plus au long ; c'est une *Conférence entre un Ministre d'Etat & un Conseiller au Parlement*: son objet est d'établir que depuis l'origine de la Monarchie jusques en 1615, les Etats Généraux ont été en possession de concourir aux loix générales que les Rois ne publioient que dans leur assemblée, de décider du droit de succession à la couronne, & de consentir à l'Impôt, qui leur étoit toujours demandé d'après l'exposition préalable des besoins de l'Etat ; comme aussi d'*exiger un Compte fidele de l'emploi des deniers perçus*, ou la punition de ceux qui les avoient détournés à d'autres usages : que si la nation assemblée en 1579 à Blois, a implicitement accordé au Parlement le droit d'accorder l'Impôt au Souverain, cela ne peut être tout au plus que dans le cas d'une *nécessité urgente*, comme d'une guerre malheureuse, d'une invasion, où il n'y auroit ni le tems, ni la possibilité d'assembler les Etats Généraux: enfin que le Parlement n'est que la Cour de justice du Roi, dépositaire des Loix du Royaume, & nullement le représentant de la Nation. Toutes ces vérités mises dans la bouche du Conseiller n'en ont que plus de force pour convaincre le Ministre, qu'on voit dès le commencement y être assez disposé; du reste, une discussion effrayante des déprédations de M. de Calonne. Ce pamphlet n'est point assez digéré; il est trop crud, trop trivialement écrit: on juge qu'il a été composé à la hâte, mais le fond en est excellent.

9 *Août*. La Reine est à Trianon depuis le premier de ce mois & l'y passera tout entier: il y aura trois Bals par semaine à l'ordinaire. Le premier a eu lieu dimanche, & les ennemis de S. M. qui commencent à être en grand nombre, ont critiqué cette fête donnée précisément la veille du Lit de justice; ils l'ont exagérée dans le monde, comme si c'eût été une affectation. Il paroît que la faveur accordée pendant longtems par la Reine à Mr. de Calonne est le principe de ces discours calomnieux. Beaucoup de gens imaginent que ce déprédateur des finances ne peut avoir mangé tris *Milliards* à lui seul; outre la facilité qu'il a eu de se prêter aux diverses acquisitions que S. M. a voulu faire, de l'y exciter

même, afin de mieux gagner fa confiance, ils veulent que cette Princeffe ait fait aider l'Empereur & fa famille des fonds de la France, fans doute par forme d'Emprunts. Tout cela ne s'eft point exécuté apparemment que le Roi n'y ait mis fon attache. On prétend qu'il en eft queftion dans le Mémoire juftificatif de Mr. de Calonne & qu'on y voit d'étranges chofes à cet égard. On perfifte à affurer que ce Mémoire eft imprimé & qu'il y en a des exemplaires dans Paris.

9 *Août* 1787. Quoique la tenue du Lit de juftice femblât indiquer un parti pris de la part de la cour, fon indécifion continue; on en juge par le retard que fouffre l'enregiftrement des Edits qui devoient fe faire de fuite par autorité à la Cour des Aides & à la Chambre des Comptes; on veut que *Monfieur* ait refufé la miffion & que le Comte d'Artois, à fon exemple, n'ait pas voulu s'en charger. D'ailleurs le Confeil eft divifé; l'on fait que Mr. *de Malesherbes* y a peroré pendant deux heures & un quart pour empêcher le Lit de juftice, pour faire fentir la néceffité de bien conftater le *Déficit* dont l'exiftence eft mife en doute par certains calculateurs & dont la qualité eft au moins indéterminée; pour prouver enfuite qu'avant de faire valoir ces Edits, il falloit avoir recours à toute l'économie poffible, l'effectuer, ne laiffer aucun doute à la Nation à cet égard; qu'elle fuffiroit peut-être, &

que dans le cas où l'on devroit avoir recours aux impôts, il étoit en effet indispensable d'assembler les Etats Généraux; que le Parlement ne pourroit les suppléer & que toutes les fois qu'il l'avoit fait, il avoit outrepassé ses fonctions. Ce discours, qui n'a point produit d'effet sur le Monarque le premier jour, peut le faire revenir sur lui-même en ce moment qu'il éprouve la répugnance de ses propres freres. Ce qu'il y a de positif, c'est que les choses restent *in statu quo*; que les Arrêtés du 5 & du 7 que le Parlement s'attendoit à voir casser, subsistent dans leur entier; que le procès verbal du Lit de justice ne se publie pas; que les Edits ne sont point promulgués; qu'il vient des couriers chez le Premier Président : ce qui fait présumer que l'on est en pour-parlers.

10 *Août* 1787. Extrait d'une Lettre de Toulouse du 15 Juillet.... *Catherine Estinès* produit autant de sensation ici qu'en a causé à Paris la fille *Salmon*. Non seulement le Peuple veut la voir, la suit, l'entoure & l'admire; mais les grands se disputent le plaisir de la traiter. On la montre aussi au spectacle: on choisit entr'autres pour l'y faire assister, un jour où l'on représentoit *la veuve de Malabar*. L'aspect du bucher rappelant celui auquel elle étoit échappé, la fit fremir, & tous les spectateurs avec elle: MM. *Jamme* & *Riquut*, ses libérateurs,

s'étant montrés, participerent aux acclamations.

10 *Août*. Malgré les affaires nouvelles dont Mr. le Garde des Sceaux est surchargé depuis les tracasseries occasionnées avec le Parlement de Paris & les autres à l'occasion des Déclarations & Edits à enregistrer, il expédie autant qu'il peut les anciennes que son prédécesseur avoit laissées s'accumuler. C'est ainsi qu'il vient de renvoyer à ses fonctions Mr. *Herman*, Procureur général du Conseil d'Alsace, à la suite de la Cour depuis nombre d'années & qui, par cette suspension, n'avoit pu assister aux séances des Notables.

10 *Août*. Mr. *Francœur*, ancien Directeur de l'opéra, Chevalier de l'Ordre du Roi, vient de mourir : il avoit composé en société avec *Rebel* la musique de plusieurs opéra & fait des choses agréables pour leur tems. Il étoit oncle de *Francœur*, aujourd'hui Sousdirecteur de l'académie royale de musique.

10 *Août* 1787. Mr. *Duport de Prelaville*, de la troisieme chambre des Enquêtes, a fait aujourd'hui au nom de sa chambre la Dénonciation en regle que Mr. *Robert de Saint Vincent*, & Mr. *d'Epremesnil* avoient précédemment annoncée, des déprédations commises sous le Ministere de Mr. de Calonne & par M. de Calonne lui-même. Cette Dénonciation a deux parties : la premiere tient à des idées politiques & méta

pyhſiques ſur le pouvoir en général exceſſif qu'ont les Miniſtres en France; abus né de la dégénération de la Conſtitution & dont les conséquences funeſtes ſont preſqu'inévitables; de-là la néceſſité d'une réforme en ce genre.

Dans la ſeconde Mr. *Duport* prouve ce qu'il avance par les faits, en faiſant un tableau monſtrueux des déprédations de Mr. *de Calonne*: afin de les mieux établir, il a fallu avoir recours à quantité de calculs arides & faſtidieux, mais néceſſaires, qui embraſſent cinq chefs d'accuſation, ſur leſquels a été rendu arrêt dans la même ſéance.

11 *Août* 1787. L'aſſemblée provinciale de la Généralité de Paris doit ſe tenir toujours à Melun, où les logemens ont été déja marqués. Le Duc *du Châtelet* en ſera conſtamment le Préſident.

Les cinq Membres de la Nobleſſe nommés par le Roi ſont, le Duc *de Montmorency*, le Vicomte *de Noailles*, le Prince *de Chalais*, le Comte *de Crillon*, le Marquis *de Guerchy*.

Ceux du Clergé ſont les Abbés *de la Bintinaye*, Vicaire général de Paris; *Le Blanc*, Chanoine de Notre Dame; *de Damas*, *de Treſſan*, *de Chambertrand*, & le Général des Mathurins.

Pour le Tiers-Etat, Mrs. *de la Nolle*, ancien Lieutenant général de Meaux; *Henri*, Procureur du Roi de Verſailles; *Sarraſin de Maraiſe*, Secrétaire du Roi; *Borel*, Lieutenant général de Beauvais; *Jobert*, propriétaire de Tonnerre, & *Bailli*, laboureur à Trapes.

Les Présidens de l'assemblée de district de la Généralité, sont à Corbeil; Mr. le Bailli *de Crussol*; à St. Germain, l'Archevêque de *Paris*; à Beauvais, Mr. l'Evêque; au département de Senlis, qui comprend Senlis, Compiegne, Pontoise, l'Evêque de *Senlis*; à Montfort-Lamaury, qui comprend Montfort, Dreux & Mantes, le Comte *de Surgeres*; à Meaux, l'*Evêque*; à Rosoy, qui comprend Rosoy, Provins & Coulomiers, le Marquis *de Montesquiou*; à Melun & Etampes, le Baron *de Juigné*; à Nemours & Montereau, le Comte *d'Ossonville*; à Sens & Nogent, le Duc *de Mortemar*; à Joigny & St. Florentin, le Vicomte *de la Rochefoucault*; à Tonnerre & Veselay, le Doyen du Chapitre de Tonnerre.

Les Présidens des autres assemblées provinciales, dont les reglemens ont paru, sont: pour le Poitou, M. l'Evêque de Poitiers; pour le Limousin, le Duc *d'Ayen*; pour le Haynault, le Duc *de Croy*; pour la Lorraine & le Duché de Bar, l'Evêque de *Nancy*; pour l'Alsace, le Bailli *de Flachslanden*; pour la Généralité d'Auch, l'Archevêque d'*Auch*; pour l'Auvergne, le Vicomte *de Béaune*.

11 *Août* 1787. La rédaction de l'Arrêt d'hier a été faite sur le champ par six Com-

missaires nommés à cet effet, (l'assemblée tenante) dont entr'autres Mr. le Président d'*Ormesson*, le Duc *de Luxembourg*, l'Abbé *Le Coigneux*. Le prononcé est:

„ La Cour donne acte au Procureur géné-
„ ral du Roi de sa plainte des déprédations
„ des finances; soit par des charges & acqui-
„ sitions onéreuses à l'Etat; soit par l'ex-
„ tension des Emprunts au-delà des som-
„ mes portées dans les Edits & Déclarations
„ enregistrés en la cour; soit par des man-
„ œuvres dans la refonte des Monnoyes;
„ soit par des fonds du Trésor Royal four-
„ nis clandestinement pour soutenir un
„ agiotage funeste à l'État; soit par des
„ abus d'autorité & autres de tout genre
„ commis par le Sr. de Calonne dans l'ad-
„ ministration des finances, &c. circonstan-
„ ces & dépendances, &c.

„ Permet d'informer, &c.

11 *Août* 1787. On juge que la cour a pris enfin son parti en ce que l'Edit & la Déclaration enregistrés au Lit de justice paroissent décidement aujourd'hui; cependant elle en a une sorte de honte & les colporteurs ont ordre de les vendre sans en crier l'intitulé.

12 *Août* 1787. On ne sauroit rendre la fermentation qu'occasionne dans cette capitale la résistance du Parlement qui, quoique purement passive, est très capable d'embarrasser la cour, & par la demande de la con-

vocation des Etats Généraux réveille la Nation sur ses droits. On est surtout animé contre la Reine, que les brouillons présentent au peuple comme ayant le plus contribué à la déprédation des finances; la haine qu'on inspire contre cette Majesté est si forte, que le Lieutenant général de police a cru devoir avertir le Ministre de Paris qu'il ne croyoit point prudent qu'elle s'y montrât durant les troubles actuels: celui-ci, n'osant donner lui-même cet avis à la Reine, en a rendu compte au Roi. Le Roi est passé sur le champ chez son Auguste Compagne & lui a dit: *Madame, je vous défends d'aller dans la Capitale jusques à nouvel ordre.*

12 *Août* 1787. Extrait d'une Lettre de Rouen du 8 Août.... Oui, tout fins Normands que nous sommes, un imposteur nous a fait ses dupes; le Sr. *Gervais de Colonges* avoit annoncé qu'il marcheroit sur la riviere à pieds levés, avec des sabots élastiques de son invention. C'est le dimanche 22 Juillet que l'expérience a eu lieu en présence d'un peuple immense; il l'a d'abord retardée jusques à la chute du jour: dans l'éloignement les spectateurs ont été trompés; séduit par les applaudissemens, il s'est avancé de trop près & l'on a découvert sa manœuvre: il étoit suivi d'un bâteau, posé, ce semble, uniquement pour la nécessité, en cas d'accident: point du tout, à ce bâteau étoit atta-

ché un radeau nageant à fleur d'eau, sur lequel le S^r. de Colonges étoit assis au moyen d'un montant de fer, armé d'un petit strapontin qui lui servoit de siége; ensorte qu'il n'avoit autre chose à faire qu'à lever les pieds: l'indignation de quelques étrangers qui lui ont jeté des pierres lui seroit devenue funeste, si la gaieté Françoise n'eût pris le dessus & ne se fût contentée de huer & d'accabler de brocards le prétendu physicien.

12 *Août* 1787. On voit dans le *Mercure* d'hier une Lettre qui releve l'éloge affecté de M^r. *Nadau*, dont on a témoigné dans le tems la surprise: on le trouve d'autant plus mal-adroit, qu'il inculpe indirectement M^r. *de Bompar* encore vivant: ce Chef-d'Escadre envoyé au secours des Isles du vent, sur les représentations du Gouverneur de la Martinique embarqua 1500 hommes sur ses vaisseaux, & quoique le Gouverneur de la Guadeloupe fût informé que les secours qu'il demandoit lui arriveroient à jour nommé, & qu'il en eût reçu l'avis par l'officier qu'il avoit dépêché à cet effet, il signa le lendemain la Capitulation; il avoit pourtant écrit positivement qu'il pourroit tenir encore quinze jours.

13 *Août*. Enfin l'on a imprimé un Reglement du Roi du 9 Août concernant quelques dépenses de sa Maison & de celle de la Reine.

Suivant ce Reglement S. M. ayant ordonné

aux personnes des différens départemens qui ne la touchent pas personnellement, de lui présenter les économies dont ils seroient susceptibles, elle a terminé ce travail. Il concerne sa chambre, sa garde-robe, sa bouche, les menus & le garde-meuble, l'écurie, la venerie, les bâtimens &c.

1°. A commencer du 1er. Janvier prochain, tous les services de la chambre qui se faisoient par quartier, se feront par semestre; ce qui tend à supprimer la moitié des places actuelles; il en sera de même de la garde-robe.

2°. La petite écurie est supprimée & il n'y en aura qu'une à commencer du 1er. Octobre prochain; nul Ecuyer, même le grand, ne pourra employer pour son usage personnel les chevaux de S. M. que pour l'accompagner; toutes concessions en ce genre sont révoquées.

3°. Le service des Ecuyers sera également réduit par semestre; le nombre des chevaux, des voitures & des personnes attachés au service doit l'être de même.

4°. La grande fauconnerie en son entier, ainsi qu'une partie du vol du cabinet, la louveterie & tout ce qui y a rapport, le *vautrait* & tout ce qui en fait partie seront supprimés.

5°. Les Gendarmes & Chevau-légers de la garde restent supprimés; la compagnie des gardes de la porte réformée.

6°. La démolition ou la vente des chevaux de Choisi, la Muette, Madrid, Vincennes & Blois ordonnée, ainsi que la vente de toutes les maisons appartenantes au Roi dans Paris.

7°. On confirme ce qu'on a déja dit de la réforme annoncée de la maison de la Reine; seulement elle n'est pas tout à fait d'un million, elle n'est portée qu'à neuf cents mille livres.

De belles promesses sur le surplus.

13 *Août* 1787. Mr. le Marquis *de Paulmy d'Argenson*, Ministre d'État, Commandeur des Ordres du Roi, Chancelier de la Reine, Honoraire de l'Académie des Belles-Lettres & de celle des Sciences, membre de l'Académie Françoise, vient de mourir presque subitement: il avoit quitté la carriere de la politique & des affaires pour se livrer uniquement à la Littérature qu'il aimoit beaucoup. Par des arrangemens dont on a rendu compte dans le tems, sa superbe Bibliotheque passe au Comte d'Artois.

13 *Août*. Par une suite de ce qu'on a dit, la plainte de Mr. Kornmann contre Mr. le Noir portée au Châtelet n'y a pas eu plus de suite, & le Châtelet, ne voulant point en connoître, a renvoyé le plaignant à se pourvoir par devers le Roi: ce qui donne matiere à un nouveau Mémoire du Sr. Kornmann.

13 *Août* 1787. Les nouveaux Reglemens

concernant la formation des assemblées provinciales sont si ambigus, qu'il faut à chaque instant suspendre la besogne & envoyer des couriers à la cour pour en recevoir des explications.

14 *Août* 1787. La séance du Parlement indiquée au jour d'hier, afin de délibérer ultérieurement sur ce qui s'est passé au Lit de justice, a duré depuis environ onze heures jusques à près de sept heures du soir. Suivant ce qu'on en sait, c'est Mr. d'Eprémesnil qui a occupé le plus longtems, il a parlé pendant cinq quarts d'heure.

Mr. le Duc *de Nivernois* s'étant expliqué en Ministre dans son opinion, ayant fait entendre qu'il y avoit bien des choses à considérer; que d'une part, l'on étoit menacé d'une guerre & que le défaut d'harmonie entre la Nation & le Roi pourroit encourager les ennemis de la France à se porter à une rupture que peut-être ils n'oseroient pas faire en d'autres circonstances; que, d'autre part, le Roi pourroit être forcé à ne pas tenir ses engagemens, faute de moyens de le faire. Mr. d'Epremesnil a relevé ces assertions de M. de Nivernois. Il a d'abord fait le tableau politique des différens Etats de l'Europe; il a prétendu qu'aucun n'étoit en état de nous faire la guerre; que l'Angleterre, notre rivale la plus à redouter en général, étoit absolument dans l'impuissance de nous nuire. Il a prétendu que la banqueroute n'étoit pas plus possible, du moins envers les créanciers légaux du Roi, les seuls à considérer; que tous les Emprunts enrégistrés ayant une hypotheque, le Parlement ne pourroit se refuser à autoriser les créanciers à exercer leurs droits, conséquemment à valider leurs saisies-arrêts entre les mains des Fermiers, Régisseurs, ou Receveurs des deniers Royaux, &c. Tout ce qu'a dit Mr. d'Epremesnil a paru si lumineux qu'il a entraîné le grand nombre des suffrages & qu'il a passé à la très grande pluralité (80 contre 40) un Arrêté long & vigoureux, où, après beaucoup de *Considérant*, on a terminé par dire que: ,, la Cour persistant ,, dans ses Arrêtés a déclaré la distribution ,, *clandestine* desdits Edit & Déclaration ,, nulle & illégale, comme étant faite par ,, suite d'une transcription également déclarée ,, nulle & illégale: déclare lesdits Edit & ,, Déclaration incapables de priver la Nation ,, d'aucun de ses droits & d'autoriser une ,, perception contraire à tous les principes, ,, maximes & usages du Royaume; & que ,, le présent Arrêté seroit envoyé dans tous ,, les Bailliages & Sénéchaussées du Ressort, ,, pour y être lu, publié & enrégistré: se ,, réservant ladite Cour à délibérer au 27 ,, de ce mois sur la suite du présent Arrêté."

Le Palais étoit inondé de monde; les escaliers, les cours mêmes en regorgeoient; ensorte que Messieurs ont eu beaucoup de peine à passer & ont essuyé trois ou quatre bordées d'applaudissemens avant d'arriver à leurs carosses.

14 *Août* 1787. On parle d'un *Testament de Louis XV*; brochure nouvelle qui contient des conseils au Dauphin sur toutes les parties de l'administration. Ceux qui ont lu cet ouvrage, le trouvent assez bien fait.

On annonce un autre ouvrage contre le Clergé, en faveur des Curés à portion congrue, & sur la réduction des monnoies.

14 *Août*. La premiere chose qu'on a faite hier dans l'assemblée des chambres, ç'a été sur ce qu'un de Messieurs a dit, que les gens du Roi avoient eu ordre d'envoyer aux Jurisdictions inférieures l'Edit & la Déclaration, de les mander pour apprendre d'eux la vérité des faits. Les gens du Roi entrés ont déclaré qu'effectivement, d'après les ordres du Roi qu'ils en avoient reçu le samedi, le dimanche ils avoient rempli leur ministere. Eux retirés on a délibéré.

D'après cet aveu, Messieurs devoient bien s'attendre que les gens du Roi auroient des défenses d'exécuter l'Arrêté; en conséquence ils auroient dû faire faire les expéditions sur le champ & ne pas se séparer que les paquets ne fussent mis à la poste. En effet l'on assure ce soir qu'il est venu une lettre de cachet aux Gens du Roi qui leur défend d'exécuter l'Arrêté.

15 *Août* 1787. Cette nuit, ou plutôt ce matin,

matin, il a été distribué à tous les membres du Parlement une Lettre de Cachet conçue en ces termes: Monf... je vous fais cette lettre pour vous ordonner de sortir dans le jour de ma bonne ville de Paris, & de vous rendre en celle de Troyes dans le délai de quatre jours pour y attendre mes ordres; vous défendant de sortir de votre maison avant votre départ à peine de désobéissance. Sur ce je prie Dieu qu'il vous ait en sa sainte garde. A Versailles ce 15 Août 1787. (Signé) Louis & plus bas *le Baron de Breteuil.*

C'est un officier aux gardes qui portoit ces Lettres, il étoit accompagné d'un sergent aux gardes; celui-ci restoit à la porte de la chambre.

15 *Août* 1787. L'Académie Royale des Sciences a changé son *Prospectus* concernant le Prix de 12000 livres proposé au mois de Novembre 1786. Voici le nouvel énoncé du sujet: *trouver les meilleurs moyens de perfectionner ou de changer le mécanisme des Machines du pont Notre-Dame, soit en établissant de meilleures proportions entre les parties de ces Machines, ou en y changeant le système de la communication des mouvemens, soit en exécutant ces mêmes Machines avec plus de précision, soit enfin en employant le même moteur avec plus d'avantages.*

Il faut lire dans le *Prospectus* les autres conditions exigées: l'Académie a reculé aussi le terme du concours, & la pièce couronnée ne sera proclamée qu'à l'assemblée publique de la St. Martin 1788.

15 *Août*. On parle de placards affreux affichés à Paris, à Versailles & jusques sur la route, aux arbres. Ce manege s'est pratiqué même au Palais & durant les assemblées, lorsque la foule inondoit la grand' salle, les galeries & toutes les parties de ce vaste édifice, on en trouvoit d'affichés comme par enchantement. On a remarqué durant une séance jusques à dix placards de cette espece: ils sont spécialement dirigés contre la Reine.

15 *Août* 1787. L'Edit enregistré au Lit de justice concernant la subvention territoriale, étant aujourd'hui entre les mains de tout le monde, voici ce qu'on en peut tirer de plus clair.

1°. A commencer du 1er. Juillet 1788 les deux vingtiemes & les quatre sols pour livre du premier cesseront d'avoir lieu sur tous les biens-fonds du Royaume, d'industrie & les émolumens des offices, &c.

2°. Il leur sera substitué une *Subvention Territoriale* d'une somme annuellement déterminée sur tous les biens-fonds du Royaume sans aucune exception, même sur les Domaines de la couronne.

3°. Cet impôt sera fixé à une somme de 80 millions, exigée par les besoins actuels; ce qui ne doit pas équivaloir pour chaque propriétaire aux deux dixiemes, puisque les revenus territoriaux du royaume sont évalués beaucoup au-delà de huit cens millions.

4°. La répartition en sera faite contradictoirement entre les différens propriétaires & entre les différentes paroisses, par les assemblées provinciales & municipales; ce qui doit éviter l'injustice, l'arbitraire & la faveur.

5°. De cet arrangement il résultera la faculté de comparer un jour les forces des différentes généralités, d'après des bases certaines & des calculs précis, & chaque propriétaire aura la certitude consolante que sa cotisation n'est que dans la proportion générale & convenable.

Tel est l'aspect favorable sous lequel la nouvelle maniere d'imposer est ici présentée; aspect qui n'a pas été envisagé de même par le Parlement, ainsi qu'on l'a déja vu, dans ses différens Arrêtés & Remontrances, notamment dans le dernier du 13.

16 *Août* 1787. Pour consoler sans doute le public de la translation du Parlement, on a affecté de faire crier hier par les colporteurs à haute & intelligible voix le Reglement concernant la réforme de la maison du Roi, ainsi qu'un Edit, où l'on annonce que le Duc *de Polignac* s'étant empressé pour entrer dans les nouvelles vues économiques de S. M. de lui remettre l'office de Directeur général des postes aux chevaux, relais & messageries; il a été réuni à l'administration de la poste aux lettres, dont il avoit été

distrait en 1785 en faveur de ce même Duc de Polignac.

Le Sr. *de Veimeranges* qui étoit Intendant des postes aux chevaux, &c. sous Mr. de Polignac, est par conséquent aussi supprimé & l'on parle d'une Commission pour examiner la gestion de cet homme mal famé, dont on a rapporté une anecdote honteuse, & l'ame damnée de Calonne.

Au surplus, l'Edit avoit été enregistré au Parlement le 10 Août.

16 *Août* 1787. Comme c'étoit hier la procession du Vœu de Louis XIII, à laquelle les Cours sont invitées, les Ministres se sont pressés de faire partir le Parlement, afin de prévenir la fermentation qu'auroit occasionné sa présence: en effet les poissardes s'étoient disposées à lui donner des bouquets; les Clercs avoient préparé des couronnes de laurier, &c.

Outre la garde redoublée depuis quelques jours, le détachement de la maison du Roi qui ne vient ordinairement qu'après-dîné, dès le matin s'est emparé des portes à l'église. Le soir à l'heure ordinaire un Aide des Cérémonies est venu prendre la Chambre des Comptes pour la conduire à notre Dame. Cette chambre paroissant ignorer l'événement lui a demandé, suivant l'étiquette: „le „Parlement est-il parti pour l'Eglise?" On lui a répondu que le Parlement n'étoit plus à Paris. Sur quoi la Chambre a délibéré

& s'est mise en route ; arrivée à la porte de notre Dame elle y a été reçue par le Grand-Maître des Cérémonies & conduite dans le lieu où elle reste en dépôt jusques au moment de la procession. Quand on est venu l'avertir pour la procession, alors elle a manifesté son vœu de conserver la ligne gauche, & sur ce qu'on lui réitera que le Parlement n'y seroit pas, elle a demandé la robe courte (la garde du palais) pour conserver la ligne droite, toujours occupée par le Parlement & pour empêcher que personne ne prît sa place : sur ce qu'on a répondu que la robe courte avoit suivi le Parlement, elle a voulu qu'on redoublât la garde de la ville pour faire la même fonction ; ce qui a dû retarder la Cérémonie.

Pendant la marche les poissardes ont jonché de fleurs la ligne par où auroit dû passer le Parlement & tout ce détail rapporté à la cour l'a extrêmement mortifiée.

16 Août 1787. Les courtisans assurent que *Madame* est aussi zelée que *Monsieur* pour les affaires publiques, & qu'elle a eu à ce sujet une conversation très vive avec la Reine qui ne pense pas de même. Sa belle-sœur l'a exhortée à faire plus de cas des sujets, à mériter les *Vive la Reine* qu'on lui prodiguoit ci-devant avec tant de zele ; & trouvant encore S. M. ulcérée & persistant dans le dégoût qu'on lui a inspiré pour la Nation, la Princesse s'est échauffée davantage & s'est écriée : „ autrement, Madame,

„ vous ne ſerez que la Reine de France;
„ vous ne ſerez pas la Reine des François."

17 *Août* 1787. Le Sieur de Beaumarchais qui ne fait rien comme un autre, a jugé à propos longtems après l'impreſſion de ſon poëme de *Tarare*, de publier une longue préface, où il enſeigne ſa doctrine ſur *l'opéra*, doctrine peu nouvelle quant au fond, mais bien quant à la forme. Elle eſt adreſſée *aux abonnés de l'opéra, qui voudroient aimer l'opéra*; elle eſt précédée d'un *Avertiſſement*, où il repete ſes injures contre Mrs. *Kornmann & Bergaſſe*, où il affecte une ſenſibilité ſi exceſſive à leur attaque, que pour mieux la repouſſer, il avoit offert le rembourſement des dépenſes de l'Académie Royale de muſique, en dédommagement de la ſuſpenſion de *Tarare*.

Du reſte, ce diſcours, *un peu badin*, comme il l'avoue, étoit, ſi l'on l'en croit, compoſé, il y a trois ans; on devine facilement toutefois que ſon principal objet eſt d'affoiblir l'impreſſion du tour ſanglant que lui a joué l'Abbé *Aubert* en reproduiſant un conte Arabe, où l'intrigue de *Tarare* ſe trouve preſque toute entiere : avec une ingénuité à la Beaumarchais, c'eſt-à-dire très fine; il convient avoir lu autrefois ce conte, en avoir pris quelque choſe par reminescence; mais heureuſement avoir eu la mémoire aſſez foible pour n'en avoir retenu que les ſituations dont il pouvoit faire uſage, à travers une foule d'invraisemblances & d'absurdités ; en un mot, il donne à entendre que l'original est misérable & infiniment amélioré entre ses mains.

Quoiqu'il en soit, il rend un compte assez satisfaisant des motifs qui l'ont déterminé à choisir un sujet mitoyen entre le merveilleux trop peu susceptible d'intérêt, & l'historique trop nud, trop austere : il a préféré aux mœurs très civilisées, les mœurs orientales, comme plus tranchantes : enfin la dignité de l'homme est le point moral qu'il a voulu traiter, le thême qu'il s'est donné.

Quant à la musique, il est convenu avec Mr. *Salieri*, qu'elle devoit reposer du poëme & le poëme de la musique ; il a fait signer à l'orkestre & aux chanteurs la même capitulation : il a dit à ceux-ci, *prononcez bien*, il a dit à l'autre, *appaisez-vous*. Tel est le ton de cette préface, qui au surplus n'est point mal écrite dans son genre & terminée par un apologue à sa louange, qui le console des mille & une injures qu'il a reçues.

17 *Août* 1787. Le préambule de l'Edit du Timbre, comme plus extraordinaire & plus odieux que celui de la Subvention territoriale, est fait avec plus de soin & d'adresse ; l'annonce de l'impôt y est précédée de points de vue agréables, de promesses spécieuses : la meilleure condition du Peuple & le soulagement des Sujets en sont l'objet principal : on fait revivre l'espoir de l'extinc-

tion des six millions de rentes sur les tailles, qui diminueront d'autant la charge de la classe la moins aisée, & l'on se fait un mérite de ce qui a paru révoltant dans le tems; en ce que l'on renvoyoit à une époque éloignée & l'on tournoit même en un accroissement probable cette diminution sur les tailles que M. de Calonne faisoit valoir comme prochaine & à effectuer sur le champ.

L'on fait sonner bien haut la liberté du commerce des Grains, qu'ont cependant réprouvé divers Parlemens; les Assemblées Provinciales, qu'on peint comme une espece d'association de la Nation au Gouvernement, tandis que les vrais Politiques, envisageant les coups d'autorité que le Ministre frappe en même tems, n'y voient qu'un rafinement de Despotisme pour se soustraire aux Remontrances & oppositions, aux formalités gênantes des Cours.

L'on parle toujours d'ordre, d'économie, de bonifications, de retranchemens qui doivent monter à quarante millions au moins avant la fin de l'année; mais comme on persiste à prétendre qu'ils sont déja portés à plus de vingt millions, sans doute si secrétement qu'on n'en voit encore rien, ou presque rien; qu'on observe, au contraire, que les dépenses extraordinaires sur lesquelles on devoit faire arrêt sur le champ n'en vont pas moins leur train, les gens peu confians mettent toutes ces paroles données au rang de celles de Mr. de Calonne & des autres Contrôleurs généraux, ses dévanciers.

On fait plus, on se prévaut de l'acquiescement des Notables à l'impôt du Timbre, quoiqu'il soit notoire qu'ils l'ont regardé spécialement comme impraticable, & quoiqu'après avoir donné au public leurs observations sur les premieres sections, on affecte de différer l'impression de celles qu'ils ont faites sur les autres & sur l'impôt du Timbre en particulier.

On représente, au surplus, cet impôt comme frappant uniquement sur les riches, comme accompagné de toutes les précautions les plus sages pour en concilier le produit nécessaire avec la prospérité du commerce, la tranquillité des sujets & le maintien de leur propriété, comme devant être employé à la diminution d'impositions plus onéreuses, s'il excede vingt millions, comme ne devant durer que dix ans, c'est à dire jusqu'au 1er. Janvier 1798.

Quoiqu'on ait refusé constamment les Etats de recette & de dépense antérieurs, communiqués aux Notables & dont les Cours devroient avoir connoissance pour constater légalement le *Déficit* & sa qualité ; on repete ce qu'on a dit cent fois déja, qu'on publieroit tous les ans à la face de l'Europe entiere l'état de la Recette & de la Dépense.

Enfin, si l'on s'en rapporte à l'orateur du Ministere, les sacrifices qu'on est forcé d'exiger des Peuples feront auffi adoucis qu'ils peuvent l'être, & en même tems la dette publique fera affurée, la gloire du nom François affermie, & le niveau fi defirable établi entre la recette & la dépenfe, permettra de fe livrer à des améliorations qu'il feroit impoffible d'effectuer autrement. *Amen!*

Suivent les difpofitions de la Déclaration au nombre de 30 articles, & en les parcourant tous, accompagnés d'amendes plus ou moins fortes, on juge que c'eft un piege perpétuel tendu à l'ignorance & à la bonne foi. On reffent à la fois la douleur que caufe toujours la lecture d'une Loi burfale, & l'effroi qu'infpire un Code pénal.

17 *Août* 1787. On a vu avec peine l'Abbé *le Noir*, le Doyen des Clercs, fe féparer en quelque forte de fa compagnie, en ne fe rendant pas à Troyes & ayant fait folliciter à la cour par le Duc de Penthievre, comme Chef de fon Confeil, la liberté de refter à Gournay, Prieuré délicieux que poffede à 4 lieues de Paris ce Confeiller pufillanime.

Mr. *d'Epremefnil* forcé de refter chez lui par ordre des médecins le menaçant d'un danger de mort, s'il fe mettoit en route avant une crife annoncée par la nature, s'eft preffé de partir dès qu'il l'a pu.

18 *Août* 1787. On a dit un mot de la querelle élevée entre le Roi & *Monfieur* refufant de fe rendre à la Chambre des Comp-

tés; on a fu depuis qu'elle avoit été fort vive, que Sa Majesté avoit demandé à son frere s'il vouloit renouveller les événemens malheureux du regne se *Charles* VI, de la *Ligue*, des *Barricades*, & que, sans lui donner le tems de l'expliquer, elle avoit fait un geste de colere qui avoit obligé l'Altesse Royale de se retirer. C'est ce qui a donné lieu au bruit couru le jour de la translation du Parlement, que *Monsieur* étoit exilé. Il paroît qu'au contraire ce Prince a cru de son devoir enfin d'obéir au Roi & en conséquence il s'est rendu hier à la Chambre des Comptes pour y faire enregistrer l'Edit & la Déclaration: le public qui étoit accouru en foule au palais, a voulu témoigner à *Monsieur* quelque gré du moins de sa répugnance; il a été applaudi: il n'en a pas été de même de Mr. le Comte d'Artois.

Des gens mal intentionnés avoient fait courir le bruit, calomnieux sans doute, que ce Prince avoit tenu un propos indigne de lui; qu'en parlant de l'embarras où la résistance des cours mettoit le Roi, il s'étoit recrié: *je m'en tirerois bientôt à sa place avec six francs de corde.* Les Clercs outrés de cette menace & toute la canaille du palais ont en conséquence formé le complot de siffler & huer ce Prince, lorsqu'il iroit à la Cour des Aides: ce qui s'est exécuté d'une maniere si alarmante, qu'un des officiers de la garde du Prince a crié *aux Armes!* & à l'inftant toute la populace s'eft précipitée du grand efcalier avec une telle rapidité, qu'on croyoit voir les flots de la mer rouler les uns fur les autres: il faut connoître le local & avoir été témoin de l'événement pour s'en former une idée. Quoiqu'il en foit, M. le Comte d'Artois s'eft trouvé faifi d'effroi; fon difcours très bref s'en eft reffenti, & il n'étoit point encore remis lorfqu'il eft reparti. Tout cela prouve de plus en plus qu'il ne s'étoit point exprimé avec cette atrocité; qu'au contraire il a le cœur excellent & a craint que le zéle de fa garde n'allât trop loin en faifant feu fur la foule des mutins qu'un fimple mot pouvoit faire taire. Ce prince eft parti fur le champ pour aller rendre compte au Roi de fa miffion remplie avec tant d'amertume. *Monfieur* plus calme eft allé dîner au Luxembourg. Ses chevaux avoient peine à paffer à travers les flots de peuples qui le béniffoient, fon cocher ayant voulu hâter le pas: il a mis la tête à la portiere, en lui criant: *prenez bien garde de bleffer perfonne*, & les bénédictions de recommencer. Il en a été de même quand il eft reparti.

Au refte, quoique la garde du Comte d'Artois n'ait fait qu'un mouvement de volte-face, la fcene ne s'eft point paffée fans des accidens & des mutilations. Comme la police dans ces fortes de cohue a toujours beaucoup de mouchards, qui n'étant pas les plus fôts en ce moment usent de ruse, marquent sans qu'on s'en apperçoive les auteurs du tumulte, soit de fait, soit par des propos séditieux, de façon à les reconnoître & à s'en saisir en tems convenable, les mêmes Clercs ayant empoigné un espion bien connu, l'ont forcé sous peine de la vie de leur découvrir tous ses camarades, & à mesure qu'il en désignoit quelqu'un, on l'entouroit, on le pourchassoit & pour peu qu'il fît de résistance, on le maltraitoit & on l'assommoit sur la place. Tel est le nouveau genre de police qui s'est exercé ce jour-là & qu'on ne connoissoit point encore.

Quant à ce qui s'est passé dans l'intérieur de la Chambre des comptes & de la Cour des Aides, il faut attendre des détails plus amples & plus sûrs; il paroît qu'en général la premiere s'est beaucoup mieux conduite que la seconde.

18 *Août* 1787. Depuis longtems on parloit d'un Mémoire sur lequel enfin nous mettons la main. Il ne présente pas au premier aspect un grand intérêt, il s'agit d'une somme de 800 livres pour laquelle est poursuivi & condamné aux Consuls un Mr. *Vence* par un Mr. *Doré*. Mais ce Mr. *Vence* étoit ci-devant Capitaine de port à la Grenade. Il a beaucoup servi durant la derniere guerre & son histoire dont il rend compte fort au long est singuliere & tout à fait

romanesque : d'ailleurs il soumet incidemment aux lumieres des Jurisconsultes qui lui servent de conseil une question d'une espece toute neuve : il leur demande si, nommé par le Roi Chevalier de St. Louis depuis le 4 Janvier 1780 & n'étant pas encore reçu, il peut se regarder comme tel ?

Suivant une Consultation du 11 Juin, les Avocats consultés déclarent que sans doute le Sr. *Vence* peut se dire Chevalier de St. Louis &, par occasion, ils lui indiquent les moyens d'obtenir cette décoration. Tout cela mérite un plus grand détail à raison surtout de deux Officiers généraux qui se sont distingués durant la derniere guerre & qui jouent, chacun, un rôle dans les aventures de Mr. Vence.

18 *Août* 1787. On étoit fort empressé de savoir ce que le Châtelet feroit. Il s'est ouvert hier, mais sans rien juger ; on a appellé beaucoup de causes pour lesquelles il ne s'est présenté aucun Avocat à la plaidoierie ; il en est bien venu plusieurs, mais ils avoient affecté de se mettre en couleur & de ne se montrer que comme curieux.

19 *Août*. La Chambre des Comptes qui s'étoit fort mal conduite durant la révolution de 1771, a montré dans cette circonstance beaucoup de zele, de courage & de dignité; non seulement elle a fait les protestations d'usage avant & après contre la séance de *Monsieur* ; mais elle répand l'Arrêté suivant

en date du 18, qui lui fait infiniment d'honneur dans le public.

„ La Cour perſiſtant dans ſes proteſtations
„ & réſerves contenues dans ſon Arrêté de
„ ce jour, en conſidérant que la ſubvention
„ territoriale eſt une impoſition indéfinie &
„ une véritable deſtruction de la propriété;
„ que la Déclaration du timbre préſente des
„ diſpoſitions affligeantes, deſtructives du
„ commerce & préjudiciables à la tranquillité
„ des citoyens; que l'impôt doit être meſuré
„ ſur le beſoin réel, & qu'il n'a été donné
„ connoiſſance à la Chambre ni du montant
„ du *Déficit*, ni de celui des bonifications;
„ qu'enfin, ſuivant les formes conſtitutives
„ de la Monarchie, une nouvelle nature de
„ ſubſides exige le conſentement de la Na-
„ tion, a déclaré nulle & illégale la trans-
„ cription faite ſur ſes regiſtres d'impoſitions
„ nouvelles qui ne peuvent être conſenties
„ que par les Etats Généraux.

„ Et ſera le Roi très humblement ſupplié
„ de rendre à la Capitale & à la Juſtice qui
„ les réclament, des Magiſtrats dont la
„ conduite a été dictée par le patriotiſme le
„ plus pur & par l'attachement le plus vrai
„ aux intérêts du Seigneur Roi, inſépara-
„ bles de ſes peuples."

19 *Août* 1787. Dans le Mémoire de Mr. *Vence*, on voit que né à Marſeille en 1747, d'un pere qui avoit été Capitaine de Vaiſſeau dans la marine marchande, il déſira

suivre le même état. Les vies de *Dugua Trouyn*, de *Jean Bart*, de *Duquesne*, lui étant tombées sous la main, lui enflammèrent l'imagination & il voulut, comme ces hommes rares, à force de talent & de courage, sortir de son obscurité.

Après avoir fait en 1765 sur le vaisseau du Roi le *Protecteur*, commandé par Mr. de *Broves*, cette campagne que les Ordonnances exigent d'un officier marchand, pour qu'il puisse être reçu Capitaine de Navire; en 1767 il fit à la Côte d'Afrique un naufrage des plus desastreux dont les détails serrent d'effroi le cœur du lecteur.

En 1776 Mr. Vence, après s'être bien exercé à la navigation des Isles, offrit ses services au Congrès, & à la tête d'un certain nombre de flibustiers modernes, en ayant obtenu une Commission, il se mit à courir sur les sujets du Roi de la Grande Bretagne, & fit beaucoup de prises avant qu'on se doutât en Europe qu'il y eût des Corsaires Américains.

Quand la guerre éclata entre la France & l'Angleterre, Mr. Vence se hâta de reprendre le Pavillon de son Roi & fut employé par le Marquis *de Bouillé* à la conquête de la Dominique & escorté par la fregate la *Diligente*, il s'empara à la tête de ses flibustiers du fort *Cachavron*: ce qui lui valut le brevet de Lieutenant de fregate pour servir sur la flute du Roi la *Truite*, que le Général étoit bien aise de conserver dans la Colonie.

Le Comte d'*Estaing* à la conquête de la Grenade employa utilement Mr. Vence, & il est nommé dans les relations comme ayant fait des actions d'éclat. Le Général publia hautement tout ce qu'il croyoit lui devoir, il promit de solliciter pour lui la croix de St. Louis avec un grade dans la Marine, & provisoirement le nomma Capitaine de port de l'Isle. Ne voulant pas toutefois se priver d'un Marin aussi utile, il permit à Mr. Vence de se faire remplacer par *interim* & il lui donna pour l'expédition de Savanah une compagnie de 85 hommes, qui fut formée de l'élite des grenadiers de l'armée. Tout le monde sait la funeste issue de ce siège. Le Comte d'Estaing retournant en Europe, embarqua Mr. Vence sur la frégate la *Cérès* & l'envoya exercer sa place de Capitaine de port à la Grenade. Ce fut là qu'il reçut une lettre du Marquis de Bouillé, l'instruisant que le Roi l'avoit nommé Chevalier de St. Louis & qu'il le recevroit suivant ses instructions à la première occasion.

Tant de faveurs excitèrent la jalousie des rivaux de Mr. Vence; on l'accuse de prévarications dans sa place, d'avoir détourné de misérables effets appartenans au Roi. Le Gouverneur le fait arrêter, lui fait subir interrogatoire en présence d'un comité & le condamne à restituer ces effets. Quand Mr. Vence se rend ensuite à la Martinique pour se faire recevoir Chevalier de St. Louis, le Marquis de Bouillé lui objecte cette sorte de flétrissure, & lui déclare qu'il a renvoyé sa croix au Ministre, avec les pieces.

Mr. Vence se rembarque pour la France, il éprouve un second naufrage, où il perd toute sa fortune. Il arrive à Cadix, où il avoit appris que le Comte d'Estaing devoit commander la flotte combinée. Il fait la campagne sur le vaisseau de son ancien Général: il retourne à Brest avec lui & vient à Paris solliciter justice & un Conseil de Guerre: depuis sept ans il le demande en vain. Dans sa détresse il a eu recours au Sr. Doré, qui lui a prêté 800 livres & le poursuit aujourd'hui.

On conçoit facilement à la lecture de ce Mémoire que le procès élevé avec le St. Doré n'est que le prétexte d'instruire le public du déni de Justice criant qu'il éprouve & que son Avocat, Me. *Bouhoïne de Comeyras*, a été enchanté de trouver à traiter un sujet aussi intéressant.

On voit dans la Consultation comment le Sieur Vence a pu, sans sortir du cercle de sa cause, raconter sa vie entiere & la noble récompense qu'il a reçue du Roi. Du reste, l'on décide que le procès verbal dressé contre lui à la Grenade n'est point un jugement & qu'il a droit de demander des Juges pour prononcer entre lui & cet acte, qu'il accuse, non sans vraisemblance, de partialité

& de haine, & que, si le Ministre de la Marine refusoit d'appuyer une demande aussi légitime, il pourroit la porter lui-même aux pieds du trône.

19 *Août* 1787. La Cour des Aides qui, comme la Chambre des Comptes, s'étoit rassemblée dès le jeudi soir pour protester contre la séance annoncée du Comte d'Artois, ne s'étoit point accordée sur ce qu'elle feroit; elle s'étoit trouvée partagée 23 contre 23: le lendemain s'étant réunie avant la séance, même partage; ce qui avoit réduit le Premier Président à un simple discours d'apparat, ne pouvant énoncer le vœu de la compagnie. Après la séance, ce chef avoit rompu la délibération, ou du moins l'avoit fait remettre, sous prétexte que ce premier moment de fermentation étoit dangereux, qu'il falloit attendre que le chevet eût donné conseil.

On étoit déja prévenu contre ce Premier Président, qui s'étoit fait estimer au Parlement pour le soin, l'intégrité, l'assiduité, avec lesquels, sans beaucoup de talens, il avoit exercé la charge d'Avocat général: mais on lui reprochoit d'être un chef trop pusillanime. Dans cette occasion on a su qu'il étoit gagné par la Cour & comme il se nomme *Barentin*, on jouoit sur le mot & l'on l'avoit appellé *Barbotin*.

Cependant à la fin, après une séance fatiguante il est sorti de la Cour des Aides hier un Arrêté long, mais bien motivé, appuyé de citations historiques & absolument dans le même esprit que ceux du Parlement & de la Chambre des comptes.

20 *Août* 1787. La Reine extrêmement affligée de tout ce qui s'est publié sur son compte & mieux conseillée sans doute, a suspendu ses fêtes annoncées, se prive même des spectacles des Bouffons &, retirée à Trianon, ne vit qu'avec sa société intime.

Il faut même que S. M. ne sache pas mauvais gré aux Magistrats de leur opposition respectueuse aux volontés du Roi, puisque Mr. *de Nicolay*, le Premier Président de la Chambre des Comptes, vient d'être nommé Chancelier de la Reine à la place de Mr. de Paulmy; & l'on sait que M. de Nicolay a beaucoup d'influence sur sa compagnie & n'a pas peu contribué à l'Arrêté qu'on a lu.

Quant au Roi, il est dans une tristesse profonde, & l'on surprend souvent S. M. pleurant.

20 *Août*. Le Clergé, dont l'assemblée devoit s'ouvrir à la fin de ce mois, voyant la fermentation qui regne de toutes parts, craignant de l'augmenter ou d'en être la victime, a joué au fin: il a jugé plus convenable de gagner du tems, & sous prétexte que cette assemblée devoit être assez importante pour être rangée parmi les grandes Assemblées composées de 32 Députés de chaque ordre, il a demandé qu'elle fût ren-

voyée au mois de Mai prochain ; ce qui lui a été accordé par le Ministere, bien aise de son côté de n'avoir pas tant d'embarras à la fois.

20 *Août* 1787. Tout ce qui se passe augmentant la défiance générale, la Caisse d'Escompte se trouve de nouveau dans une crise & c'est à qui en retirera son argent.

20 *Août*. Samedi dernier il n'y a pas eu moins de tumulte au Palais que les jours précédens ; comme la Cour des Aides étoit assemblée, le desir de voir ce qu'elle délibéreroit ultérieurement avoit attiré la foule des curieux & surtout tous ces clercs, toute cette valétaille du palais qui n'aiment que le désordre, la confusion & le bruit.

Dès que les portes de la Cour des Aides se sont ouvertes, une horde de ces praticiens a assailli le premier Magistrat sorti, l'a interrogé sur ce qui s'étoit passé, & comme il s'en tenoit à garantir qu'on seroit content de l'Arrêté, ils ont demandé à le voir. Ils l'ont forcé à remonter pour le leur communiquer. En arrivant, le burretier, homme violent, voyant ce Magistrat ainsi investi ; & croyant devoir le défendre, s'en est pris au premier venu & a tué un Procureur sur la place, qui se trouvoit-là entrainé par le torrent. Les furieux vouloient assommer le burretier, il s'est échappé & une partie s'est détachée vers sa maison pour le chercher : cependant les autres sont entrés dans la

Chambre de la Cour des Aides, se sont fait représenter les registres, & après avoir lu l'arrêté, ont comblé les Magistrats d'applaudissemens & de bénédictions.

Le parti détaché à la poursuite du burretier n'ayant pu l'atteindre, a juré que dans quel tems qu'il parût on le feroit périr sous le bâton.

21 *Août* 1787. Les Comédiens Italiens ont joué samedi une piéce à ariettes qui a excité la réclamation de Mr. *Forgeot*. Il prétend avoir depuis six ans une piece reçue à la Comédie Françoise sous le même titre, la *fille garçon*: quant à la premiere, en deux actes & en prose, elle n'a passé qu'à la faveur de la musique de M^r. *de St. George*, & de Mlle. *Renaud*, qui en a chanté plusieurs morceaux avec sa supériorité ordinaire! on doute cependant que la piéce aille loin.

21 *Août* 1787. Il y a eu hier du bacchanal au Palais; les Clercs, les Praticiens, les Ecrivains & toute la sequelle du Parlement qui se trouve oisive, continuent à donner la chasse aux mouches de police; ils ont fouetté deux femmes: sous ce prétexte, ils ont poussé l'insolence jusques à parodier les Cours de Magistrature, ont brûlé un écrit en faveur du Gouvernement, attribué méchamment sans doute à M^e. *Blondel*: c'est un Avocat que Mr. *de Lamoignon* s'est attaché comme Secrétaire du Sceau. Ils ont commencé une procédure contre lui, & par une profanation

plus sacrilege encore, ils ont aussi brûlé les Déclaration & Edit du timbre & de la subvention territoriale, dans la Cour du Mai, au pied du grand escalier.

La vigilance de la Police a dû redoubler; on a envoyé à la découverte le guet à pied & le guet à cheval: hier au soir, comme cette canaille qui soupçonnoit un marchand de vin nommé *Vinot* d'être espion, brisoit tout chez lui & vouloit le massacrer lui-même, plusieurs escouades de guet sont arrivées, ont arrêté deux des mutins & les ont menés chez le Commissaire *Chesnon*, fils, rue St. Honoré, lieu voisin du délit. Leurs camarades sont accourus en foule & ont menacé de mettre le feu chez lui, s'il ne rendoit les deux prisonniers.

Le Commissaire a écrit à Mr. *de Crosne* pour lui demander quelle conduite il devoit tenir? Le Lieutenant de police l'a autorisé à lâcher les deux *Quidams*. Cette foiblesse a enhardi la populace; les mutins ont voulu qu'on leur livrât ce *Vinot* nécessaire à l'interrogatoire & qu'on avoit fait évader ensuite; & sur le refus on a cassé les vitres, les glaces, les porcelaines de l'appartement de Madame *Chesnon*. Aujourd'hui l'on a garni Paris de patrouilles de gardes françoises & suisses & la tranquillité semble rétablie.

21 *Août*. Dans ces circonstances critiques Mrs. du Grand-conseil, dont l'institution nouvelle est de remplacer au besoin le Par-

lement de Paris & même les autres, lorsque le Roi le juge à propos de les punir ou de les deftituer, fupprimer; fans faire d'Arrêté en regle & par écrit, font convenus, dit-on, entre eux, de ne point obtempérer aux ordres de la Cour, s'il leur en venoit à cet égard.

21 *Août.* Les gens mal intentionnés ne manquent pas de regarder le Parlement & les autres Cours de Magiftrature comme fomentant indirectement les défordres des clercs & fuppôts du palais. Quant au premier, étant abfent ce reproche femble mal fondé, cependant la conduite de quelques membres au moment de l'exil pourroit l'autorifer. Sans doute l'ordre de refter chez foi & de n'en fortir que pour fe rendre à Troyes, pouvoit ne pas fe prendre littéralement & ne point empêcher ces Meffieurs d'aller à la meffe un jour de Vierge. Auffi perfonne ne défapprouve Mr. de St. *Vincent* d'avoir dit à l'Officier : ,, *Monfieur, apparemment on a oublié que c'étoit fête folemnelle & que j'avois aujourd'hui à fervir un plus grand Maître que le Roi; ainfi je vous déclare que je fuis à l'églife.* Mais on blâme, par exemple, trois jeunes gens, n'allant peut-être pas à la meffe, & affectant ce jour-là d'aller à St. Paul, leur paroiffe, à la grand'meffe, de s'y étaler dans l'œuvre, d'y retourner à vêpres, au fermon, à la proceffion, au falut, à la bé-

bénédiction & de ne partir qu'après tous ces actes de furérogation remplis.

22 *Août* 1787. En l'absence du Duc d'Orléans qui est aux eaux de Spa, sans doute sur la requisition du Gouvernement, le Conseil de S. A. S. a fait afficher dans le Palais Royal que Monseigneur permettoit au besoin l'entrée des troupes de la police dans son jardin.

22 *Août*. M⁰. *Chardon de la Rochette*, Avocat au Parlement de Paris tout à fait inconnu & qui, comme littérateur, ne l'est pas davantage, n'en a pas moins un goût vif pour l'étude & la bibliographie. Il a rassemblé avec soin les meilleures & plus rares éditions en langue grecque, romaine, italienne. Il est en relation avec des savans étrangers & tout recemment M^r. l'Abbé *Amaduzzi*, Professeur de Grec, au College de la Sapience, à Rome, lui a adressé une préface fort intéressante à la tête d'une édition de *Théophraste* que vient de donner ce savant Italien.

Les Caractères de *Théophraste*, traduits en notre longue par *la Bruyere*, n'ont que 28 Chapitres: M^r. l'abbé *Amaduzzi* en a trouvé deux nouveaux dans un ancien manuscrit de la Bibliotheque du Vatican; ils traitent, l'un de l'amitié qui est entre les méchans, l'autre de l'amour du gain sordide; & c'est cette découverte qui a donné lieu à l'édition dont il s'agit, in 4°. exécutée par le célébre *Bidoni*, imprimeur de Parme. Elle est enrichie du dessin gravé d'un beau buste du Philosophe Grec, trouvé en 1778 dans les ruines de Tivoli, & que possède Mr. le Chevalier *d'Azara*, Ambassadeur d'Espagne à Rome.

23 *Août* 1787. On ne sait si c'est pour calmer la fermentation des esprits, mais il court différens bruits de raccommodement: on a dit que Mr. *de Malesherbes* étoit envoyé à Troyes à cet effet; on a nommé ensuite le Duc *de Nivernois*; cela ne s'est point trouvé vrai: aujourd'hui l'on assure que les Edits sont retirés & que l'on rappele le Parlement à ses fonctions. Cela ne peut guères avoir lieu sans la disgrace des Ministres qui ont conseillé ou exécuté ce coup d'autorité.

Les Courtisans publient un propos du Roi à l'Archevêque de Toulouse, qui annonceroit combien S. M. en fait peu de cas, & seroit un avant-coureur de sa disgrace. Ils racontent que lorsque le Monarque eut vu l'Arrêté du Parlement tout à fait négatif, il dit au Prélat: *eh bien! Calotin? ils refusent d'enregistrer: voyez à vous en tirer.* De-là le Lit de Justice & toute la mauvaise besogne qui a suivi.

23 *Août* 1787. Le bruit court que depuis un voyage que Mr. le Bailli *de Suffren* a fait à Cherbourg avec différens Officiers de la Marine, il y a environ un mois, sur le

compte qu'il en a rendu au Miniſtre les travaux ſont abandonnés comme ne pouvant être d'aucune utilité. Il eſt incroyable, ſi cela eſt, qu'on n'ait pas mieux examiné la poſition de ce nouveau port, avant de ſe conſtituer en trente millions de dépenſes peut-être, auxquelles ſont évaluées celles déja faites.

Pour eſtimer au ſurplus combien le Roi eſt volé dans cette opération, on prétend qu'il paye 47 livres la toiſe cube de pierres dont on remplit les cônes, & qu'en derniere analyſe après deux ou trois ſous-baux, elle ne coûte que 17 livres.

Quant à l'abandon des travaux, s'il eſt vrai, ce dont on doute fort, il eſt des gens qui penſent que la viſite de M*r*. de Suffren eſt une tournure honnête, imaginée pour motiver cette réforme & la rendre moins ridicule aux yeux des étrangers.

23 *Août* 1787. Voici l'Arrête littéral de la Cour des Aides, monument hiſtorique, précieux à conſerver.

,, La Cour délibérant ſur les ordres du
,, Roi apportés hier par Mr. le Comte
,, d'Artois; conſidérant que le premier carac-
,, tère d'un enregiſtrement eſt le conſente-
,, ment quand il n'y a pas liberté de ſuffra-
,, ges, & que tout enregiſtrement eſt ſans
,, effet par cela ſeul qu'il eſt forcé; que les
,, Lits de Juſtice tenus dans un ſyſtême con-
,, traire à leur intention ne ſont que l'appareil

„ effrayant du pouvoir abſolu, & ſuivant
„ l'expreſſion de *Henri* IV que le Roi a
„ annoncé vouloir prendre pour modele,
„ *que des voies irrégulieres qui ne reſſentent que*
„ *la force & la violence.*

„ Que la Déclaration ſur le Timbre &
„ l'Edit portant établiſſement d'une ſubven-
„ tion territoriale ſont des loix déſaſtreuſes.

„ Qu'une Nation qui paye près de ſix
„ cens millions d'impôts devoit ſe croire à
„ l'abri de ces nouvelles prétentions du
„ génie fiſcal; que ce n'eſt pas après cinq
„ ans de paix, & après que l'adminiſtration
„ a annoncé des économies dans les termes
„ les plus formels, que l'on peut croire à
„ la néceſſité de nouveaux impôts.

„ Que les Cours ſeules ſe ſont maintenues
„ dans le droit de préſenter au Roi la vérité
„ ſans déguiſement.

„ Que la Cour des Aides la lui doit
„ plus qu'une autre ſur le fait des Impôts.

„ Que la premiere de toutes les Loix,
„ celle qui exiſte avant les Empires, eſt la
„ Loi de la propriété.

„ Que la propriété eſt le droit de tout
„ Peuple qui n'eſt point eſclave, & que
„ l'Impôt y dérogeant & y portant atteinte,
„ ce ſeroit anéantir ce droit ſacré & impreſ-
„ criptible que de conſentir à l'établiſſement
„ de tout Impôt que la Nation elle-même
„ n'auroit pas octroyé.

„ Que les Rois ont pendant longtems

„ déclaré dans différentes Loix qu'ils regar-
„ doient les subsides comme un don qu'ils
„ tenoient de la pure & franche libéralité
„ des Peuples, sans que ni eux, ni leurs
„ successeurs puissent dire, qu'aucuns droits
„ nouveaux leur soient acquis contre leurs
„ sujets.

„ Que si dans l'espoir d'une libération
„ prochaine la Cour s'est cru permis d'auto-
„ riser la levée de certains impôts, elle a
„ plutôt présumé de l'amour des François
„ pour leur Souverain, qu'elle n'a mesuré
„ l'étendue d'un pouvoir que le Roi même
„ ne peut communiquer aux Magistrats,
„ puisqu'il n'appartient qu'à la Nation.

„ Que la Cour des Aides est plus fondée
„ qu'une autre Cour à demander les Etats
„ Généraux, puisqu'elle fut créée à leur
„ demande & dans le moment où ils accor-
„ doient au Roi *Jean* des secours volon-
„ taires.

„ Que c'est même seconder les vues bien-
„ faisantes du Roi que de demander la con-
„ vocation des Etats Généraux, puisqu'en
„ assemblant les Notables, en établissant les
„ Assemblées Provinciales, il n'a manifesté
„ que le vœu de son cœur & d'avoir des
„ relations plus intimes & plus immédiates
„ avec ses Peuples.

„ Que toutes les Cours doivent tenir le
„ même langage, parce qu'il est celui de la
„ raison & de la justice.

,, Que les Magistrats ne penseront jamais
,, que ceux qui ont la confiance du Roi
,, osent lui persuader que les Cours sont
,, ennemies de son autorité, parce qu'elles
,, défendent les intérêts des Peuples, tandis
,, qu'elles sont le plus ferme soutien du
,, pouvoir monarchique, & le plus sûr ga-
,, rant de l'obéissance des sujets.

,, Que la maniere dont on a présenté les
,, Loix surprises à la religion du Roi, tend
,, à usurper son pouvoir, en rappelant ces
,, autres paroles d'*Henri IV*: *je ne veux pas*
,, *employer une autorité qui se détruit en vou-*
,, *lant s'établir, & à laquelle je sais que les*
,, *Peuples donnent le mauvais nom de Tyran.*
,, Que ces principes sont ceux que la Cour
,, a si souvent invoqués dans ses Remon-
,, trances, puisque plusieurs Loix qui ne
,, sont pas révoquées, (& les Loix ne sau-
,, roient l'être) notamment celle de *Philippe*
,, *de Valois* du Décembre 1344; trois de
,, *Charles* V en 1359, 1370 & 1389; une
,, de *Charles* VII en 1453, une de *Louis* XII
,, en Décembre 1499, une de *François* Ier.
,, en 1539, autorisent les Magistrats, quel-
,, ques-unes même leur ordonnent, sous
,, peine de désobéissance, de ne pas obtem-
,, pérer à ce qu'on pourroit leur proposer
,, de contraire au bonheur public, ou aux
,, privileges de la Nation.

,, Que l'acte d'autorité exercé contre la
,, premiere Cour du Royaume n'est qu'une

,, peine infligée contre les malheureux justi-
,, ciables qui étoient à la veille d'un juge-
,, ment qui devoit décider de leur sort.

,, La Cour, forte de sa conscience & de
,, son honheur & constante dans sa fidélité
,, au Roi, comme dans ses principes, a
,, arrêté qu'elle déclare illégales, nulles &
,, contraires aux vrais intérêts du Roi, aux
,, droits de la Nation, les transcriptions
,, faites le jour d'hier sur les registres; &
,, cependant que le dit Seigneur Roi sera
,, très humblement supplié d'assembler les
,, Etats Généraux du Royaume préalable-
,, ment à l'établissement des perceptions de
,, nouveaux impôts, de rappeler les membres
,, du Parlement, & sur le surplus a continué
,, la délibération au 30."

23 *Août* 1787. L'Arrêt du Conseil qui déclare le St. *Cagliostro* non recevable & mal fondé dans toutes ses demandes tant contre le Sr *de Launay*, que contre le Commissaire *Chesnon* fils, est en effet du 14 Juillet & il ordonne littéralement, que le Mémoire imprimé, signé *Thilorier* & *Gervais*, sera & demeurera supprimé comme injurieux & calomnieux.

24 *Août* 1787. Il paroit constant que le Parlement de Bordeaux est transferé à Libourne: voici ce qu'on en raconte. C'est relatif à ce qu'on a dit qu'il avoit renvoyé à enregistrer l'Édit concernant les Assemblées Provinciales au tems où tous les Reglemens

concernant celles de Guyenne y feroient joints, afin de voir l'enfemble de l'opération & pouvoir lui donner avec plus de connoiffance la fanction légale. Le Miniftere qui a fenti la fineffe de cette Cour a cru pouvoir fe paffer de l'enregiftrement & a ordonné que l'Affemblée Provinciale de Limoges auroit toujours lieu.

Le Parlement de Bordeaux piqué de fe voir lui-même pris pour dupe, a fait préfenter aux chambres affemblées un requiſitoire par le Procureur Général, où ce Magiftrat difoit que conformement aux Reglemens, Ordonnances & Loix du Royaume défendant toute affemblée, tout attroupement & affociation non autorifés, il demandoit que pareille affemblée, qu'il étoit inftruit devoir fe tenir à Limoges fans les formalités néceffaires, fût profcrite & qu'il fût fait défenfes à fes membres de fe réunir. Sur quoi Arrêt conforme fous les peines de droit.

Cet Arrêt ayant été notifié à Mr. le Duc d'Ayen, envoyé par le Roi pour préfider l'affemblée, il en a écrit en Cour & a demandé des inftructions fur ce qu'il devoit faire. Il a reçu ordre vraifemblablement de pourfuivre, car il a écrit au Maréchal de Noailles qu'il s'attendoit à être décrété. Telle eft la caufe de la punition du Parlement de Bordeaux, qui a fait quelque difficulté & cependant a obéi.

24 Août

24 *Août* 1787. Le Sieur *Daudé* rompt enfin le silence : son Mémoire tant attendu se répand, mais non sous une forme juridique, faute d'Avocat qui ait voulu le signer; c'est sous le titre *de Lettre à Mr. Bergasse*. On n'en est pas content; il est sur un ton de persifflage, indécent dans une matiere aussi grave & révoltant de la part d'un accusé dans les liens d'un decret de prise de corps.

24 *Août* 1787. Suivant les Lettres de Troyes le Parlement n'a pu s'y réunir aussitôt que le désiroit la Cour, faute de chevaux : on avoit négligé de donner des ordres pour que ceux du voisinage se trouvassent sur la route, & ce n'est que le mardi que la compagnie s'est trouvée complette. Le Procureur général porteur des ordres du Roi, ayant été un des plus retardés, il n'a pu présenter les Lettres patentes de translation que le mercredi 22. On écrit qu'elles ont été enregistrées avec des Observations consignées dans un Arrêté.

24 *Août*. On parle d'un Arrêté provisoire du Parlement de Rennes en date du 18, qui dès qu'il a été instruit de la translation du Parlement de Paris a nommé des Commissaires pour aviser au parti à prendre relativement à la situation actuelle de cette Cour.

25 *Août* 1787. Deux jours après les Lettres de cachet reçues par les membres titu-

laires du Parlement de Paris, les Honoraires qui avoient été aux assemblées en ont aussi reçu pour se rendre à Troyes.

25 *Août.* Relation de la séance publique de l'Académie Françoise, tenue le jour de la St. Louis pour la distribution des Prix.

Quoique les Prix de toute espece dont l'Académie est surchargée & qui augmentent d'année en année, ne se décernent pas tous à cette époque, elle a jugé à propos de la choisir pour en renouveller la proclamation plus authentique à l'égard de ceux déja distribués; ainsi la séance de St. Louis n'est plus qu'une sorte de récapitulation en ce genre avec un commentaire relatif à chaque circonstance.

Le Prix de poësie proposé par une personne du plus haut rang (Monseigneur Comte d'Artois) pour *l'Eloge du Prince Léopold de Bronswick,* a été accordé à Mr. *Terrasse de Mareilles,* officier de la maison de la Reine.

L'ouvrage couronné consiste en une ode qu'a lue Mr. de la Harpe, & malgré la chaleur qu'il y a voulu répandre par sa déclamation emphatique, cette ode a paru sage & froide; c'est le fait narré dans tous ses détails; il y a de l'onction, de la noblesse; mais point de ces élans, de ces écarts qui caractérisent le genre & que le sujet exigeoit: aussi a-t-elle été peu applaudie. On a trouvé infiniment meilleure, une autre ode de Mr. Noël, Professeur de l'Université, qui a été souvent interrompue par les battemens de mains les plus bruyans. Il y a plus de verve, sans contredit, mais beaucoup de lieux communs, & il ne commence à être question du héros que vers le milieu de l'ouvrage; encore la narration du fait est-elle bien étranglée; d'ailleurs la mesure de vers choisie par le Professeur n'est pas la plus lyrique.

Quoi qu'il en soit, Mr. Terrasse de Mareilles ne pouvant se dissimuler que le vœu du public n'étoit pas pour lui, sembloit tenté d'avoir la générosité d'offrir la medaille à son rival; on lui a fait sentir que ce seroit trop humiliant pour l'Académie. Voici au surplus l'anecdote répandue dans l'assemblée & qui n'avoit pas peu contribué à cette préférence.

Mr. de Mareilles attaché à la Reine, est aimé de Sa Majesté, qui daigne prendre quelque intérêt à lui. S. M. instruite qu'il avoit concouru, a écrit trois lettres à l'Académie en sa faveur; mais en désignant simplement la piece par la devise, sans nommer l'auteur. L'Académie qui ne le connoissoit pas en ce moment, a cru que *Monsieur* aimant beaucoup la littérature, auroit pu avoir la noble émulation de concourir; alors les juges n'ont pas fait un examen plus approfondi, & trouvant la piece passable, ont arrêté de lui décerner le Prix. Ils ont été fots quand ils ont ouvert la capfule & trouvé le nom d'un fimple officier de la Reine; mais le jugement étoit formé, il n'y avoit plus moyen de fe rétracter.

Il a été fait auffi une mention honorable d'une autre ode de Mr. *Moreau*, Avocat à Quimper. On en a lu feulement quelques ftrophes; elles ont produit peu de fenfation. Les prix ordinaires de l'Académie, foit de poëfie, foit d'éloquence, n'ont pas été donnés, & Mr. *Beauzée*, le Directeur, en a expliqué les raifons.

Le prix de poëfie, remis à l'année prochaine, fera de 1000 livres: les deux prix d'éloquence ont été remis de même; l'un ayant pour fujet, *l'Eloge de Louis XII*, Roi de France, pere du Peuple, à l'année prochaine, & l'autre dont le fujet eft *l'Eloge du Maréchal de Vauban*, à l'année 1789.

Quant à l'Eloge de Louis XII, il eft inconcevable que malgré l'excellent cannevas tracé par Mr. *de St. Lambert* à la féance de 1783, il ne fe foit point trouvé de concurrent qui ait pu en profiter. L'Eloge du Maréchal de Vauban offre des difficultés plus réelles, furtout depuis qu'il s'eft élevé un fyftême de détracteurs contre ce grand homme.

Il devoit auffi fe diftribuer dans cette féance un prix pour le meilleur *Eloge de d'Alembert*. On prétend qu'il n'a point été même envoyé de piece au Concours. Mr.

Marmontel, le secrétaire perpétuel, s'imaginant que le héros considéré comme Géometre, comme tirant son mérite principal des hautes sciences, auxquelles il s'étoit initié avec tant de profondeur, avoit effrayé les candidats, en annonçant la remise de ce prix pour l'année prochaine, a fait un petit discours pour dissuader les gens de lettres de cette opinion; & en traçant l'esquisse de son Eloge du côté historique, du côté moral & du côté littéraire, il a fait sentir vivement, qu'abstraction faite de Géométrie, la vie de d'Alembert présente un beau sujet d'éloquence. Comme l'orateur n'a pas laissé que de donner une certaine étendue à cette esquisse, on s'est écrié à la fin: *comment développer un si beau modele? comment le surpasser? c'est encore plus décourageant: l'Eloge est fait.*

Après cette lecture, l'on a instruit le public que *le Prix de commisération* fondé par Mr. *de Valbelle* avoit été envoyé à M. *de Wailly*, Auteur de plusieurs ouvrages de grammaire estimés, & celui *d'utilité* à Me. *de la Croix*, Avocat au Parlement, pour les *Observations sur la Société, & sur les moyens de ramener l'ordre & la sécurité dans son sein*, ouvrage ancien, mais qu'il a refondu & reproduit cette année.

Enfin *le Prix de Vertu* a été décerné à la fille *la Blonde*. La lecture du certificat authentique de la conduite de cette généreuse servante à l'égard de ses pauvres maîtres & de leurs enfans, a excité des applaudissemens mêlés de larmes. Sa belle action avoit déja été consignée dans le Journal de Paris, mais la présence des deux orphelines qu'elle soutient encore, a contribué beaucoup à exciter l'enthousiasme.

Dans l'émotion de l'assemblée, Mr. *Nicolay*, le Premier Président de la Chambre des Comptes, a proposé au Secrétaire de l'Académie de faire une quête en faveur des enfans présens & fondant eux-mêmes en pleurs de tendresse & de reconnoissance. Cette idée a été saisie avec ardeur, & la quête a monté à 33 Louis.

Mr. *Demonville*, Imprimeur de l'Académie, a offert sur le champ de prendre cette somme à constitution, au denier dix, sans aliéner le fond; à l'exemple de Mr. *de Bart*, Libraire, qui gardoit les 1200 livres du Prix sur le même pied. Les offres ont été acceptées, & le tout forme un Capital d'environ 2000 livres. Il n'a manqué à l'enthousiasme général en ce moment que la présence de *la Blonde*, qui s'étant cassé le bras n'a pu assister à la séance: on avoit le projet de l'amener sur un brancard, mais cet appareil auroit trop senti la charlatanerie.

25 *Août* 1787. Troyes 22 Août 1787. La Cour persistant dans ses précédens Arrêtés & notamment dans ceux du 7 & du 13 de ce mois, se réservant de délibérer au

sujet des Lettres de cachet qui frappent la compagnie en général, ses membres en particulier & aucuns des autres citoyens, & quoique par la simple réunion du fait des membres de ladite Cour, elle puisse se croire suffisamment autorisée à l'exercice d'un pouvoir essentiellement inhérent à son existence, pouvoir sans lequel le Roi seroit privé de ses véritables conseillers & la nation des appuis qu'elle trouve toujours dans la Magistrature; quoique ladite Cour pût, au lieu d'enregistrer les lettres patentes du 15 de ce mois, représenter très respectueusement au Roi que les dites Lettres patentes ne sont pas nécessaires pour l'exécution de ses fonctions & qu'elles pourroient préjudicier aux intérêts du Roi, aux droits de tous les sujets justiciables de la Cour & aux principes qui garantissent l'ordre légal & la tranquillité publique; néanmoins la Cour, voulant donner au Roi une nouvelle preuve de sa fidélité inviolable dont elle ne se départira jamais, a ordonné & ordonne que lesdites Lettres patentes seront enrégistrées au Greffe de ladite Cour pour être exécutées selon leur forme & teneur, & Copies collationnées envoyées aux Bailliages & Sénéchaussées du ressort pour y être pareillement lues, publiées & enregistrées & enjoint au Procureur général d'en certifier la Cour dans le mois.

Arrêté qu'il sera écrit dans le jour aux

Princes & Pairs & autres membres de ladite Cour qui ne sont pas à Troyes, pour leur faire connoître que la Cour est séante à Troyes & reprendra le 27 du présent mois la délibération commencée avec eux.

Arrêté en outre que les Gens du Roi rendront compte demain dix heures du matin aux chambres assemblées de l'exécution du présent arrêté & de la signification au Bailliage de Troyes.

25 Août 1787. On ne savoit s'il y auroit hier Concert au Château des Tuilleries en honneur de la fête du Roi, à cause des accidens qu'on craignoit dans ce jardin; mais on a fait sentir à la cour combien cette suppression produiroit un mauvais effet & sembleroit pusillanime; on a pris seulement la précaution de garnir le jardin de beaucoup de troupes: en sorte que le concert s'est passé très tranquillement: il y avoit même moins de cohue que de coutume, beaucoup de gens n'ayant osé y aller.

Du reste, le lendemain du grand tumulte une patrouille faisant la ronde auprès de la maison du Commissaire Chesnon, suivant ses instructions, ayant vu un attroupement, le Sergent Major a excité le corps de garde du guet à s'emparer de ceux qu'il pourroit appréhender; trois ont été arrêtés & menés chez le Commissaire Chesnon: il s'est trouvé que c'étoient de très mauvais sujets dont un ou deux même déja repris de justice; on les a conduits au Châtelet & fans doute on leur fera leur procès.

26 *Août.* Le Cardinal de Rohan, non feulement ne voit pas terminer fon exil, mais il s'aggrave: on a pris le prétexte du Chapitre général des Bénédictins qui doit fe tenir à Marmoutier & l'on le transfere à l'abbaye de St. Benoit en Sologne à huit lieues de la ville d'Orléans. Malgré ce rapprochement, qui fembleroit devoir adoucir fon fort, il ne peut fe louer d'un pareil traitement, à raifon du lieu qui n'a rien des agrémens du premier & même eft un féjour affreux.

26 *Août* 1787. La brochure brûlée par la Bazoche confifte en des *Obfervations d'un Avocat fur l'Arrêté du Parlement de Paris du 13 Août 1787*. On a imprimé d'un côté l'Arrêté fort long, & de l'autre le Commentaire encore plus long.

Le tout eft précédé d'un *Avertiffement*, où l'on caractérife chacun des chefs de meute de la Compagnie. On confeille à Mr. *Robert de St. Vincent*, qui joint une ame droite à une tête ardente, de ne plus s'occuper que de la Bulle *Unigenitus*; à Mr. *Duval d'Epremefnil* de recommencer à pourfuivre la gloire dans le tombeau de Lally, ou dans le baquet de Mefmer; à Mr. l'Abbé *Sabathier*, après avoir fait enterriner fes lettres de grace dans fa compagnie, de rejoindre les drapeaux de fon Général *Pierre Auguflin Caron de Beau-*

marchais, & de partager deformais fes loifirs entre *Tarare* & les *Veftales* de l'opéra; à Mr. l'abbé *le Coigneux*, de laiffer repofer fa mémoire qui a fait tous les frais de fes motions; enfin à Mr. *de Semonville*, étonné de fa renommée & de fon influence, de fuivre un bon régime pour fe garantir des frayeurs que lui caufe la gloire: voilà tout ce qu'il y a de mieux dans la brochure.

Quant à l'Arrêté, il eft certain qu'il fent plus le rhéteur que l'homme de loi; qu'il eft mal rédigé, confus, verbeux, emphatique, quoique portant fur les grands principes; mais il n'eft nullement réfuté par l'obfervateur, dont le commentaire ne contient que les *lieux communs* répétés dans tous les écrits des fauteurs du Defpotifme, fous prétexte de défendre l'autorité monarchique.

Une réflexion finguliere qui naît en lifant l'Arrêté, réflexion qu'on a déja faite plufieurs fois & qu'il confirme, c'eft l'importance qu'on donne aujourd'hui aux feuilles publiques, en voyant un de Meffieurs pofer ridiculement fur le Bureau les No. 224 & 225 du Journal de Paris & le citer comme pouvant être de quelque autorité.

26 *Août* 1787. Heureufement quand la Caiffe d'efcompte s'eft trouvée affaillie par le public, elle avoit 44 millions en efpeces, & depuis ce temps elle a fufpendu tout efcompte. C'eft lundi qu'a commencé la grande fureur: il a fallu mettre des gardes

& beaucoup d'ordre pour contenir la multitude: les premiers jours, croyant en imposer, elle payoit à trois Bureaux & le total des fonds fortis a été porté jufques à fix millions par jour; depuis on ne paye qu'à un Bureau: ce qui diminue de deux tiers ou de la moitié l'écoulement des fonds.

27 *Août*. Extrait d'une Lettre de Troyes du 23 Août.... Il faut ajouter à ce qui a été dit de la féance du 22, que les gens du Roi ayant été mandés aux chambres affemblées pour favoir s'ils avoient fait l'envoi ordonné de l'Arrêté du 13, ils ont répondu que cet envoi n'avoit point été exécuté à caufe des défenfes du Roi qu'ils en avoient reçues: fur quoi, la matiere mife en délibération, il leur a été enjoint d'exécuter les ordres de la Cour, notamment envers le Bailliage de Troyes & d'en rendre compte le lendemain aux chambres affemblées.

27 *Août*. Depuis quelques jours, le Miniftere aiguillonné fans doute par le mot de *diftribution clandeftine*, inféré dans l'Arrêté du 13, mot appuyé fur l'affectation de ne point répandre le procès verbal du Lit de Juftice, fuivant l'ufage, imprimé & publié très promptement après, a cru devoir montrer plus de confiance dans cet acte d'autorité en lui donnant l'authenticité la plus détaillée: cependant les colporteurs plus pudibonds n'ofoient encore annoncer le véritable titre, & par une qualification dérifoire

aux yeux de beaucoup de gens, mais à coup sûr autorisée & suggérée, crioient seulement *voilà du beau & du bon.*

27 *Août* 1787. Comme les Clercs étoient les principaux auteurs du tumulte & des désordres, auxquels s'associoient tous les mauvais sujets dont Paris abonde, on assure que les Procureurs ont reçu ordre de contenir leurs Clercs & de les garder chez eux.

27 *Août*. Le Châtelet reste *in statu quo*, parce que le Procureur du Roi qui est très pusillanime, ayant un mois pour rendre compte au Procureur général de sa requisition pour l'enregistrement des Edits, diffère autant qu'il peut, & attend tout du bénéfice du tems.

27 *Août* 1787. La Chambre des Comptes a gardé son Arrêté & ne s'est point empressée de porter ses supplications au Roi : quant à la Cour des Aides, elle s'est rendue hier à Versailles, elle a été parfaitement bien reçue ; mais la réponse est vague & normande : on voit seulement que le Ministere a peur d'engager la querelle avec ces Cours & escobarde de son mieux.

27 *Août*. On parle de deux carricatures fort rares & qui n'existent peut-être que dans l'imagination des plaisans qui les ont inventées : dans la premiere, on fait allusion au siège de Troyes & à ce que les poëtes nous racontent de sa prise ; on voit aussi un cheval que monte la Reine de France, d'une

des oreilles paffe l'*Edit de l'Impôt territorial*; de l'autre, la *Déclaration du Timbre*; le Garde des Sceaux tient la bride, l'Abbé *de Vermont*, l'étrier de la droite, & la Duchesse *Jules*, l'étrier de la gauche: de la bouche du quadrupede fort l'Archevêque de Touloufe & du côté oppofé le Baron *de Breteuil*.

Au bas on lit cette infcription: *Troyens, raffurez-vous! ces gens-là ne font pas des Grecs.*

Dans la feconde carricature plus fimple, le Roi eft repréfenté à table avec fon augufte compagne. Il a le verre à la main, la Reine porte à fa bouche un morceau: le peuple eft autour en foule, la bouche ouverte.

Au bas on lit: *le Roi boit; la Reine mange; le Peuple crie.*

28 *Août* 1787. Le bruit couroit hier que l'Archevêque de Touloufe étoit premier Miniftre; d'autres difent principal Miniftre; la différence eft que les autres Miniftres font obligés d'aller travailler chez le premier; au lieu que dans l'autre cas ils continuent de travailler avec le Roi, mais toujours en préfence du Miniftre principal.

28 *Août*. On a dit que dès le principe les clubs déplaifoient au Roi. S. M. fembloit prévoit le danger de ces repaires de mécontens, de frondeurs, fpéculant fans

cesse sur les opérations du gouvernement: ces sortes d'assemblées que la police ne peut surveiller comme les autres, sont très contraires au despotisme ministeriel; d'ailleurs il s'y composoit des nouvelles à la main, véritable infraction aux conditions imposées, lorsque les clubs ont commencé & ont été tolérés; trois hommes dénués de fortune faisoient métier de ces nouvelles, les vendoient non seulement chez l'étranger, dans les Provinces, mais dans Paris: ce qui a toujours été défendu. Ces trois hommes nommés *Boyer*, *Barthe* & *Artaud* parloient fort indiscrétement dans leurs bulletins des opérations du jour: quoique sous l'influence de la police, ils sembloient l'avoir oublié & se prévaloir des sociétés auxquelles ils étoient agrégés, où étoient entrés beaucoup de gens de crédit & de haut parage. Tout cela a paru très propre à entretenir la fermentation; & pour couper le mal par la racine depuis quelques jours il est venu par M. de Crosne un ordre de fermer les clubs.

Le Lycée seul est excepté, comme lieu d'instruction & d'ailleurs comme spécialement sous la protection de *Monsieur*.

28 *Août* 1787. Parmi les économies de bouts de chandelle dont on s'occupe aujourd'hui, lorsque les grosses dépenses, les dépenses superflues & extraordinaires vont toujours leur train; il faut compter celles

qu'on veut être le résultat d'un Arrêt du Conseil du 12 de ce mois concernant les contre-seings & franchises des Lettres.

On y voit que la Reine & les Princes, freres du Roi, ont été les premiers à renoncer à leurs contre-seings, & que le 15 Juillet dernier les fermiers des postes ont donné leur soumission d'augmenter de 1,200,000 livres le prix annuel de leur Bail, pendant la durée de celui-ci.

28 *Août* 1787. On assure que le Châtelet est allé hier en députation chez Mr. le Garde des Sceaux pour lui représenter que depuis la translation du Parlement toutes les affaires étoient absolument interrompues & qu'il ne se faisoit rien dans la jurisdiction.

29 *Août* 1787. Extrait d'une Lettre du Limousin du 23 Août.... Vous avez su que notre Assemblée Provinciale de Limoges avoit été suspendue par un Arrêt du Parlement de Bordeaux, qui en défendoit la convocation comme d'une Assemblée illicite: depuis il est survenu un Arrêt du Conseil qui casse l'Arrêt du Parlement de Bordeaux : le Duc d'Ayen muni de ce bouclier a bien vîte expédié l'assemblée provisoire & s'est rendu de suite à Paris : mais il doit revenir au mois d'Octobre pour la véritable & grande Assemblée.

Du reste, le Parlement de Bordeaux est rendu à Libourne, où il admininistre la justice, comme le Parlement de Paris à

Troyes; c'eſt-à-dire, point du tout vraiſemblablement.

29 *Août*. Extrait d'une Lettre de Rome du 1er. Août. Depuis le commencement de l'année, l'affaire du Cardinal *de Rohan* avec notre cour eſt terminée: l'abbé *le Moine*, Docteur de Sorbonne, a comparu pour lui, a fait voir que S. E. n'avoit pu ſe diſpenſer de ſe ſoumettre au Tribunal que le Roi ſon Maître lui avoit donné; que, pour la conſervation des prérogatives de ſa dignité; il avoit fait les proteſtations d'uſage: enfin ſon défenſeur a produit l'Arrêt du Parlement de Paris, dont le ſouverain Pontife a été ſi ſatisfait, qu'après toutes les formalités requiſes il a déclaré le Cardinal de Rohan non ſeulement réintégré dans tous les droits & honneurs de la pourpre Romaine, mais l'a décidé habile à la Papauté.... Le bon Pape que ce ſeroit en effet!

Quoiqu'il en ſoit, cette lettre eſt parfaitement conforme à ce que le Cardinal *Cibo* avoit écrit au Cardinal *de Luynes*, le mois de Février dernier.

29 *Août* 1787. Extrait d'une Lettre de Troyes du 28 Août.... Voici l'Arrêté d'hier 27: ,, La Cour forcée par les ,, obſtacles qui ont arrêté ſon zéle pour ,, manifeſter la pureté de ſes intentions & ,, ſon activité vigilante pour le maintien ,, des ordonnances qui font les véritables
,, com-

„ commandemens du Roi, a arrêté qu'elle
„ ne cesseroit de réclamer auprès du Roi
„ les maximes nécessaires au soutien de la
„ Monarchie; de lui représenter que les
„ Etats généraux peuvent seuls sonder &
„ guérir les playes de l'Etat & octroyés
„ les Impôts dont la nature & la quotité
„ auroient été jugées nécessaires après
„ amples discussions & mûres déliberatons;
„ que la Monarchie françoise seroit réduite
„ à l'état du Despotisme, s'il étoit vrai
„ que les Ministres qui abuseroient de
„ l'autorité du Roi, pussent disposer des
„ Personnes, par des Lettres de cachet,
„ des Propriétés, par des Lits de justice;
„ des Affaires Civiles & Criminelles par
„ des Evocations ou Cassations & suspendre
„ le cours de la justice par des Exils parti-
„ culiers ou des translations arbitraires:
„ qu'enfin, en continuant de persister dans
„ les principes qu'elle a soutenus, avec
„ autant de fermeté, de modération, que
„ de respect pour la personne du Roi, elle
„ ne cessera jamais, aux dépens même de
„ la fortune & de l'existence de tous & un
„ chacun de ses membres, de veiller sur
„ tout ce qui intéresse le service du Roi &
„ la tranquilité de ses Sujets.
„ Enjoint de faire imprimer l'Arrêté &
„ de l'envoyer aux Bailliages & Sénéchaus-
„ sées du Ressort."

29 *Août* 1787. Les *Nouvelles Observa-*

tions pour le S*r*. *Kornmann* contre M*r*. le *Noir*, font très courtes & judiciaires, puisqu'elles font signées du Procureur *Brazon*; mais on y reconnoît toujours la plume forte & énergique de M*r*. *Bergasse*. On y apprend que M*r*. Kornmann, croyoit que M*r*. le Noir avoit été reçu Maître des Requêtes au Parlement & qu'en cette qualité, il étoit justiciable de la Cour en premier reffort; mais qu'il s'étoit trompé: que M*r*. le Noir, n'avoit été Maître des Requêtes que par Commission, pour juger la fameufe affaire de Bretagne; qu'en conféquence le Parlement avoit renvoyé la plainte devant les juges qui devoient en connoître & l'affaire étoit revenue au Châtelet.

Sur cette nouvelle instance, le Lieutenant Criminel a rendu, conformément aux Conclufions du Procureur du Roi, une Ordonnance qui, attendu que M*r*. le Noir n'a pu agir que comme Commissaire du Roi, & porteur de fes ordres, a renvoyé le Sieur Kornmann par devers S. M. pour obtenir la juftice qu'il réclame.

Vient enfuite une diatribe terrible, où le Défenfeur du S*r*. Kornmann établit tous les griefs de celui-ci contre M*r*. le Noir; griefs qu'il prétend être des délits privés, des délits de l'homme & non du Lieutenant de Police, ou du Commissaire du Roi, conféquemment des délits du reffort des tribunaux ordinaires: delà il envifage l'Ordonnance du Lieutenant

Criminel, comme contraire à toutes les maximes du droit public, comme un véritable déni de justice particuliere.

Tous ces raisonnemens pourroient ne pas rester sans replique; mais le fond est toujours fâcheux pour M. le Noir, & ceux qui s'intéressent à ce Magistrat continuent de gémir de le voir ainsi encanaillé, sans doute par un trop grand excès de commisération du sort de la Dame Korumaun.

30 *Août.* La régéneration du Ministere a paru à Me. Linguet une circonstance favorable pour reproduire ses cheres *Annales*, & sans doute il a trouvé des facilités: le Sieur *Panckoucke* même envoye avec son *Mercure* le *Prospectus* de ce Journal qui recommencera le 15 Octobre.

30 *Août.* On ne trouve à extraire du Lit de Justice, que le discours du Roi, conçu en ces termes:

„ Il n'appartient point à mon Parlement
„ de douter de mon pouvoir, ni de celui
„ que je lui ai confié.

„ C'est toujours avec peine que je me
„ décide à faire usage de la plénitude de
„ mon autorité, & à m'écarter des formes
„ ordinaires; mais mon Parlement m'y con-
„ traint aujourd'hui, & le salut de l'Etat,
„ qui est la premiere des Loix, m'en fait
„ un devoir."

Quand aux autres discours, celui du Garde des Sceaux très long, n'est qu'un raba-

chose : il n'est point aussi dur ni aussi plat qu'on l'avoit annoncé ; il est au contraire entortillé & l'on y découvre facilement son embarras du rôle étrange qu'il est obligé de jouer, tout opposé à celui qu'il faisoit encore quelques mois avant.

Il n'y a rien à ajouter à ce qu'on a dit des autres.

30 *Août* 1787. La réponse du Roi à la Cour des Aides est plus dure qu'on ne l'avoit annoncée ; la voici littéralement.

„ Ce n'est point à mes Cours de justice
„ à me demander la convocation des États
„ généraux ; c'est à moi à juger si les cir-
„ constances l'exigent, & j'ai jugé qu'elles
„ ne l'exigent pas ; vous n'auriez pas dû
„ renouveller cette demande.

„ J'ai plus fait pour mon Peuple que vous
„ ne me demandez pour lui ; je lui ai ac-
„ cordé les Administrations Provinciales,
„ bien plus propres à me faire connoître
„ les vœux & les besoins de toutes les Pro-
„ vinces de mon Royaume ; je ne me refu-
„ serai jamais à ce que les besoins pourront
„ exiger.

„ J'ai transféré mon Parlement à Troyes :
„ il étoit devenu nécessaire de l'éloigner de
„ Paris. L'éclat donné à ses dernieres as-
„ semblées avoit excité dans le peuple une
„ fermentation que sa présence ne pouvoit
„ qu'entretenir & accroître. Je jugerai de
„ l'époque où il sera prudent de l'y rétablir.

,, Mon principal objet est toujours de
,, connoître la vérité. J'ai dû déployer
,, une pleine puissance pour faire enregistrer
,, mes Edits. S'ils portent avec eux des
,, inconveniens, mon Parlement doit se
,, reprocher de s'être refusé à me les faire
,, connoître.

,, Je recevrai volontiers vos observations
,, & vos supplications: vous-devez tout
,, espérer de ma justice, & de mon amour
,, pour mon Peuple. Mais vous-devez
,, sentir tout ce que comportent les circon-
,, stances, & que je dois prendre toutes les
,, mesures qui peuvent assurer la fidélité de
,, mes engagemens."

Dès le sur lendemain la Cour des Aides a formé un second Arrêté.

,, Ce jour, la Cour, les chambres assem-
,, blées, délibérant sur la réponse du jour
,, d'avant-hier & persistant dans son Arrêté
,, du 18 de ce mois: Considérant que la
,, demande faite par le Seigneur Roi d'Im-
,, pôts nouveaux, a seule forcé les Cours,
,, toujours fondées à réclamer les droits de
,, la Nation, à demander les Etats géné-
,, raux, sans le consentement desquels au-
,, cun Impôt ne peut-être établi.

,, Que les Assemblées Provintiales ne
,, peuvent, pas plus que les Cours, être
,, regardées comme fondées du pouvoir de
,, la Nation, pour consentir l'Impôt.

,, Que le Parlement ayant reconnu son

„ incompétence, & le droit imprescriptible
„ de la Nation, ne pouvoit plus se permet-
„ tre de discuter les Impôts qu'il n'avoit
„ pas le droit de consentir.

„ Que les circonstances mêmes dans les-
„ quelles se trouve le dit Seigneur Roi, &
„ le desir qu'il a de remplir ses engage-
„ mens, rendent plus nécessaire encore la
„ convocation des Etats généraux, puisque,
„ suivant la constitution de la Monarchie,
„ ils ont toujours été & doivent toujours
„ être assemblés, lorsqu'il y a une nécessité
„ urgente.

„ Que la fermentation populaire a plutôt
„ suivi que précédé l'absence du Parlement,
„ & que son retour dans le lieu ordinaire
„ de ses fonctions est le vœu de tous les
„ ordres de l'Etat, qui gémissent de voir
„ le cours de la Justice interrompu dans tous
„ les tribunaux.

„ La Cour pleine de confiance dans la
„ bonté, & dans la justice du Roi, encoura-
„ gée par l'assurance qu'il a donnée que son
„ amour pour ses Peuples la portera tou-
„ jours à faire tout ce qu'il croira néces-
„ saire à leur bonheur.

„ A arrêté qu'il sera fait au Roi de nou-
„ velles supplications, à l'effet d'obtenir
„ dudit Seigneur Roi, qu'il veuille bien
„ retirer la Déclaration du Timbre & l'Edit
„ de la subvention territoriale; convoquer
„ les Etats généraux, préalablement à l'é-

„ tabliſſement de tout Impôt, & rendre le
„ Parlement au vœu de tous les Citoyens.
„ Qu'à cet effet il ſera fait une Députa-
„ tion dans la forme ordinaire, pour porter
„ au Roi, les ſupplications contenues au
„ préſent arrêté:
„ Sur le ſurplus, enſemble ſur la délibé-
„ ration remiſe au 30 de ce mois, a conti-
„ nué la délibération à la huitaine."

30 *Août* 1787. On a fait imprimer à Troyes un *Etat des logemens* de Meſſieurs du Parlement qui en conſtate le nombre actuel en cette ville; ſavoir:

Grand' Chambre.

9 Préſidens, le premier compris.
1 Conſeiller d'honneur; Mr. *Barillon de Morangi*, qui, quoique ceux de ſa claſſe n'aient pas reçu de lettre de cachet, s'eſt fait un point d'honneur de s'y rendre.
36 Conſeillers.
11 Conſeillers honoraires.

57

Il eſt à obſerver que le douzieme, Mr. de la *Guillaumie Minor*, a fait toutes ſortes de baſſeſſes pour ne point aller à Troyes, a objecté, ſe portant très bien, qu'il étoit très malade, & a obtenu de reſter dans un appartement qu'il occupe au château de Madrid

Du reste, la **Lettre** de cachet des honoraires est différente de celle des autres ; elle est plus rigoureuse & leur donne en quelque sorte la Ville pour prison, en leur défendant de *désemparer*.

Parquet.

4 Gens du Roi, le premier Avocat général, le Procureur général, & les deux autres Avocats généraux.
15 Substituts.
1 Greffier en chef civil, Conseiller du Roi, son Protonotaire.
1 Greffier en chef des présentations.
1 Greffier en chef criminel.
1 Greffier en chef des affirmations.
1 Greffier des présentations au criminel.
2 Notaires & Secrétaires de la Cour.
1 Greffier de la Grand' Chambre.
2 Greffiers de la Tournelle.
1 Greffier garde-sacs de la Grand'Chambre.
2 Greffiers des dépôts Civils de la Grand' Chambre & Enquêtes.
1 Greffier Garde-sacs du petit Criminel.
2 Secrétaires du Premier Président.
1 Secrétaire du Premier Avocat général.
3 Secrétaires du Procureur général.
3 Secrétaires des deux autres Avocats généraux.
3 Greffiers-commis & Contrôleurs des arrêts de Greffe Criminel.

45

1 Com-

1 Commis du Greffe en Chef Civil, pour la délivrance des Arrêts.
22 Huissiers au Parlement, le premier compris, qui est *Ecuyer*.
4 Buvetiers.
1 Receveur des Amendes.
___
73

Premiere des Enquêtes

2 Présidens.
24 Conseillers.
___
26

Deuxieme Chambre des Enquêtes.

2 Présidens.
21 Conseillers.
1 Greffier.
___
24

Troisième chambre des Enquêtes.

2 Présidens.
24 Conseillers.
1 Greffier.
1 Receveur des Epices.
___
28

Chambre des Requêtes.

2 Présidens.
13 Conseillers.
___
15

1 Greffier.
1 Commis Greffier.
1 Greffier des préfentations.
──
18
──

Huiffiers Audienciers.

8
1 Buvetier.
──
9
──

Recapitulation.

57 Membres de la Grand' Chambre.
73 Compris fous le titre du Parquet,
26 Membres de la première des Enquêtes
24 de la feconde.
28 de la troifième.
18 de la Chambre des Requêtes.
9 Huiffiers audienciers.
──
235
──

31 *Août* 1787. *Lettre à un ami fur ce qui s'eft paffé à la derniere féance des Notables.* Cet écrit, quoique daté du 29 Mai dernier, ne commence à percer que depuis peu : il eft court : fon objet eft uniquement d'ouvrir les yeux fur les inconvéniens funeftes de l'exportation des grains permife à l'Etranger, & de prémunir le Parlement contre cette loi. La facilité avec laquelle il l'a enregiftrée prouve qu'il a fait peu de cas des objections

très spécieuses pourtant de l'auteur de la brochure.

Cette brochure est accompagnée d'un *supplément aux Remontrances du Parlement, en réponse à la lettre d'un ami du 24 Août 1787.* Il y a grande apparence que celle-ci plus longue est de la même main que la premiere; elle est très bien faite, vigoureuse, & tenant la balance entre le Ministere & le Parlement, l'auteur prouve que tous deux ont excédé leurs pouvoirs; il fait sentir la nécessité de la convocation des Etats généraux, remede unique à la crise actuelle, & seuls competens pour la formation des loix constitutionelles & principales. Ce qui rend cet écrit précieux, c'est le courage avec lequel on y dévoile l'esprit de partialité de l'assemblée des Notables, qui composée en trop nombreuse partie de grands Seigneurs & de Membres du Clergé, a trahi absolument les intérêts du Peuple.

31 *Août* 1787. On se détermine à placer ici la piéce suivante, à raison du bruit qu'elle cause.

Histoire de Beaumarchais.

Chanson Nouvelle, sur l'air: *Je suis né natif de Ferrare.*

1.

Je suis né natif de Lutece,
Là, dans le sein de la bassesse,
Longtems sans fortune & sans nom
J'étois Pierre Augustin Caron.
Fatigué de mon indigence,
Je me poussai par l'impudence.
Et pour étayer mes succès
Soudain je me fis Beaumarchais.

2.

Je me faufilai dans la clique
Des amateurs de la musique,
Grace au tumulte des archets
D'abord on souffrit Beaumarchais:
Puis à Paris ou tout est mode,
Bouffon payé, Bouffon commode,
La fortune que tant je cherchais,
Par la main guida Beaumarchais.

3.

Poussé par l'aveugle Déesse
A la Cour près d'une Princesse
Appui des arts chez les français,
O prodige! on vit Beaumarchais.
Mais j'eus bientôt levé le masque,
Et pour la plus stupide frasque
A l'antichambre des valets
On fit retourner Beaumarchais.

4.

Berné comme un fat qui se blouse,
J'intrigue & je prends une épouse,
Je l'enterre & j'hérite exprès
Bravo! Brigando Beaumarchais.
Je retrouve encor une femme,
A mon profit elle rend l'ame,
De deuil en deuil à peu de frais
En carosse on vit Beaumarchais.

5.

D'un Crésus en rusé faussaire
Je me fabrique légataire;
Son héritier par un procès
Commet le hardi Beaumarchais,
On plaide, on me déclare infâme,
La faveur me lave du blâme;
Mais toujours avant comme après
Je fus, je serai Beaumarchais.

6.

Trop connu, je restai sans dupe,
J'apprends que Vergennes s'occupe
A protéger certain Congrès;
Alerte, alerte, Beaumarchais!
Je projette un commerce inique,
Et pour armer la république,
Je lui vends cher nos vieux mousquets,
Londres encor paya Beaumarchais,

7.

Sans goût, sans pudeur, sans génie,
Je compose une comédie

Sur moi l'on crie envain haro,
Tout réussit à Figaro.
Sous ce nom quand chacun me hue
Cent fois pour me voir on se tue,
Et tout filou, brigand, maraud
Désormais à mon Figaro.

8.

Enflé d'un succès aussi rare!
En laquais j'écrivois Tarare,
Quand une lettre a deux cachets (*)
Détrône à l'instant Beaumarchais.
Traîné par une loi bizarre,
Comme un novice à St. Lazare,
On vit ses innocens guichets,
Trembler devant un Beaumarchais.

9.

Mais le tems, ce terrible maître
En m'apprenant à me connoître,
A Toulon pour tous ces hauts faits
Va rendre Marin Beaumarchais.
Du fort admirez la malice
Ce que n'eut pu force, justice;
Un Parlement & ses Arrêts,
Un cocu détruit Beaumarchais!

31 *Août* 1787. C'est par un Arrêt du 8 Août que le Parlement de Bordeaux, toutes les Chambres Assemblées, a défendu l'A-

---

(*) Ceci est relatif, sans doute, à la formule d'une lettre de cachet Signée *Louis* & contre Signée d'un secretaire d'Etat.

semblée Provinciale de Limoges, avant l'enregistrement de l'Edit portant Création des Assemblées Provinciales; il paroît que le Procureur général n'a point fait de requisitoire à cet égard, voici l'Arrêt littéralement.

„ La Cour, le Procureur général du Roi
„ mandé, oui & retiré, considérant que le
„ Roi, par son Edit portant création des
„ Assemblées Provinciales, a en vue le bon-
„ heur de ses Peuples, & que S. M. a voulu
„ maintenir les Loix constitutives de l'Etat,
„ en envoyant cet Edit à son Parlement,
„ pour y être enrégistré;

„ Que la Cour n'a pu encore délibérer
„ sur cet enregistrement, ne connoissant
„ pas les réglemens annoncés dans l'article
„ 6, relatifs à l'organisation de ces Assem-
„ blées, & faisant partie intégrante de leur
„ établissement.

„ Que la Cour a supplié le Roi de vou-
„ loir bien lui en donner connoissance, &
„ qu'elle a lieu d'espérer que S. M. ne
„ désapprouvera pas cette sage circonspec-
„ tion.

„ Que dans ces circonstances, la Cour
„ est instruite que plusieurs personnes de
„ différens ordres, se réunissent à Limoges
„ pour y tenir une de ces assemblées qui
„ ne peuvent avoir lieu légalement qu'après
„ que le Parlement aura enrégistré l'Edit de
„ de leur création.

„ Qu'ainsi il est instant de prévenir les

„ effets d'une précipitation contraire à la volonté que le Roi a manifeſtée, volonté conforme à la conſtitution de l'Etat, qui exige que l'enregiſtrement de la loi précéde ſon exécution.

„ Par ces conſidérations, la Cour fait inhibitions & défenſes à toutes perſonnes de quelque ordre que ce ſoit, de ſe réunir en corps d'Aſſemblée Provinciale dans ſon reſſort avant que l'Edit portant création de ces Aſſemblées ſoit enregiſtré en la Cour. Enjoint aux Officiers des Sénéchaux, Préſidiaux, & notamment aux Subſtituts du Procureur général du Roi, & aux Officiers municipaux de tenir la main, chacun en droit ſoit, à l'exécution du préſent Arrêt qui ſera imprimé, publié & affiché partout où beſoin ſera."

31 *Août* 1787. Extrait d'une lettre de Verſailles du 23 Août... La troupe de bouffons Italiens qui joue depuis quelque tems ſur le théâtre de cette ville a pour *Prima donna* Madame *Benini*. Sa figure eſt un peu ſérieuſe, ſa voix eſt pleine de douceur & d'intérêt; elle eſt ſavante muſicienne & a plus d'habilité que n'en exige le genre: elle en a fait preuve dans un très joli air de bravoure qu'elle a placé dans *Glichiavi per amore*, & dans lequel elle brille ſingulièrement. Son maintien a beaucoup de grace, mérite rare parmi les Actrices de ce genre. On préféroit à Londres une Madame *Sto-*

race, qui a joué quelquefois le même rôle dans cet opéra. Elle a refusé les offres que la direction de Versailles lui a faites; ainsi nous ne pouvons comparer ces deux rivales.

La *seconde donna* est une Angloise qui n'étoit point au théâtre de Londres; elle a peu de moyens; mais de l'habitude & de l'aisance; & malgré la dureté de sa prononciation, elle chante fort agréablement.

Le Sieur *Morelli*, le premier *Basso*, a une voix de basse superbe. Sa méthode est excellente; il chante avec beaucoup de feu & de sensibilité. On n'a point à lui reprocher, comme à la plupart des comiques Italiens, l'abus des caricatures. Son jeu cependant est vif & animé: quoique succédant au Signor *Gatolini*, il a eu beaucoup de succès à Londres & ne plaît pas moins ici.

Le Sieur *Calvesi* chante le *Tenore* dans *Gli schiavi per amore*. A Londres c'étoit le Sieur *Mengozzi* qu'on dit de beaucoup supérieur. Mais quoique venu avec la troupe, une indisposition l'a empêché de chanter, & il ne paroîtra que dans l'*Italienne à Londres*. Le Sieur *Calvezi* est jeune & non encore formé.

En général, cette troupe bien assortie est jugée supérieure à celle qui a joué sur le théâtre de l'opéra de Paris en 1778: on y trouve beaucoup plus d'ensemble & elle a une premiere *Donna Buffa* à qui le genre *buffo* n'est point étranger.

Il est fâcheux qu'un projet si bien combiné ne s'exécute qu'à Versailles. M. *Framery*, un grand parodiste de la musique Italienne, avoit proposé en 1776 à l'administration de l'opéra de former une pareille entreprise pendant la saison où les grands spectacles sont fermés à Londres; c'est à dire, durant les mois de Juillet, d'Août & Septembre, mais il desiroit une salle assez petite pour être toujours pleine.

31 *Août*. Il paroît décidé que Mr. *de Villedeuil* a donné sa démission de la place de Contrôleur général qu'on a eu peine à lui faire accepter, & que Mr. *Lambert* lui succède.

1 *Septembre* 1787. M. Linguet répare bien aujourd'hui le silence qu'il avoit gardé pendant quelque tems; après avoir publié successivement ses ouvrages de Physique, de Chirurgie, d'Administration, on a vu qu'il alloit redevenir Journaliste en reprenant ses *Annales* qu'il assure devoir continuer sans interruption: enfin, il n'en donne pas plus de relâche à ses adversaires, il publie *Précis & Consultation* dans la Cause pendante au Châtelet contre Charles Joseph Panckoucke, libraire à Paris. Il a tant parlé des répétitions qu'il prétend avoir à former envers cet associé qu'il seroit fastidieux d'entrer dans le développement de ses droits établis, il faut l'avouer, dans son *Factum* d'une manière assez spécieuse. Mais ce qui le rend

piquant, ce font des forties contre Meſſieurs *de la Harpe*, *Marmontel* & contre l'Académie-françoiſe.

On ne ſait quel Avocat nommé *Joubleau de la Motte* a ſigné la Conſultation en date du 1er. Août, dans laquelle il eſtime que le conſultant eſt parfaitement fondé dans ſa réclamation; que des ordres Miniſteriels ne peuvent forcer à réſilier un contrat, ſans un jugement en regle.

1 *Septembre*. A l'Arrêté du Parlement de Bretagne du 18 Août en faveur du Parlement de Paris, a ſuccédé celui de Grenoble en date du 21. Cette Cour, après ſa réclamation, développe fort au long les motifs de la réſiſtance du Parlement de Paris. La digreſſion ſur la néceſſité des Etats généraux & ſur celle de continuer le procès commencé contre le Sr. *de Calonne*, ſont deux endroits éloquemment frappés. Il regne dans toute cette piéce un caractère d'énergie, ſupérieur à ce qu'on a encore vu en ce genre.

Le 22, le Parlement de Rouen a joint ſa voix à celles de ces deux Cours; il traite l'affaire plus en bref & vu que ladite Cour touche à la fin de ſes Séances, il ordonne qu'expédition en forme du préſent Arrêté ſera adreſſée au Seigneur Roi; au ſurplus continue ſa délibération au lendemain de St. Martin.

1 *Septembre* 1787. A toutes les Lettres de Cachets dont on a parlé, il faut joindre

celles des quatre Maîtres des requêtes, siégeant aux Séances, suivant le droit du Conseil ; savoir : M^{rs}. *Doublet de perfan Chaillon, de Jouville, Guyot de Chenifot, & Affelin de Crevecœur* ; mais ils n'ont point été envoyés à Troyes, ils font dans leurs terres.

1 *Septembre.* Extrait d'une Lettre de Troyes du 28 Août 1787... Les Lettres patentes du Roi qui transferent en notre ville le fiege du Parlement font données à Versailles le 15 Août : la tranflation eft motivée fur de grandes & importantes confiderations ; fon objet eft que ladite Cour y rende la juftice aux fujets, & y faffe fes fonctions tant & fi longuement qu'il plaîra à S. M., en tems de vacations, comme en tems ordinaire : il eft enjoint aux officiers de cette Cour d'y commencer leurs féances dans huitaine au plus tard du jour des préfentes ; l'exercice de leurs charges leur eft défendu dans la bonne ville de Paris ; défendu aux fujets du reffort du Parlement de fe pourvoir ailleurs qu'à Troyes, &c.

Ces Lettres patentes, enfemble l'Arrêté, ont été imprimés & publiés dès le lendemain dans la ville à fon de trompe. Mr. le Procureur général a eu peine à fuivre les ordres de la Cour & il a fallu le preffer vigoureufement ; il étoit même queftion de s'affembler dès le foir à huit heures pour le mander en cas de non exécution. Meffieurs étoient comme des enfans, allant fans ceffe chez l'imprimeur, pour voir si l'exécution avoit lieu: leur allégresse a été générale & extrême d'entendre la trompette, qui annonçoit l'enregistrement.

Le même jour 22 à la fin de la séance, M. *Huët*, Maire de Troyes, fut introduit & prononça le discours suivant:

„ Messieurs, en portant aux pieds de la
„ Cour l'hommage de notre respect, de
„ notre dévouement, & des vœux de tous
„ nos concitoyens, nous remplissons le de-
„ voir le plus cher de nos cœurs.

„ Pendant plusieurs siecles, cette ville a
„ joui de l'honneur d'être le siége des *Grands*
„ *Jours* tenus par une partie des membres
„ du Parlement. Plus heureux que nos
„ peres, nous avons aujourd'hui le bonheur
„ (& dans les événemens présens, c'est une
„ consolation pour nous) de voir la pre-
„ miere Cour du Royaume réunie toute
„ entiere dans nos murs; *un même sentiment*
„ *excite tout à la fois nos craintes & nos*
„ *espérances*. Mais nous ne voulons penser
„ en ce jour qu'à la satisfaction que nous
„ ressentirons d'entendre nous-mêmes pro-
„ noncer les oracles de sa sagesse & de sa
„ justice.

„ Témoins des vertus de ces Magistrats,
„ cette ville sera affermie par leurs grands
„ exemples, dans la pureté de sentimens &
„ de mœurs, qui est la source du bonheur
„ des particuliers, & de la tranquillité des

„ Etats; & dans cet esprit de patriotisme
„ & d'amour du bien public, qui assure l'un
„ & l'autre & par les quelles nous espérons
„ mériter l'estime & la protection de la
„ Cour."

Je vous entretiendrai la prochaine fois de l'arrêté d'hier & de ce qui a suivi.

1 *Septembre* 1787. Les comédiens françois ont joué hier une petite piece nouvelle en un acte & en vers, ayant pour titre le *Prix académique*. Elle a eu du succès, non pour le fond qui n'a rien de piquant dans l'intrigue, même assez commune, mais pour les détails & le style. On a été fort surpris d'apprendre que cet ouvrage étoit de M^r. *Pariseau*, qui ne manque pas d'un certain talent, mais ne s'est exercé jusques ici que sur les théâtres de la foire ou des boulevards.

2 *Septembre* 1787. Le Parlement de Bordeaux *sous le bon plaisir du Roi*, persistant dans son Arrêté du 8 Août, portant défense de se réunir en corps d'Assemblées Provinciales dans son ressort avant l'Enregistrement de l'Edit, par un second du 18 du même mois développe les motifs de sa conduite qui ne peuvent être équivoques.

On y voit d'abord qu'à cette époque, il étoit encore séant à Bordeaux; ensuite il cite un passage de ses Remontrances en 1779, où il exprima dès ce tems-là son desir de l'établissement des Assemblées Provinciales; il assure que les mêmes idées &

les mêmes principes l'ont animé lorsqu'il a rendu l'Arrêt du 25 Juillet dernier: & fa lettre fubféquente au Roi du 27 exprime les motifs de fa réfiftance, fur la forme feulement, & non fur le fond, de la maniere la plus forte. Ainfi les inculpations qu'on lui fait dans l'Arrêt du Confeil qui caffe fon Arrêté du 8, dont on a ordonné l'impreffion & la publication au nom de S. M., font l'effet de la furprife faite à la religion du Roi.

En conféquence, après plufieurs *confidérant*, où il fe glorifie furtout de fa vigueur & de fon triomphe au fujet des Alluvions, où il ne voit de remede aux maux de l'Etat que l'affemblée des Etats généraux, où il traite le Sieur *de Calonne* d'adminiftrateur infidèle, de déprédateur du Tréfor de l'Etat, d'auteur de projets criminels, de calomniateur des Parlemens il ne trouve aucun caractere légal dans l'Arrêt du Confeil qui caffe fon Arrêté & s'y tient.

2 *Septembre* 1787. On affure que Mr. *de Choifeuil Gouffier*, notre Ambaffadeur à la Porte, ayant été invité de fe trouver au Divan; le grand Vifir au nom de fa Hauteffe lui a fait les reproches les plus ameres fur la perfidie de la France qui d'une part l'excitoit à tenir ferme contre les ufurpations & invafions combinées de l'Empereur & de l'Impératrice des Ruffies; & de l'autre faifoit paffer des fecours confidérables d'ar-

gent au premier. Sur quoi Mr. de Choiseul ayant nié le fait, le Vizir lui a répondu que fa Hauteffe étoit bien inftruite. Il paroit que d'après cette fcene notre Ambaffadeur qui devoit revenir, n'a ofé quitter la partie & attend de nouvelles inftructions.

Cette anecdote fort fingulière confirmeroit le bruit affez répandu ici que la Reine, fans doute fous le bon plaifir du Roi, engagé Mr. de Calonne à envoyer plufieurs centaines de millions à fon augufte frere.

2 Septembre 1787. La Chambre des Comptes eft dans une divifion inteftine dont il faut rendre compte & qui pourroit lui devenir funefte.

Il faut favoir que cette Chambre eft compofée de trois ordres; le premier comprend les Préfidens & les Maitres; le fecond, les Correcteurs; le troifieme, les Auditeurs. Par un accord fort bizarre, ces deux derniers font convenus de n'affifter qu'aux délibérations générales concernant les intérêts de la compagnie, & encore par députation, favoir les Correcteurs moins nombreux, de deux Membres, & les auditeurs plus nombreux, de quatre.

Le jeudi 16, la Chambre inftruite de la féance que *Monfieur* devoit y tenir le lendemain, tous les membres furent convoqués de relevée. Les Correcteurs & Auditeurs fe rendirent chacun dans leur chambre & attendirent qu'on vînt les avertir d'envoyer

leurs

leurs députés au Bureau des Maîtres. Impatientés, ils envoyent favoir ce qui fe paffe & ils apprennent que le féance eft levée.

Le 17, fe tient la féance où ils ne font point invités, fe forment les proteftations & l'arrêté auxquels ils n'ont point de part. Mr. *de Nicolay*, le Premier Préfident, vient en perfonne fucceffivement à la Chambre de la correction & à la Chambre de l'Audition pour calmer ces Meffieurs; il leur témoigne tous fes regrets, il leur dit que ce n'étoit point fon avis; mais que les Maîtres ont arrêté que dans l'affaire préfente ne concernant point les intérêts propres de la Compagnie; ce n'étoit point le cas d'admettre à la délibération ces membres qui en étoient exclus de droit.

Le 18, malgré cette politeffe du Premier Préfident, les Auditeurs particulierement forment un arrêté de Réclamation & députent à Mr. le Garde des Sceaux pour les lui porter: le Chef de la Juftice faifit avec empreffement ce germe de défunion il trouve que la chofe mérite confidération, il demande un Mémoire qui lui eft envoyé le lundi 20.

En conféquence Jeudi 23 intervient l'Arrêt du Confeil fuivant: ,, Le Roi étant ,, informé qu'au préjudice de l'Enregiftre- ,, ment fait de fon ordre & en préfence de ,, *Monfieur* le 17 Août préfent mois d'un ,, Edit & Déclaration, &c. la Chambre des

„ Comptes de Paris s'est permis de prendre
„ le même jour de relevée un Arrêté."

S. M. a vu avec surprise que sa Chambre des Comptes a pu avoir outre passé l'objet de sa compétence; avoir essayé d'entretenir une fermentation dangereuse dans les esprits & tenté de réduire S. M. à l'impossibilité de remplir ses engagemens en déclarant contre tout droit & supposant contre tout principe que la Chambre pourroit frapper de nullité l'enregistrement fait par ordre de sa Majesté de deux Loix nécessaires aux besoins de l'État; que ces principes qui auroient dû arrêter la Chambre des Comptes dans ses demandes, ne l'ont point empêchée de l'entreprendre *sans la réunion de tous ses membres* dont une partie a réclamé contre ledit Arrêté par un Acte extrajudiciaire remis entre les mains de Sa Majesté le 18 de ce mois, signé de quatre députés de l'Ordre des Auditeurs; qu'indépendamment de ce que S. M. doit à la fidélité de ses engagemens qui ne lui permet pas de souffrir que l'exécution de ses Edits soit retardée, il est de son devoir d'arrêter une entreprise également contraire aux Loix, au respect dû à sa volonté & à la discipline de la Chambre & de faire cesser dès son origine le scandale d'un abus aussi indécent qu'exagéré de la part d'une Cour dont les fonctions sont aussi circonscrites.

A quoi voulant pourvoir, ouï le rapport,

le Roi étant en son Conseil, a cassé & annuellé le dit Arrêté, &c. comme attentatoire à son autorité, contraire aux Loix, au respect dû à ses volontés, tendant à detourner de l'obéissance qui lui est dû les Peuples auxquels la Chambre des Comptes doit l'exemple de la soumission, fait S. M. défenses aux officiers de la dite Chambre d'intituler à l'avenir, *Arrêté de la dite Chambre* les délibérations prises sans le concours de tous ses membres.

Fait en outre défenses à ladite Chambre, sous peine de désobéissance, de donner suite au dit Arrêté du 17 Août en quelque maniere que ce puisse être: en joint aux Sieurs Intendans & Commissaires départis dans les Provinces du ressort de ladite chambre de faire imprimer, publier & afficher le présent Arrêt partout où besoin sera, lequel sera signifié aux officiers de ladite Chambre en la personne du Greffier en Chef & du Procureur général du Roi en icelle.

3 *Septembre* 1787. L'Arrêté du Parlement de Bretagne, résultat du travail des Commissaires nommés a été de former un autre Arrêté le 22 Août, où après un récit de ce qui s'est passé au Parlement de Paris & une approbation de ses démarches successives, il doit supplier le Roi de rappeller le Parlement de Paris au lieu ordinaire de ses fonctions, ainsi que les autres Cours dont la voix publique lui apprend la transla-

tion, par le court espace qui lui reste, avant de terminer ses séances, ne pouvant développer plus au long dans des remontrances la justice de sa démarche, elle a remis la délibération, au lundi 19 Novembre prochain.

3 *Septembre* 1787. La Cour des Aides ayant porté hier au Roi ses Itératives supplications, S. M. a répondu:

„ J'avois attendu du zele de ma Cour des
„ Aides, qu'elle m'apporteroit des obser-
„ vations plus étendues sur les Edits que
„ j'ai fait enregistrer.

„ J'ai reçu des Rois mes prédécesseurs la
„ plénitude de l'autorité qu'ils ont exercée,
„ & la portion que j'en ai confiée à mes
„ Cours, ne peut jamais avoir pour effet
„ de demander le retrait de mes Loix sans
„ les examiner, & sans me présenter les
„ inconveniens qui peuvent résulter de
„ leurs dispositions.

„ Mes Cours ne peuvent pas penser
„ qu'elles aient reçu tout pouvoir pour
„ résister à mes volontés, & aucun pour
„ les faire exécuter.

„ Je peserai dans ma sagesse vos obser-
„ vations & celles que j'attends de plu-
„ sieurs Négocians & chambre du Com-
„ merce; & il ne sera rien innové sur
„ l'exécution de mes Edits avant la rentrée
„ de vos séances.

„ Vous connoissez, par ma derniere

„ réponse, mes intentions sur le surplus
„ de vos supplications."

La Cour des Aides rassemblée aujourd'hui pour entendre la réponse du Roi, a formé sur le champ cet arrêté.

„ La Cour, les chambres assemblées,
„ après avoir entendu le récit de Mr. le
„ Premier Président & avoir ordonné qu'il
„ seroit inséré sur les registres, délibérant
„ sur la réponse du Roi du jour d'hier,
„ attendu l'assurance qui lui est donnée
„ qu'il ne sera rien innové à l'état actuel
„ des Impôts; & attendu qu'il résulte de
„ ladite réponse, qu'il n'y aura aucune
„ perception nouvelle avant la rentrée de
„ ses Séances, persistant dans ses Arrêtés
„ des 18 & 27 Août dernier, a continué
„ la délibération au 12 Novembre.

„ Prie Mr. le Premier Président d'employer ses bons offices auprès du Roi
„ pour le retour du Parlement. Charge le
„ Procureur général du Roi de veiller à
„ ce que, conformément à la réponse du
„ dit Seigneur Roi, il ne soit fait aucune
„ perception d'Impôts nouveaux.

3 *Septembre* 1787. La liste sixieme des Souscriptions, pour les nouveaux hôpitaux, ne contient que 18 Numero, depuis le 397 jusques au 414 compris. & ne montent qu'à la somme de 21352 livres, cependant le Baron de Breteuil pousse toujours en avant & par un Arrêt du Conseil

du 10 Août, cherche à lever les obstacles qui pourroient naître du côté de l'Eglise.

3 *Septembre* 1787. Il n'est pas jusques à la Cour des monnoyes qui a pris un arrêté en faveur du Parlement de Paris en date du 22 Août par lequel elle se propose de faire à cet effet une députation au Roi.

4 *Septembre* 1787. On a imprimé séparément *Lettre de Mr. le Marquis de Beaupoil à Mr. Bergasse sur l'histoire de Mr. de la Tude & sur les ordre Arbitraires.* Elle faisoit d'abord la seconde partie des Mémoires du prisonnier de 39 ans. L'objet de cet écrit est en général de combattre les lettres de cachet par le sentiment plus que par le raisonnement; d'établir que l'effroi, l'horreur, l'exécration qu'inspire ce genre de punition sourde & illégale est la preuve du vice de son principe. Cet ouvrage, en effet plus senti que discuté, fait plus d'honneur au cœur de Mr. de Beaupoil qu'à son talent. Il est écrit avec emphase & pédantisme, & la logique n'en est pas souvent bien difficile à refuter. En outre, on voit avec peine une sorte d'adulation pour les dépositaires, les suppôts même actuels de l'autorité arbitraire mêlée aux imprécations que l'auteur vomit contre ceux qui ont inventé ce régime despotique & barbare.

Ce Mr. *de Beaupoil Saint Aulaire* est sans doute le même qui a écrit pour le Polonois *Miacryaski* & l'on est faché qu'il ne foit pas entré dans quelques détails à ce fujet.

4 Septembre 1787. On ne croiroit pas qu'en ce moment Mr. de Calonne pût trouver un apologifte; il s'en préfente pourtant un; l'auteur d'un pamphlet intitulé *Coup d'œil impartial* ; fon objet eft d'établir que la France a perdu un homme d'un grand talent, qui, dans tous les cas, avoit le tact du génie & qui dans les occafions où fon ame étoit exaltée par de puiffans motifs, ce montroit fort au deffus des hommes ordinaires; enfin il prétend que ce Miniftre a rendu un fervice fignalé à la France qu'on ne devroit jamais oublier, Il le dit, mais eft loin de le prouver.

4 Septembre 1787. Vu M. *de la Poloniere*, ancien officier de la Maréchauffée, aujourd'hui Garde de la porte du Roi, étant parvenu à découvrir des abus énormes, très difpendieux pour le Roi, en avoit rendu compte fucceffivement à M. *Necker, Joli de Fleuri, d'Ormeffon*, qui, frappés de l'utilité de fes découvertes, lui avoient promis en penfion viagere, les deux fols pour livre des fommes dont il procureroit l'économie, M. de Calonne avoit réduit confidérablement cette récompenfe.

Dans la premiere Année Mr. de la Poloniere étoit parvenu à porter ces économies à 300,000 livres pas an; il auroit dû avoir 30,000 livres; il s'eft borné à 12,000. Il continue ſes recherches. Elles portent ſur neuf objets dont il donne le détail dans un *Mémoire ſur des abus à reformer.* Ils concernent ſpécialement les exécuteurs des ordres du Roi ou de la juſtice.

4 *Septembre* 1787. Le *tableau de jour ou le ſpectateur impartial à Dorival, au Camp de Zeyſt.* Vraie rapſodie, qui parle de tout & ne dit rien: elle ne mérite aucun détail.

4 *Septembre.* Extrait d'une Lettre de Beſançon du 25 Août... Il a bien été préſenté à Notre Parlement des Lettres patentes portant établiſſement d'aſſemblées Provinciales dans toutes les Provinces qui n'ont point d'Etats particuliers; mais le Parlement dans une *Lettre au Roi* adreſſée à Mr. le Garde de Sceaux le 30 Juillet dernier, a repréſenté que ces Aſſemblées ne ſont point faites pour le Comté de *Bourgogne*; qu'elles ſont contraires à notre Conſtitution; que le vœu même de la loi nous en exclut formellement, puiſque nous avons des Etats: en conſéquence S. M. eſt ſupplié de nous rendre à une conſtitution qui nous eſt propre.

5 *Septembre* 1787. Dès le 21 Août le Châtelet avoit formé un Arrêté de faire une députation au Roi en la perſonne de Mr. le Garde des Sceaux, à l'effet de repréſenter à S. M. la conſternation univerſelle & ſpécialement la douleur profonde que reſſent la compagnie de l'abſence du Par-

Parlement, & de supplier S. M. de le rendre aux vœux de son Châtelet & à ceux de sa capitale.

En conséquence, suivant un autre arrêté, les gens du Roi se retirerent dans le jour par devers le Garde des Sceaux, à l'effet de lui demander le jour & l'heure auxquels il pourroit recevoir la députation.

Le Garde des Sceaux ayant fixé le dimanche 26, M^r. le Lieutenant Civil, Président de la Députation des officiers du Châtelet, harangua le Chef de la Magistrature dans un discours assez bien composé.

Le Garde des Sceaux répondit qu'il rendroit compte au Roi des supplications du Châtelet, il ajouta cette phrase singuliere : „ en transférant le siege de cette Cour dans „ une des villes les plus considérables de „ son ressort, le Roi n'a fait aucun chan„ gement dans l'administration de la jus„ tice qu'il doit à ses Peuples.

Il finit par dire qu'il ne doutoit pas que le Roi n'écoutât volontier les supplications d'une Jurisdiction dont il voit depuis longtems les services avec satisfaction.

Le 28 Août le Châtelet arrêta qu'il seroit fait registre du récit de M^r. le Lieutenant Civil, & que ce chef seroit prié de faire de nouvelles instances au nom de la Compagnie pour le retour du Parlement.

Le même jour il fut arrêté que M^r. *Dupont*, Lieutenant particulier & M^r. *Villiers de la Noue*, Conseiller, le transporteroient près le Parlement séant à Troyes, pour lui exprimer la douleur profonde de la Compagnie de l'éloignement des Magistrats, les vœux qu'elle forme pour leur retour & son attachement inviolable.

5 Septembre 1787. La *Lettre de Ninon Lenclos à Mr. Suard, l'Académie Françoise* datée des champs élisées le 12 Juillet, commence sous un ton doux, mais dégénère bientôt en un billet atroce non seulement contre Mr. Suard, mais contre Mr. le Noir qu'il appelle un *Holopherne* nouveau; on peut juger de la vérité de ses anecdotes par celle des vingt millions que suivant lui, l'ancien Lieutenant général de Police a dans son porte-feuille, provenans de l'agiotage.

5 Septembre 1787. Extrait d'une Lettre de Surenne du 3 Septembre. Notre cérémonie de la Rosiere est faite du 12 Août; les votans, au nombre de 48, ont procédé à l'élection d'une des trois filles proposées par le Curé. Le mérite a tellement balancé les suffrages, qu'il s'est trouvé, à l'ouverture du scrutin, que deux d'entr'elles avoient chacune 18 voix. L'Evêque d'Adran, qui présidoit à la cérémonie, a été obligé, du consentement des habitans, de recourir au Sort. Connoissez-vous quelque pays plus fécond en pucelles aussi authentiquement reconnues?

6 Septembre 1787. La place vacante à

l'Académie françoise par la mort du Marquis *de Pauliny*, étoit l'objet de plusieurs concurrens, gens de lettres; mais on assure que Mr. *d'Aguesseau* qui a occupé quelque tems la place d'Avocat général assez médiocrement & est aujourd'hui Conseiller d'état, s'étant mis sur les rangs, les quarante sont convenus qu'il n'y avoit pas moyen de refuser ce protecteur & l'on le regarde déja comme élu. Quoiqu'il en soit, en attendant les épigrammes plus relatives à la circonstance que sans doute la malignité doit faire éclore, on publie celle-ci plus vague & sortie du porte-feuille.

Gloire aux quarante Elus du Sénat littéraire!
C'est, pour tout bel esprit, le brevet d'immortel.
Onc n'y furent admis, ni *Rousseau*, ni *Moliere*;
Mais on y vit *Trublet*, l'égal de *Marmontel*;
C'est-là que d'Appollon, Plutus est le confrere.
Qu'on a placé *le Miere* au rang de *Crébillon*,
Que *Ducis* vient s'asseoir au trône de *Voltaire*,
Et qu'un jour B.... remplacera *Buffon*.

6 Septembre 1787. Mlle. *Contat* admirée comme une actrice aimable, méprisée comme une coquine, vient de réaliser à Barege, ce que l'on raconte de *Cartouche*, qui voloit d'une main & faisoit des charités de l'autre. Tous ceux qui arrivent de Barege attestent que cette comédienne non contente d'avoir distribué quelques louis aux pauvres de ce lieu, après avoir rempli

à Toulouse son engagement de dix représentations, en a fait afficher une onzieme
au bénéfice des pauvres de Barege. Elle est
revenue avec le produit de cette représentation, & a prié secrettement une Dame de
distinction très charitable elle-même, de
faire la distribution de cette somme. Cependant les Lettres de Toulouse, comme
elle s'en doutoit sans doute, ont bientôt
décelé la bienfaitrice: les pauvres se sont
rassemblés; ils ont mis la musique du pays
à leur tête, & se sont rendu chez Mlle
Contat à laquelle ils ont offert le quatrain
suivant.

A griller en enfer l'on te dit condamnée !
Nous te plaçons en meilleur lieu :
Tu verras de rayons ta tête couronnée
Si la voix du Peuple est encor la voix de Dieu.

6 Septembre 1787. M^r. *de Ceré*, Directeur du Jardin Royal de Mont-plaisir dans
l'Isle de France, vient d'adresser à l'abbé
de Fontenay, rédacteur du Journal général
de france, différentes especes de clous de
girofle que les curieux vont voir chez lui.

1°. Clous tombés en Décembre 1785, ou-
verds ou à leur grosseur comme épiceries,
c'est à dire rouges & prêt à s'épanouir,
ayant toutes les qualités requises, étant
gras & onctueux, & destinés à être com-
parés aux clous tombés dans un autre âge.

Ils sont sans préparation & sechés simplement à l'ombre & au Soleil.

2°. Clous tombés en Novembre & en Decembre 1785, avant l'épanouissement de la fleur, & bien rouges, dans cet état ils semblent maigres auprès de ceux du N°. 1er. ils ont été sechés sans préparation.

3°. Clous tombés après l'épanouissement de la fleur, mais n'étant plus clous épiceries, étant fruits, & ayant déja une sorte de gouflement.

Ces trois sortes de clous (N°. 1, 2, 3.) mêlés ensemble ressemblent à ceux des Moluques.

4°. Clous de Roi, ou clous royaux ou parfaits; ils sont rouges de partout, & ont été cueillis exprès en Novembre & Décembre 1786. Si on les avoit laissés quelques heures de plus sur les Arbres, ils auroient perdu cet état de clous parfaits par l'épanouissement de la fleur.

4400 & quelques-uns de ces clous forment le poids d'une livre; il en faut un plus grand nombre de ceux cueillis aux Moluques pour faire le même poids, ils ont été séchés sans préparation & simplement à l'ombre & au soleil.

6 Septembre 1787. Extrait d'une Lettre. de Lyon du 28 Août. La récolte des soies a manqué partout. Les fabricans ont cessé de faire travailler à cause de leur cherté excessive; plus de 4000 métiers sont à bas; tous les jours le nombre en augmente. Les ouvriers font déja des repréfentations au Confulat; mais comment fuftenter 40 à 50 mille ouvriers? Grand nombre d'eux ont demandé pour paffer chez l'étranger des paffeports qui leur ont été refufés.

6 *Septembre* 1786. Le Parlement de Touloufe, le 27 du mois dernier a fait un Arrêté, qu'on dit plus violent & plus étendu que ceux des autres Parlemens, quoique l'objet en foit toujours le même. Il eft fort rare, attendu que les imprimés envoyés par la pofte y ont été arrêtés.

7 *Septembre* 1787. Suivant une feuille du journal des Ifles de France & de Bourbon, N°. 22, 1786, M. Ceré dont on a parlé ci-deffus venoit de recevoir de la part de l'Empereur une boëte & une bague fort riche. Le médaillon de la boëte eft même ingénieux ; il repréfente une Flore qui offre une Couronne de fleurs à Cerès.

Mr. Boos, Jardinier botanifte de la Cour à Vienne, qui a rapporté d'Amérique une immenfe & belle collection en botanique, étant venu par ordre de fon maître au Cap de Bonne Efpérance & ici pour continuer les recherches, avoit été chargé de ces préfens. Ils étoient accompagnés d'une lettre du Comte de Cobentzel, Chambellan de S. M., où il lui témoigne la reconnoiffance de fon Maître d'un affortiment de plantes donné en 1783 par Mr. *de Ceré* au Comte *Pierre Proli*, pour l'ufage du Jardin de Schenbrunn. Cette lettre est non seulement honnête, mais affectueuse, & datée du 5 Novembre.

7 *Septembre* 1787. Suivant une lettre de Lyon du 4 Août, on a ouvert une Souscription pour soulager les ouvriers auxquels on ne pourra plus fournir de travail. On se propose, si les moyens y peuvent suffire, de donner 8 sols par jour & par tête aux familles composées de deux personnes seulement; 6 sols par tête à celles composées de trois à quatre personnes, & 5 sols par tête à celles composées de cinq personnes & au dessus.

7 *Septembre* 1787. Extrait d'une Lettre de Tours du 1 Septembre... Comme il est bien essentiel de prévenir, autant qu'il est possible, les suites funestes de notre traité de commerce avec l'Angleterre, par la fureur qu'on a pour tout ce qui vient de ce Royaume & que les ouvrages en acier en sont surtout recherchés, on vient d'établir différens prix d'émulation à distribuer aux ouvriers de la manufacture d'Amboise, afin de parvenir à soutenir la comparaison, & même l'emporter sur les meilleurs ouvriers étrangers.

Indépendamment de six prix accordés par les entrepreneurs de la manufacture, le corps municipal de Tours a fondé annuellement à commencer de 1788, un autre prix, consistant en une superbe gravure du Roi, richement encadrée, & dans la fomme de 300 livres. A celui des ouvriers de cette manufacture qui aura le mieux réuffi dans le genre de fabrication qui lui fera indiqué.

La diftribution en fera faite dans l'hôtel de ville de Tours le 23 Août 1788, jour de la naiffance du Roi.

La Gravure du Roi aura pour titre *Emulation* & en bas on lira ce vers, *fut-il jamais un prix plus cher à tout Français?* devife imaginée par M^r. *de la Grandiere*, notre Maire & l'un des Notables. Pour Exergue autour du Médaillon fera un autre vers de M^r. *de la Harpe: Pere de fes fujets, il en eft le modele.*

L'épigraphe pour l'Eftampe deftinée à fervir de prix à celui des ouvriers en acier qui aura approché davantage des ouvriers Anglais, eft auffi compofée *ad hoc*; ce fera un diftique françois:

Ne les combattons plus qu'en travaillant comme eux.
Le fer vaut plus que l'or, s'il brille & plaît aux yeux.

L'épigraphe pour celui qui aura formé le meilleur éleve eft également relative:

Tout art nous enrichit; favoir, c'eft s'agrandir;
L'Enfeigner eft créer; c'eft plus que conquérir.

7 *Septembre* 1787. Voici la délibération littérale des Auditeurs en date du famedi 18

Août : elle est assez mal tournée, mais c'est une piéce intégrante qu'on ne peut omettre.

„ Ce jour, l'Ordre des Conseillers Audi-
„ teurs assemblés par billet en la maniere
„ accoutumée, il a été fait récit par Mr.
„ l'Ancien de ce qui s'est passé le jour
„ d'hier à la séance tenue par *Monsieur*,
„ frere du Roi, pour l'enregistrement par
„ l'exprès commandement du Roi d'aucuns
„ Edit & Déclaration à l'insçu des Conseil-
„ lers Auditeurs & sans qu'ils aient été
„ appellés aux délibérations, avant pendant,
„ & après ladite Séance : ce récit achevé,
„ Mr. le Président est entré comme étant
„ chef de tous les ordres des Conseillers du
„ Roi qui composent la chambre, & il a
„ fait un second récit de ce qui s'étoit passé
„ & a dit qu'il présumoit que le Bureau
„ composé des seuls Présidents & Maîtres
„ manderont incessament les dits Conseillers
„ Auditeurs, pour leur faire part de la Dé-
„ libération qui a été prise & entierement
„ conclue le jour d'hier; Mondit Sieur le
„ Premier Président à même ajouté qu'il
„ ne pensoit pas que le Bureau des dits
„ Présidens & Maîtres fut disposé à deman-
„ der aux dits Conseillers auditeurs, leurs
„ suffrages, vœux, ou adhésion; qu'enfin
„ Mondit Sieur le Premier Président en se
„ retirant a dit qu'il étoit venu de lui-même
„ comme chef de tous les ordres de Con-
„ seillers qui composent la Chambre, &

,, fans qu'il lui eût été donné à cet effet
,, aucune miffion du dit Bureau.

,, La matiere mife en délibération, il a
,, été arrêté qu'il fera député quatre d'entre
,, nous auprès de Mr. le Garde des Sceaux,
,, pour lui donner avis de l'irrégularité que
,, nous croyons appercevoir dans la féance
,, du jour d'hier & dans les délibérations
,, qui l'ont précédé & fuivie, & le fupplier
,, de la part de l'ordre des Confeillers audi-
,, teurs de vouloir bien prendre à cet égard
,, les ordres du Roi & nous faire connoître
,, les intentions de S. M. Il a été pareille-
,, ment arrêté qu'en attendant les dits or-
,, dres, les Confeillers auditeurs, quoiqu'
,, également alarmés de l'effet des dits Edits
,, & Déclaration, dont cependant ils n'ont
,, encore aucune connoiffance légale, n'en-
,, tendoient pas regarder les Arrêtés du
,, jour d'hier comme étant des arrêtés de la
,, Chambre des Comptes, puisqu'en delibé-
,, rant lesdits arrêtés, le Bureau desdits Préfi-
,, dents & maîtres s'étoient privée de con-
,, cours, de fuffrages & de lumieres qui
,, font néceffaires en pareil cas, pour for-
,, mer au arrêté l'égal & régulier.

,, A arrêté en outre qu'à cet effet il fera ren-
,, du compte à M. le Garde des Sceaux de ce
,, qui s'eft paffé à différentes féances, no-
,, tamment à celle du 28 Avril 1759, à
,, celle de 1771, arrêté en outre que dans
,, le cas où le Bureau manderoit les dits

„ Conseillers auditeurs pour leur faire part
„ des arrêtés du jour d'hier, ceux de Mes-
„ sieurs qui iroient au Bureau déclareront
„ à Mr. le Premier Président qu'ils ne peu-
„ vent prendre séance pour entendre les
„ Arrêtés ou Délibérations, & ils ajoute-
„ ront en même tems que l'ordre avoit
„ espéré que dans une circonstance semblab-
„ ble & aussi importante, le Bureau qui
„ connoît le zele des Conseillers auditeurs
„ auroit, en conformité des anciens usa-
„ ges, cherché à ne pas les exclure d'une
„ occasion ou il s'agit de donner également
„ au Roi & à la nation des preuves de leur
„ attachement aux saines maximes du Ro-
„ yaume, & que les Conseillers auditeurs
„ qui iront au Bureau se refuseront à en-
„ tendre toute lecture d'Arrêté qui pourroit
„ leur être annoncé relativement à la pré-
„ sente affaire."

8 *Septembre* 1787. La petite maison de Mr. le Maréchal Prince *de Soubise* rue de l'arcade, où depuis quelque tems l'on a commencée une vente, est aujourd'hui l'objet de la curiosité de Paris ; mais elle n'est pas, à beaucoup près, satisfaite. On ne peut pas concevoir qu'un grand Seigneur ait pu abandonner un grand & superbe Palais pour venir se renfermer en pareil lieu. Les appartemens sont très médiocres, il n'y a qu'une salle à manger, hors d'œuvre dans le bâtiment, qui vaille la peine d'être vue. Elle

n'étoit faite que depuis peu, Mr. le Prince de Soubise y avoit donné un repas aux Ambassadeurs le jour de pâques 1786, & tous étoient convenus qu'ils n'en connoissoient point d'aussi belle en Europe. Elle a 50 pieds de long sur 35 de large & 32 de hauteur. Elle est d'une belle simplicité, sans dorure, mais en colonnes, en glaces, en marbre, en stuc & en sculpture analogues au lieu. Elle est très imposante. Quant aux jardins, il y a quelques détails voluptueux, relatifs aux orgies du Prince; mais ils n'approchent pas de ce que l'on a imaginé en ce genre depuis quelque tems.

8 Septembre. Extrait d'une lettre de Troyes du 1er. Septembre. Le fameux Arrêté du 27 a eu beaucoup de peine à passer; tous les chefs de meute étoient engourdis, & l'avis de Mr. d'Ormesson qui vouloit en revenir aux remontrances, acquéroit beaucoup de faveur; envain Mr. Robert de St. Vincent l'avoit combattu; comme il n'est pas fort éloquent, les bonnes choses qu'il disoit ne faisoient que glisser: c'est Mr. d'Epremesnil qui à tout ranimé; au surplus il n'est venu aucun Pair pour suivre la délibération commencée; Dix ont envoyé des lettres de regrets, en ajoutant cependant qu'ils n'avoient reçu aucune défense.

Mrs. les Ducs *de Luxembourg, d'Aumont, de Churots, de Praslin,* les Commissaires nommés pour les différens Arrêtés & Remontrances, ne font pas venus plus que les autres.

Du refte, nous avons reçû des députations des différentes Cours de Paris, l'Univerſité a envoyé auſſi des députés pour complimenter le Parlement.

8 *Septembre.* M*r. Bejot*, membre de l'Académie des Inſcriptions & belles Lettres, Garde des manuſcrits de la Bibliotheque du Roi, Lecteur & Profeſſeur royal d'éloquence latine, & Cenſeur Royal, eſt mort, il y a quelques jours. Il faut attendre ſon Eloge par M*r. Dacier* pour connoître ſes œuvres enſevelies vraiſemblablement dans les Mémoires de ſa compagnie.

8 *Septembre* 1787. Quoique la piéce du *Prix Académique*, malgré les éloges exceſſif des journaliſtes, ſoit très médiocre & preſque abandonnée des ſpectateurs; le Chevalier *de Cubieres* en fait une réclamation, il nous apprend qu'en 1784 il fit imprimer un *Théâtre Moral*, où ſe trouve une comédie en cinq actes, en vers, intitulés *le concours Académique*, & il demande aux journaliſte de Paris acte de ſon antériorité, au cas où il lui plaîroit ajuſter ſa piece au Théâtre.

8 *Septembre* 1787. Le Bailly du palais, en l'abſence du Parlement, a eu lieu d'exercer ſon autorité & de faire des actes de police. Outre l'ordonnance qu'il a rendue le 20 Août, il y en a une de lui plus récente en date du 3 Septembre.

La premiere étoit relative aux attroupemens tumultueux durant les séances de *Monsieur*, du Comte d'Artois, lors des Arrêtés de la chambre des Comptes, de la Cour des Aides, &c. Le préambule est fort doux; le Bailly présumoit que les jeunes gens, Auteurs des troubles, ignoroient les défenses faites par les ordonnances & les suites funestes qui pourroient résulter de leur conduite; en conséquence il enjoignoit aux maîtres de retenir leurs ouvriers, aux peres de contenir leurs enfans.

La seconde concerne cette foule de pamphlets répandus avec profusion depuis quelque tems, & il avertit les marchands de nouveautés de se conformer aux reglemens de la librairie; de ne rien vendre ni étaler qui ne soit revêtu de toutes les formalités requises. Cette prohibition comprend implicitement les Arrêtés du Parlement de Paris & autres qui ont en effet disparu des boutiques. Il y a grande apparence que les défenses sont venues de plus haut; car au Palais Royal & ailleurs, on ne voit plus de ces feuilles nagueres si communes. C'est encore un moyen d'entretenir la fermentation que le Gouvernement a voulu supprimer.

9 Septembre. Le Ministre a pris enfin le parti de faire rendre par le Roi un Arrêt du Conseil en date du 2 Septembre, qui réprouve toute la doctrine avancée dans les Arrêtés du Parlement de Paris en date des 7, 13, 22 & 27 Août dernier, défend d'y donner suite à peine de désobéissance. Cet Arrêt du Conseil a été remis à un huissier de la chaîne, parti jeudi pour Troyes & qui a dû le signifier au Greffier en Chef.

Quoiqu'il soit porté dans l'Arrêt qu'il sera imprimé, publié & affiché, il est encore secret & l'on semble en quelque sorte en avoir honte, comme de tout ce qui a précédé.

Il est question de proroger le Parlement à Troyes durant les Vacances; ce qu'on ne peut regarder que comme une espèce de punition, puisqu'il ne s'y juge aucune affaire. On assure qu'il est parti des lettres patentes à cet effet.

9 Septembre 1787. On a reçu un Arrêté du Parlement de Besançon en date du 30 Août, plus violent que les autres. Il est daté du 30 Août & fort long, ce qui le rend encore plus rare. Après une ample énumération de tous les excès du pouvoir auxquels on a fait se porter le Monarque, il avertit qu'il est un terme où les liens unissant les sujets au Souverain & le Souverain aux sujets commencent à se relâcher; il supplie, au surplus, de ne point envoyer d'Edit bursal en Franche-Comté, puisque la Province est hors d'état de payer aucun nouvel impôt.

9 Septembre. Les Correcteurs n'ont pas

poussé les choses aussi loin que les Auditeurs, & voici leur arrêté plus court & plus modéré.

Délibération des Conseillers Correcteurs, sur l'arrêté fait par M. M. les Présidens & Maîtres sur la transcription sur les registres des Edits & Déclaration publiés en présence de *Monsieur*.

Ce jour l'ordre des Conseillers Correcteurs, les Semestres assemblés, en la manière accoutumée, délibérant sur ce qui s'est passé hier à la séance de *Monsieur* séant au lit de Justice pour enregistrement des Edits du timbre & Déclaration concernant la subvention territoriale, considérant que contre les droits il n'a été appellé à aucunes déliberations antérieure & postérieure à la dite séance, quoique les circonstances parussent intéresser l'honneur & les droits de la compagnie ; délibérant sur le parti qu'il y a à prendre & ayant été interrompus par M. le Président venu d'office & sans mission, pour adoucir autant qu'il étoit en lui l'amertume de la conduite du grand Bureau & l'insulte faite aux ordres, & depuis avertí de descendre audit Bureau a arrêté que M^{rs}. *Patu de St. Vincent & Dougny* s'y transporteront & y liront seulement ce qui suit :

„ l'ordre des Conseillers correcteurs étoit
„ persuadé que la délibération d'hier intéressoit assez ses droits, & son honneur
„ pour être appellés aux délibérations prises
„ par

,, par le grand Bureau, ainsi qu'il l'a été en
,, 1771; que la communication actuelle que
,, le Bureau entend leur donner n'est qu'une
,, simple notification qui ne convient pas à
,, des officiers de la Chambre qui ont habi-
,, tuellement voix délibérative au Bureau,
,, que conséquemment ledit ordre ne peut
,, prendre aucune part à ce qu'il a lieu de
,, faire au Bureau, puisqu'il n'a aucune
,, connoissance de ce qui a été discuté; se
,, réservant d'ailleurs de prendre des mesures
,, ultérieures convenables à la conservation
,, de ses droits."

9 *Septembre* 1787. Mr. le Duc *de Coigny* qui n'étoit Duc héréditaire que depuis 40 ans, vient d'être fait Duc & Pair; on regarde cette faveur comme un dédommagement de la place de premier Ecuyer supprimée dont le Marquis de Coigny avoit la survivance. On n'est pas moins surpris de voir l'arriere petit fils d'un marchand de bœufs à la veille de siéger au Parlement comme Pair.

On donne à Mr. le Maréchal *de Castries* le Gouvernement de Flandre vacant par la mort du Maréchal Prince *de Soubise*. Quant au Maréchal *de Segur*, outre les 20000 livres de pension de retraite comme Ministre; on lui en donne dix de plus, en attendant qu'il ait un grand gouvernement.

10 *Septembre* 1787. Mr. le Comte *de Kersalaün*, dont on a eu occasion de parler plu-

sieurs fois, a été arrêté la semaine derniere, comme il revenoit de Troyes. On l'a suspecté d'être colporteur de relations entre le Parlement de Paris & celui de Bretagne; on assure cependant qu'on n'a rien trouvé sur lui.

Les Syndics des Etats de Bretagne ont, dit-on, fait déja des démarches auprès du Baron de Breteuil pour réclamer ce gentilhomme Breton, & pour demander qu'on lui fit légalement son procès s'il étoit coupable. Il paroît que cette réclamation n'a pas eu de succès & même a été mal reçue.

10 *Septembre* 1787. Il y a eu beaucoup de pointillerie entre Mr. le Garde des Sceaux & Mr. le Premier Président de la chambre des compte au sujet de l'arrêt du Conseil qui casse l'arrêté de la chambre. Mr. de *Nicolay* s'est plaint d'une rigueur injurieuse envers sa compagnie, lorsque l'on laissoit subsister les arrêtés des autres cours & celui surtout de la Cour des Aides. Le Garde des Sceaux lui a répondu que cette Cour s'étoit conduite avec plus de franchise en soumettant son Arrêté au Roi; ce qui n'avoit pas fait la Chambre des Comptes. Il seroit trop long de rapporter toute cette conversation, où il y a eu même des personalités lâchées de part & d'autre.

Mr. de Nicolay ayant rendu à sa Compagnie compte de la visite, il a été pris le samedi 1er. Septembre un Arrêté vif, dirigé spécialement contre le Garde des Sceaux, où, à l'occasion de cet Arrêt & de l'espece de gain de cause qu'il donne aux auditeurs, l'on fait voir son ignorance, son ineptie & sa mauvaise foi, puisque la lettre de cachet de convocation pour la séance de *Monsieur* n'avoit été adressé qu'aux Présidens & aux Maîtres. Au reste, convenu que cet Arrêté resteroit secret, que personne n'en prendroit copie; qu'il n'en seroit pas même donné communication au Garde des Sceaux.

Le Chef de la justice intrigué de cet arrêté a voulu se rapprocher de Mr. de Nicolay; l'engager à supprmer cet arrêté: on prétend qu'il a été jusques à lui offrir de faire retirer l'Arrêt du Conseil du 23, qui ne paroît pas encore imprimé. Le Premier Président s'est excusé sur ce qu'il ne lui étoit pas possible de défaire l'ouvrage de sa compagnie.

Mr. le Garde des Sceaux a pris alors la tournure de faire rendre au Roi une réponse sévere à la députation qui a eu audience le jeudi 6 S. M. a dit que ce n'étoit point avec des arrêtés que ses Cours devoient se présenter devant elle; qu'elle les écouteroit toujours lorsqu'ils prendroient la voye de remontrances qui leur est prescrite; elle a fini par dire: *retirez votre Arrête & je vous défends de lui donner aucune publicité.*

En conséquence la Chambre des Comtes travaille actuellement à des Remontrances & très savantes & très curieuses sur l'excès graduel de dépenses qui ont enfin plongé l'état dans le gouffre effroyable où il se trouve.

Quant à la querelle avec les auditeurs & Correcteurs; elle continue: les Maîtres refusent aux premiers communication du plumitif & vendredi ceux-ci ont dû députer vers Mr. le Garde des Sceaux pour le plaindre de ce nouveau Grief.

10 Septembre 1787. On vient d'imprimer la dénonication que Mr. *Duport de Prelaville* a faite au Parlement les chambres assemblées, des Princes & Pairs séant qui a donné lieu au procès commencé contre Mr. de Calonne. Cette piece remplit parfaitement dit-on, l'idée qu'on en avoit donnée; car elle est fort rare, toutes ces piéces sont difficiles à acquérir aujourd'hui depuis les défenses sévéres faites aux marchands de nouveautés de les avoir & les vendre.

On ne dit point si l'on trouve à la suite la dénonciation que Mr. Duport avoit faite aussi de 33 compagnie établies à Paris, toutes abusant de la bonne foi des citoyens par des spéculations dangereuses, sans aucune Autorisation Légale.

Fin du trente sixième Volume.

www.ingramcontent.com/pod-product-compliance
Lightning Source LLC
Chambersburg PA
CBHW050557230426
43670CB00009B/1164